1992년
관부재판과 할머니들

일본의 관부재판 소송 지원 모임과
한국의 피해자 할머니들이 함께한
28년의 기록과 아직 끝나지 않은 이야기

1992년
관부재판과 할머니들

하나후사 도시오 · 하나후사 에미코 지음
고향옥 옮김

책숲

시작하는글

•

1992년 12월 26일.

"일본 사람은 다 나쁜 줄 알았더니, 왜 이렇게 잘해 주는 건가. 당최 이유를 모르겠네……."

일본군 '위안부' 원고 박두리 할머니는 그렇게 말하면서 끝내 울음을 터뜨리셨습니다. 관부재판의 지원을 준비하는 시민들이 시모노세키의 재판소에 제소한 원고原告 네 분을 후쿠오카시市로 초대하여 저마다 준비해 온 음식을 나누며 교류 자리를 가졌을 때였습니다.

박 할머니의 모습은 제게 깊은 울림을 주었습니다. 박 할머니가 지난 세월 깊은 상처를 받았음에도 잃지 않은 인간적인 감정은, 시공을 초월해 우리 일본인들과 화해의 길을 열어 줄 것 같았기 때문입니다.

그 뒤 우리 부부는 28년 남짓한 시간 동안, 지방 도시 후쿠오카에 사무국을 두고 '전후 책임을 묻는다·관부재판을 지원하는 모임'(이하 '지원모임'으로 한다.-옮긴이)을 통해 재판과 입법 활동에 전력을 다했습니다. 원고들과도 지속적으로 교류하며 함께했는데, 이에 그동안의 과정에 대한 우리 부부의 생각을 책으로 펴내게 되었습니다.

'부산 종군 위안부·여자근로정신대 공식 사죄 등 청구 소송', 통칭 '관부재판'은 부산에 거주하는 전 일본군 '위안부' 두 분과 전 여자근로정신대 두 분이 원고가 되어 일본에 공식 사죄와 배상을 요구하며, 1992년 12월 25일에 야마구치山口 지방재판소(우리나라의 지방법원에 해당.-옮긴이) 시모노세키 지부에 제소한 재판입니다. 그 후, 추가 제소로 원고가 늘어나 최종적으로 전 일본군 '위안부' 세 분과 전 여자근로정신대 일곱 분이 함께 싸우는 재판이 되었습니다. 1998년 4월에 내려진 판결에 따르면 일본군 '위안부' 원고에게는 승소였는데, 일본 정부의 입법 부작위를 인정하고 배상법을 만들 것을 명령하는 획기적인 사건이었습니다. 원통하게도 여자근로정신대 원고는 패소했습니다.

2001년 3월에 열린 2심 히로시마 고등재판소(우리나라의 고등법원에 해당.-옮긴이) 판결에서는 여자 근로정신대 원고가 패소하고 일본군 '위안부' 원고도 패소했습니다. 그리고 2003년 3월에 최고재판소(우리나라의 대법원에 해당.-옮긴이)가 원고들의 상고를 기각, 최종적으로 패소 판결이 났습니다.

이후로 우리는 일본군 '위안부' 문제를 입법적으로 해결하는 것을 목표로 '빨리 만들자! 위안부 문제 해결법·네트 후쿠오카'를 설립하고 지역 국회의원들과 함께 입법 활동에 매진했습니다. 한편 여자근로정신대 원고로 참여한 분은 도야마富山에 위치한, 한때 군수 공장이었던 주식회사 후지코시不二越에 대한 소송에 세 분, 나고야의 미쓰비시三菱 중공업을 상대로 한 소송에 한 분이었습니다. 일본에서 열린 재판에서 패소한 후에는 한국 법원에 제소하여 마침내 각각 승소 판결을 받았습니다.

우리는 재판 때마다 일본에 오시는 원고분들을 우리 집과 근처 교회로 모셨습니다. 그리고 회원들과 교류하며 10년 넘게 재판 투쟁을 함께하면서 희로애락을 나누었습니다. 원고 할머니들을 가까이 지켜보면서 피해자분들이 감내한 인생의 깊은 고뇌와 재판을 통해 긍지를 회복하려는 염원을 가득 느낄 수 있었습니다. 원고분들에 대한 친밀감과 경애심이 날로 깊어졌습니다. 원고분들이 재판에서 투쟁하고 우리 활동가들과 교류하면서 존엄성을 회복해 가는 모습은 우리에게 귀하고 뜻깊은 경험이었습니다.

2003년 최고재판소의 상고 기각 이후로 우리 부부는 부산, 광주, 서울에 사시는 원고분들을 매년 찾아뵙는 여행을 계속해 왔습니다. 원고분들이 나이 들어 가면서 재회의 기쁨과 이별의 슬픔이 점점 깊어졌습니다. 안타깝게도 이미 많은 원고분들이 세상을 떠나셨습니다. 일본 정부와 일본 기업의 사죄와 배상을 손꼽아 기다리다가 돌아가신 것입니다.

28년 남짓한 세월이 지난 지금, 일본군 '위안부' 문제와 기업의 강제동원, 강제 노동 문제를 둘러싸고 한국과 일본의 갈등이 격화되고 내셔널리즘이 팽배한 불안정한 시대가 되었습니다.

그 배경에는 '위안부 문제' 등의 역사 인식을 둘러싸고 피해자의 고통에 대한 일본 측의 몰이해와 국가의 책임을 회피하는 역사수정주의의 발호跋扈, 그에 반발하여 피해를 강조하고 과장하는 한국 측의 분위기가 서로 부딪치면서 내셔널리즘의 악순환에 빠지는 현실이 있습니다.

이러한 악순환에서 벗어나는 길은 한일 양국의 지속적인 대화와 피해자들에 대한 분명한 해결책일 것입니다.

우리가 재판 지원 활동을 하면서 느꼈던 솔직한 의문과 어려움이 한국과 일본의 시민들에게 잘 전달되기를 바라며, 부디 피해자분들의 상처와 진심을 함께 생각해 보고 나누는 데 이 책이 조금이나마 도움이 되었으면 합니다.

하나후사 도시오
하나후사 에미코

관부재판에 참여한
피해자 원고 할머니들

•

하순녀 1920년 2월 2일 전라남도 출생, 상하이에서 일본군 '위안부', 2000년 5월 별세, 향년 80세.

박두리 1924년 9월 30일(음력 9월 2일) 경상남도 출생, 대만에서 일본군 '위안부', 2006년 2월 별세, 향년 81세.

이순덕 1918년 10월 20일 전라북도 출생, 상하이에서 일본군 '위안부', 2017년 4월 별세, 향년 99세.

유찬이 1926년 3월 8일 경상남도 출생, 도야마 '후지코시강재주식회사'에서 근로정신대로 강제동원, 2018년 2월 별세, 향년 91세.

박SO 1931년 12월 5일 경상북도 출생, 도야마 '후지코시강재주식회사'에서 근로정신대로 강제동원, 2012년 1월 별세, 향년 80세.

박SU 1930년 4월 23일 경상남도 출생, 도야마 '후지코시강재주식회사'에서 근로정신대로 강제동원, 2018년 1월 별세, 향년 87세.

정su 1931년 1월 9일 경상남도 출생, 누마즈 '도쿄아사이토 방적공장'에서 근로정신대로 강제동원, 2001년 8월 별세, 향년 70세.

강yo 1930년 12월 12일 경상남도 출생, 누마즈 '도쿄아사이토 방적공장'에서 근로정신대로 강제동원, 2009년 8월 별세, 향년 78세.

이yo 1931년 4월 21일 경상남도 출생, 누마즈 '도쿄아사이토 방적공장'에서 근로정신대로 강제동원.

양금덕 1929년 11월 30일, 전라남도 출생, 나고야 '미쓰비시 비행기공장'에서 근로정신대로 강제동원.

4부 관부재판의 피해자 할머니들과 함께한 28년

1부

영화 〈허스토리〉와 관부재판에 대해서

원고 할머니들과 만난 지 28년,
지금 생각하는 것

부산 종군 위안부·여자근로정신대
(釜山 從軍慰安婦·女子勤勞挺身隊)의 재판을 지원하고

'전후 책임을 묻는다·관부재판을 지원하는 모임'
하나후사 도시오

일러두기

1. '종군 위안부', '위안부'는 "일본군 '위안부'"로 하였습니다. 피해자 할머니의 증언 내용과 법안 이름이나 설명 내용, 단체 이름, 일본 교과서 등의 서술 부분에서는 위안부로 그대로 두었습니다. '강제 연행'은 '강제동원'으로 하였지만, 일본 언론 등 자료에서는 '강제 연행' 그대로 두었습니다.
2. 관부재판에 참여한 피해자 할머님들이 재판 증언에서 나이나 상황 등이 재판 때마다 기억이나 고령의 영향으로 약간 차이가 있지만 증언 내용대로 수록하였습니다.
3. 본문 각주에서 원주와 편집자주는 하단에 각주 처리했으며, 옮긴이주는 본문 해당 부분에 방주 처리하고 좀 더 긴 설명이 필요한 것은 각주 처리하여 '옮긴이'로 구별하였습니다.

영화 〈허스토리〉
감독에게 보낸
항의서와 나눈 논의

2018년 봄 무렵, 시모노세키에 거주하며 한일 교류와 시민운동에 열심인 친구가 전화를 걸어 왔습니다.

"관부재판을 그리는 영화에 엑스트라로 참여해 달라는 요청을 받았는데, 당연히 하나후사 씨도 오시는 거죠?"

"그런 얘기는 못 들었는데요."

내 대답에 그는 몹시 놀랐습니다. 관부재판의 원고 측 단장이자 정신대문제대책 부산협의회 회장인 김문숙 씨를 주인공으로 한 영화가 만들어진다는 소식은 우리도 들은 터였습니다. 원고들과 우리를 만나게 해 준 김문숙 회장의 노고가 보답을 받는구나 싶으면서도 우리에게 일절 취재 요청을 해 오지 않는 것이 의아했습니다.

같은 해 9월, 회원들이 도쿄에서 대관 상영한 영화 〈허스토리〉를 보고 다급히 연락을 했습니다.

"큰일 났어요! 되도록 영화를 빨리 보세요."

이에 재판을 지원해 온 다른 동료들과 부랴부랴 〈허스토리〉를 관람했는데, 보는 내내 치밀어 오르는 분노를 참을 수가 없었습니다. 이 영화의 주요 문제점은 세 가지입니다.

① "정신대 = 일본군 '위안부'"라는 한국 사회의 오해를 다시 확산시킬 만한 우려를 안겨 준 점.

② 당시의 일본 사회를 혐한 감정이 만연해 있는 듯이 그린 점.

③ 스스로 전후 책임에 대한 질문을 던지며 진심으로 일본 사회를 바꾸려 했던 변호인과 지원모임의 활동이 누락된 점.

이런 문제점을 파악한 우리는 영화감독과 제작사에 항의문을 보내기로 했습니다.

〈허스토리〉 제작자에게 항의서 발송

영화 〈허스토리〉 제작자에게 항의한다!

우리는 후쿠오카에 사는 '전후 책임을 묻는다·관부재판을 지원하는 모임'의 회원입니다. 이 영화는 '관부재판 실화를 소재로 한 영화'라고 내걸고 있지만 변호사도 지원모임도, 심지어 원고들조차 취재하지 않고 만들어졌습니다. 우리는 영화를 보고 분노와 슬픔을 금할 수가 없었습니다. 영화는 원고들의 소망, 지원모임의 바람을 무시하고 왜곡하고 있었습니다.

관부재판은 일본군 '위안부' 피해자와 여자근로정신대 피해자 양측이 원고가 되어 투쟁했던 재판입니다. 원고 열 분 중 일곱 분이 근로정신대 피해자입니다. 근로정신대 피해자분들은 자신들의 피해가 한국 사회에 정확히 알려지지 않은 상황에서 외롭게 싸워 왔습니다. 정신대는 곧 '위안부'라는 한국 사회의 잘못된 인식으로 가족과 지역 사회의 편견에 시달리면서 힘들게 투쟁해 온 것입니다. 그 결과, 이제야 비로소 그 차이와 피해 실태를 제대로 인식시키던 상황이었는데 그 편견을 다시 증폭시킬 수도 있는 영화 스토리를 제작하여 관부재판에서 근로정신대의 실태를 지워 버린 것은 범죄에 가깝다고 할 수 있겠습니다.

더욱이 관부재판 당시 일본군 '위안부' 원고의 피해에 대한 증언 기록이 있는데도 이 재판과는 관계도 없는 몇몇 피해자분들의 에피소드를 짜깁기하여 과대하게 각색했습니다. 이러한 제작 태도로 추측건대, 감독은 피해가 심하면 심할수록 좋다는 식의 상업주의에 사로잡혀 피해자의 고통에는 진심으로 귀 기울이지 않은 것 같아, 그 불성실함과 태만을 꼬집지 않을 수 없습니다. 또한 최고재판소 판례에 이의를 제기하며 '시모노세키 판결'을 내렸던 일본 재판관들의 성의와 용기도 헤아리지 못하는 모양새입니다.

절대로 픽션화해서는 안 되는 사실이 있습니다. 원고인 피해자가 법정에서 목숨 걸고 호소한 '피해 사실'입니다. 영화에서 근로정신대로 후지코시에 동원되었다가 일본군 '위안부'가 된 인물의 모델은 원고 박so 할머니입니다. 박 할머니는 1998년 일본군 '위안부' 원고가 승소한 시모노세키 판결 결과를 한국 언론에서 보도하자 지역사회와 교회 사람들에게 "위안부였구나"라며 손가락질을 당하였습니다. 더욱이 가족들까지도 "망신스러우니 재판은 그만두라!"고 말해 분노와 슬픔으로 가벼운 뇌출혈을 일으키기도 했습니다. 박 할머니가 훗날 치매를 앓게 된 것도 바로 이때 일 때문이 아닌가 싶습니다. 물론 박 할머니는 일본군 '위안부' 생활을 한 적이 없습니다.

더욱이 박 할머니를 근로정신대로 보낸 것으로 설정된, 법정에서 무릎을 꿇는 스기야마 선생님은 국민학교(원고분들이 다닌 시점에 따라 소학교와 국민학교가 혼용되어, 이 책에서는 혼동의 여지를 없애기 위해 '국민학교'로 통일함.—옮긴이) 4학년 때의 담임이며, 실제로 보낸 선생님은 6학년 때의 담임으로 전혀 다른 사람입니다. 오히려 스기야마 선생님은 박 할머니가 매우 존경하고 사랑하는 분이었습니다. 박 할머니는 재판을 지원하기 위해 달려온 선생님과 후쿠오카에서 감격적인 상봉을 했습니다. 만약 박 할머니가 살아 계셔서 영화의 오류를 알았다면 얼마나 분통이 터지고 큰 상처를 받으셨을까요. 스기야마 선생님은 황국신민화 교육에 관여했던 자신을 깊이 반성하며 평생을 한일 양국의 진정한 우호를 위해서 노력해 오셨습니다. 아직 살아 계신 선생님이 부디 이 영화를 보시지 않기를 기도할 뿐입니다.

재판이 시작된 이후로 원고분들은 일본에 오실 때마다 지원모임 회원의 집과 교회에 묵으셨습니다. 그리고 지원모임 회원들과 함께 재판 관련 회의를 하고, 식사와 이야기를 나누며 노래하고 춤을 추기도 했습니다. 원고분들은 저희와 점점 친밀해지면서 그동안 누구에게도 말하지 못했던 고민을 토로하셨고 피해자로서 짊어지고 살아온 깊은 상처를 드러내셨습니다. 원고 할머니들과 지원모임 회원들의 관계는 더욱 돈독해지고 신뢰가 깊어졌으며 사랑과 존경심으로 함께했습니다. 영화에서 원고들이 여관에 묵었다는 설정이나, 거기서 벌어지는 일본군 '위안부' 차별 장면은 터무니없는 공상일 뿐입니다.

우리 지원모임의 바람은 원고인 피해자분들의 목소리에 귀 기울여 일본 사회에 그분들의 피해 사실을 알리는 동시에 일본 정부에 해결을 촉구하는 것이었습니다. 일본내 '새로운 역사 교과서를 만드는 모임'과 같은 역사수정주의자들과 싸우면서 전쟁 피해 진상 규명 법안이 국회에서 제정되도록 힘쓰는 한편, 일본군 '위안부' 피해자에 대한 사죄와 배상법을 제정하기 위해, 후쿠오카 지역에서 국회의원을 선출시키려 미흡하게나마 선거운동과 로비 활동을 펼쳤습니다. 재판 과정에서 다져진 원고들과의 깊은 유대감이 우리에게 역량을 넘어선 싸움에 나서도록 한 것입니다.

하지만 이 영화는 원고들과 우리 지원모임 회원들이 함께한 이러한 교류와 활동은 담지 않고, 당시에 전혀 등장하지 않았던 우익의 혐오와 시민의 싸늘한 태도를 군데군데 삽입해 한국 사람들에게 일본 사회에 대한 반감을 멋대로 부추기고 있습니다.

이 영화는 재판의 진실을 전달하지 않고 오히려 원고들의 바람과 명예를 다시금 훼손하고 말았습니다. 관부재판을 통해 뭔가를 배우려 하지 않았던 영화 〈허스토리〉 제작자들에게 통절한 반성을 촉구합니다!

2018년 9월 14일 전후 책임을 묻는다 · 관부재판을 지원하는 모임

우리가 영화 〈허스토리〉에 대해 이러한 분노와 문제점을 지적한 것에 이해를 구하며, 이제 진짜 이야기를 하려고 합니다. '관부재판'이란 어떤 재판이었고 여자근로정신대의 피해 실태, 그리고 일본 시민들은 당시 어떤 생각으로 재판 지원 활동을 전개해 왔는지를 한국의 시민 여러분께 전하겠습니다.

관부재판에 대해서

1992년 12월 25일, 부산과 그 근교에 사는 일본군 '위안부' 피해자 2명과 도야마시에 위치한 후지코시에서 일했던 여자근로정신대 피해자 2명이 관부페리를 타고 일본에 왔습니다. 이들 4명은 야마구치 지방재판소 시모노세키 지부에 "일본 정부는 국회와 유엔 총회에서 공식 사죄하고 배상하라"고 요구하며 제소했습니다. 이분들이 바로 정신대문제대책 부산협의회(김문숙 회장)에 피해를 신고했던 할머니들입니다. 원고들은 기자회견 내내 몹시 긴장된 표정이었지만 후지코시 회사에 끌려갔던 박SO 할머니는 보도진에게 이렇게 호소했습니다.

"열세 살짜리 단발머리 소녀가 시모노세키에 내렸습니다. 그리고 50년이 지나 머리에 서리가 내린 할머니가 다시 이 땅을 밟았습니다. 사죄와 미지급 임금을 받기 위해서입니다."

박so 할머니의 발언은 신문과 TV에 대대적으로 보도되었습니다.

이튿날인 26일, 관부재판을 지원하는 모임의 설립을 준비하던 시민 10명 정도가 이 원고분들을 후쿠오카시로 초대하여 환영하는 자리를 마련했습니다. 당시 환영회장 근처에서 레스토랑을 운영했던 우리 부부도 정성껏 음식을 장만하여 참석했습니다. 한창 교류회 분위기가 무르익었을 때, 갑자기 일본군 '위안부' 원고인 박두리 할머니가 울음을 터뜨렸습니다. 어리둥절해하는 우리에게 통역자가 전해 준 말은 서문에서도 이미 언급했습니다.

"일본 사람은 다 나쁜 사람인 줄 알았더니, 왜 이렇게 잘해 주는 건가. 당최 이유를 모르겠네……."

할머니의 그 한마디가 우리 마음을 송두리째 흔들어 놓았습니다. 원고들이 받은 무참한 피해와 고통, 그럼에도 우리 일본인과 화해할 수 있겠다는 희망을 느꼈기 때문입니다.

변호사들과 우리 지원모임 회원들이 의논하여 이 '부산 종군 위안부·여자근로정신대 공식 사죄 등 청구 소송'의 재판을 '관부재판關釜裁判'이라고 부르기로 했습니다. 오래전, 원고들은 고향을 떠나 부산釜山에서 관부關釜연락선을 타고 시모노세키下関에 와서 깊은 상처를 받았습니다. 그분들에게 한 맺힌 해협이 앞으로 재판을 위해 오가는 동안 소망을 이루는 희망의 해협이 되기를 바라는 마음으로 명명한 것입니다.

그 후, 추가 제소로 일본군 '위안부' 피해자 3명, 여자근로정신대 피해자 7명, 총 10명이 원고가 되었습니다. 여기에는 태평양전쟁희생자 광주유족회(이금주 회장)에 피해를 신고한 일본군 '위안부' 피해자 이순덕 할머니와 나고야 미쓰비시 비행기 공장의 여자근로정신대 피해자 양금덕 할머니도 포함되어 있습니다.

여자근로정신대의 피해 실태와 일본군 '위안부'와의 혼동

관부재판 원고 중 7명의 여자근로정신대 피해자는 도야마시에 위치한 군수회사 후지코시에 3명, 나고야시에 위치한 미쓰비시 비행기 공장에 1명, 시즈오카현 누마즈沼津시에 위치한 도쿄아사이토東京麻糸 공장에 3명이 강제동원되었습니다. 영화 〈허스토리〉에서 원고 측의 리더 역할이었던 박so 할머니의 피해 실태는 아래와 같습니다.

의견 진술서 요지

"나는 1931년 12월 5일에 경상북도 대구에서 8남매 중 다섯째 아이로 태어났습니다. 아버지는 일꾼을 얻어 농사를 지었습니다. 당시 나는 국민학교에 다녔기 때문에 집은 유복한 편이었다고 생각합니다.

1944년 3월에 대구 달성국민학교를 졸업했습니다. 같은 해 5월, 모리야 선생님의 연락을 받고 학교에 가 보니 모자를 쓴 군인으로 보이는 사람과 함께 있었습니다. 모리야 선생님이 나에게 말씀하셨습니다.

'나라를 위해 일을 해야 하니 정신대로 가거라. 일본에 가면 중학교에 들어가서 공부할 수 있고, 꽃꽂이와 재봉처럼 여자들이 익히면 좋은 걸 다 배울 수 있다. 한국 여자들은 전부 가게 될 테니 어차피 갈 거라면 빨리 가는 편이 좋다. 가 보고 마음에 들지 않거든 말만 하면 된다. 곧바로 배에 태워 한국에 보내 줄 거다.'

당시 여자들은 중학교까지 들어갈 수 있는 사람이 적었기 때문에 나는 중학교 공부를 할 수 있다는 말에 일본에 가기로 마음먹었습니다.

또 그때는 학교에서 나라를 위해 봉사하는 것이 중요하다고 배웠기 때문에 나라를 위해서도 정신대에 가야겠다고 생각했습니다. 이에 그 자리에서 모리야 선생님에게 '일본에 가겠습니다'라고 대답했습니다.

집에 돌아가 어머니에게 일본에 가게 됐다고 말씀 드리자, 땅이 꺼져라 걱정하면서 '많이 가느냐?'고 물었습니다. 하지만 아버지에게는 말해 봐야 계집애 혼자 일본에 가는 건 가당치 않다고 반대할 게 뻔했기 때문에, 아버지가 낮잠 자는 틈을 이용해 인감을 훔쳐 모리야 선생님에게 가져다주었습니다.

1944년 5월 15일, 나는 경상북도 도청 광장으로 갔습니다. 45명쯤 되는 소녀들이 모여 있었습니다. 우리는 '여자근로정신대'라고 쓴 머리띠와 어깨띠를 둘렀습니다. 출발에 앞서 도지사가 '열심히 하고 돌아오라'고 인사말을 했고, 그 후로 개인행동은 일절 허용되지 않았습니다. 어머니는 걱정스러워하며 언니와 함께 배웅을 나와 엄청 울었습니다.

우리는 기차를 타고 해가 질 무렵에 부산에 도착했습니다. 일본 도야마로 간다는 얘기는 기차 안에서 들었습니다.

후지코시에서는 5평 정도 되는 방에서 10명이 함께 살았습니다. 기숙사 주위에는 철조망이 쳐져 있었습니다. 우리는 공장과 기숙사를 오가는 것 외에는 외출을 할 수 없었습니다. 나는 집에서 가져간 돈을 기숙사에 들어가자마자 사감에게 전부 맡겼습니다. 저축하면 그만큼 이득이라고 들었기 때문입니다. 친척 아저씨가 면회 와서 용돈을 주었는데 그 돈도 죄다 사감에게 맡겼습니다. 그러나 맡긴 돈을 자유롭게 쓸 수는 없었습니다.

후지코시에 도착한 다음 날부터 일을 시작하였고, 나는 드릴 제조 작업에 투입되었습니다. 구체적으로는 선반^{旋盤}(각종 금속 재료를 회전시켜 바이트로 깎아 내는 공작 기계. 구멍 뚫기, 속 파기, 나사 깎기 등의 여러 작업을 할 수 있다.-옮긴이)에 금속을 끼우고 그것을 조여서 드릴이 완성되면 꺼내는 작업입니다. 나는 키가 작아서 디딤대로 쓰는 상자에 올라가 아침 7시부터 12시, 오후 1시부터 5시까지 작업하고, 5시 이후로는 기계 닦는 작업을 했는데, 다 끝나면 6시쯤 됐습니다.

공장에 갈 때는 기숙사에서 대열을 이루어 군가를 부르면서 갔습니다. 후지코시에 끌려온 지 8개월 정도 지났을 때, 기계 닦는 작업을 하다가 천과 함께 손이 기계에 빨려 들어가는 바람에 집게손가락을 여덟 바늘 정도 꿰매는 부상을 당했습니다. 병원에서 손가락을 꿰맨 후 20일 정도 통원 치료를 했는데, 그 기간에도 공장 청소를 시켜서 쉴 수 없었습니다. 손에 붕대를 감고 있지만 퉁퉁 부어 너무 아팠고, 고향과 엄마 생각에 눈물을 훔치면서 일했습니다. 지금도 그 손가락에 흉터가 또렷하게 남아 있습니다.

식사는 후지코시에 온 첫날 아침에는 카레라이스를 먹었지만, 다음

날부터 아침은 밥 한 공기와 된장국, 점심은 세모난 식빵 세 조각이었습니다. 점심에 먹을 식빵은 아침에 공장에 갈 때 도시락으로 미리 받는데, 우리는 아침에 먹는 식사로는 배가 차지 않았기 때문에 아침나절에 점심용 식빵을 다 먹어 버리고 점심때는 물로 배를 채웠습니다. 같은 조에 있는 10명 모두가 그랬습니다.

우리는 항상 배가 고팠습니다. 일본인 근로 동원 여학생들도 우리와 같은 식당에서 식사를 했는데, 그들의 도시락 통에는 언제나 8할 정도의 밥이 들어 있었지만 우리의 도시락 통은 절반밖에 채워지지 않았습니다. 게다가 일본 여학생들은 주말에는 집에 돌아가서 먹을 것을 가져올 수 있었습니다. 우리는 부모님을 만날 수 없었고 편지를 써도 내용이 좋지 않으면 그대로 버려지니 정말이지 너무나 고달팠습니다.

국민학교 4학년 때 담임이던 스기야마 도미 선생님과 같은 반이었던 친구들이 책처럼 한 권으로 묶은 위문편지 같은 것을 보내 주었는데, 그 편지에 그려진 갖가지 빵 그림을 보고 배고파서 울었습니다.

결국 나는 너무나 배가 고파서 고향집에 편지를 보냈습니다. 그러자 곶감과 떡과 장화를 보냈다는 답장이 왔지만 사감실에 도착한 것은 보자기와 장화뿐, 먹을 것은 없어져서 펑펑 울었습니다. 후지코시에 있는 동안 고기와 생선을 단 한 번도 먹은 적이 없습니다.

공습은 1944년에 이미 시작되었습니다. 1945년에 접어들자 점점 심해지더니 일주일에 두세 번은 B-29기가 날아왔고, 공습경보가 울릴 때마다 절과 신사로 도망치곤 했습니다. 공습은 밤에도 있었는데, 그때는 이불 한 장만 들고 도망가서 그걸 반은 깔고 반은 덮고 누워, 공포에 떨면서 조선으로 돌아가지 못하고 여기서 죽는구나 하고 생각했습니다.

내가 후지코시에 간 지 1년 몇 개월 정도 지났을 때, 공습이 심해져 공장을 이전하게 되었습니다. 여자 사감과 남자를 따라 도야마항에서 배를 탔습니다. 조선에 돌아갈 수 있다고 생각하니까 매우 기뻤습니다. 배에는 경상북도 제1차 45명이 함께 탔습니다.

공장 예정지인 사리원의 회관에서 며칠인가 대기하다가, 일본 회사에서 기계가 도착하는 대로 연락할 테니 고향에 돌아가서 기다리라는 지시를 받고 1945년 7월 18일, 기차를 타고 귀향했습니다. 그때 받은 것은 비상주머니와 방공 두건뿐이었고 돈은 받지 않았습니다. 집에 돌아가자 내 행색이 얼마나 초라했던지 어머니조차 딸을 알아보지 못했습니다. 어머니는 나를 거지로 착각하고, '지금이 몇 신 줄 알고! 밥 시간에 맞춰 와'라면서 쫓아내려고 했습니다. 내가 '어머니, 저 so예요. 지금 돌아왔어요.'라고 말하자 놀란 어머니는 "아이고, 우리 딸이 살아 돌아왔구나'라면서 울었습니다.

집에서 기다리라는 지시를 받고 한 달쯤 지나 해방이 되었습니다. 나는 후지코시에서 임금를 단 1엔도 받지 않았고, 집에서 가져간 돈도 저금한 채로 돌려받지 못했습니다. 공부할 수 있다는 말을 듣고 후지코시에 갔지만 일만 시키고 공부는 시켜 주지 않았습니다. 나는 배신당한 것입니다.

귀국하고 나서 영양실조로 결핵성 임파선염에 걸렸습니다. 지금은 협심증을 앓고 있고 몸도 허약합니다. 어릴 때 부모님과 떨어져 일본에서 중노동을 강요당하고, 부상도 당하고, 전혀 자유도 없이, 늘 배를 곯고 살았기 때문에 슬프고 힘들었습니다. 그런데 보상은 한 푼도 없었습니다. 후지코시에서 겪은 슬픔과 고통과 분함을 알리고, 보상을 받고 싶습니다"(제2차 후지코시 소송, 2003년 4월 1일에 후지코시 기업을 제소하면서 법원에 제출한 '의견 진술서'에서).

조선인 여자근로정신대의 피해 실태

'정신挺身'이라는 단어는 《고지엔広辞苑》 사전을 찾아보면 "자신의 몸을 던져서 일을 하는 것"이라고 나옵니다. 전시戦時 상황에서 '여성이 국가를 위해서 몸을 던져 임무를 수행한다'는 의미로 '정신대挺身隊' 혹은 '여자근로정신대女子勤勞挺身隊'라는 명칭이 쓰였으리라고 짐작됩니다. 전쟁 말기, 공장에서 일하던 청년 노동자들이 군대에 소집되자 국가는 그 많은 빈자리를 여성을 동원하여 메웠습니다. 일본에서는 1944년 3월에 '여자정신대 제도 강화책 요강'이 각의 의결되어 학교장, 여자 청년단, 부인회에서 여자정신대를 조직하게 됩니다. 또한 '학도 동원'이란 이름으로 여학교 3학년 이상의 여학생이 동원되었습니다. 1944년 8월에는 '여자근로정신대령'이 공포되자마자 바로 그날부터 시행됩니다. 1945년이 되자 여학교의 수업은 거의 없어지고, 학도 동원은 2학년 이상으로 바뀌었으며 1학년도 농작업에 동원되었습니다. 여학교 졸업생과 14세 이상의, 지역에서 조직된 일본인 여자정신대는 패전 당시 47만 2,573명이었습니다(《노동 행정사労働行政史》 제1권에서 참고).

한편 당시 식민지 조선에는 법률이 적용되지 않았지만 '지원'이라는 형태로 전쟁 말기인 1944년 4월부터 누마즈의 도쿄아사이토 공장에 약 300명, 5월부터 도야마의 후지코시 공장에 약 1,090명, 6월부터 나고야의 미쓰비시 비행기 공장에 약 300명이 동원되었습니다(내무성관리국內務省管理局 〈1944년도 내지 사할린 남양 이입 조선 노무자 공출 할당 수 조사昭和19年度內地樺太南洋移入朝鮮人勞務者供出割当數調〉) 한국 정부는 1992년에 식민지 당시의 초중고등학교 학적부 조사를 실시하여, 여자정신대 동원지로 이들 세 공장을 확인했습니다(한국의 '일제강점하강제동원피해진상규명위원회'가 실시한 〈'조선여자근로정신대' 방식에 의한 노무동원에 관한 조사〉를 참고). 이 외에도 몇 군데 공장이 동원지로 거론되고 있지만 학적부에 기록되지 않은 이유로 현재로서는 확정하고 있지 않습니다.

다음은 제2차 후지코시 소송[1]의 소장을 참고하여 여자근로정신대의 피해 실태를 정리한 것입니다.

모집

피고 후지코시를 상대로 이뤄진 강제동원은 조선총독부하에서 학교를 통하거나 면사무소 등의 행정기관에 의해 모집이 이루어졌습니다. 후지코시로 동원된 1,090명의 여자근로정신대는 주로 학교를 통해 모집했습니다.

---

1. 제1차 후지코시 소송은 1992년에 도야마현에서 기업 후지코시를 소송한 재판이다. 원고는 여자근로정신대 2명, 강제동원 노동자 남성 1명으로, 2000년에 합의금을 받아냈다. 2003년에 최고재판소에 패소가 결정된 관부재판의 원고 3명은 같은 해 기업 후지코시와 국가를 상대로 소송하는 제2차 후지코시 소송에 참가한다. 원고는 23명.

1937년 중국 침략 전쟁 개시 후, 식민지 조선에 전면적으로 도입된 황국신민화 교육 방침에 따라 원고들은 학교에서 조선어 사용을 금지당하고, "일본을 위해, 천황을 위해 살고 죽는 것이 최고의 명예다"라고 세뇌당하였습니다. 민족적 정체성이 말살된 것입니다.

더욱이 여자근로정신대의 모집은 원고들이 지식이나 판단 능력이 부족한 소녀라는 점을 이용하여 감언과 가족을 위압하는 방식으로 이뤄졌습니다.

조선인 여자근로정신대는 강제동원될 당시에 13~15세의 어린 소녀가 대부분이었습니다. 일본 본토의 여자근로정신대가 국민학교와 여자중등학교 학생이 아닌 18세 이상을 대상으로 삼았던 것과는 뚜렷하게 대조됩니다.

원고들에게 여자근로정신대를 권유한 것은 학교를 중심으로 이루어졌습니다. 학교장의 강력한 지시에 따라 원고들이 신뢰하고 존경했던 일본인 교사가 나섰습니다. "애국하기 위해서"라고 강권하면서 "일본에 가면 여학교에 갈 수 있다", "꽃꽂이를 배울 수 있다", "타자를 칠 수 있다", "돈을 벌 수 있다"는 달콤한 말로 꼬드겼습니다.

당시 조선의 방산국민학교(일제강점기 당시의 명칭)에서 교사로 있었던 이케다 마사에池田正枝 씨는 교장에게 다음과 같은 말로 소녀들을 근로정신대에 갈 것을 권유하도록 지시받았다고 증언합니다.

"우선, 곡창지대인 도야마에서 밥을 배불리 먹을 수 있기 때문에 지금처럼 굶거나 배고프지 않다는 것이었어요. 둘째, 여학교 공부를 할 수 있다는 것입니다. 도야마에 가면 동경하는 여학교에 갈 수 있다고

약속한 거지요. 셋째, 도야마에는 큰 병원이 두 군데 있으니 몸이 아프더라도 안심할 수 있다고 했습니다. 즉 타향에 가도 괜찮다는 것이었어요. 넷째, 영화관이 있어서 매주 영화를 보며 즐겁게 살 수 있다는 것입니다"(《두 개의 우리나라─21세기의 아이들에게二つのウリナラ─21世紀の子供たちへ》, 이케다 마사에, 가이호출판사解放出版社, 1999년).

하지만 실제로는 피고 후지코시는 1,090명의 소녀들에게 꽃꽂이와 타자를 가르칠 만한 시설이나 계획이 없었으며 소녀들을 교육시킬 '상급 학교'도 없었습니다. 원고들은 이런 사실을 모른 채 일본인 교사들 말만 믿고 모집에 응했기 때문에 그야말로 감언에 속은 강제동원이었던 것입니다.

부모의 의사를 무시

원고들의 부모는 너무나 어린 자녀들이 머나먼 일본으로 동원되는 데 분노하여 담임인 일본인 교사와 교장을 찾아가 동원을 중지해 달라고 요구했습니다. 그러나 "학교마다 정원이 정해져 있어서 일단 신청한 것은 취소할 수 없다", "거부하면 불이익을 당한다"는 식의 공갈 협박을 받고 따르지 않을 수 없었습니다. 부모의 승낙을 받지 않거나 부모 몰래 서류에 필요한 인감을 훔쳐 일본인 교사에게 건넨 아이도 있었습니다.

가족들은 출발 당일까지 반대했던 것 같습니다. 결집 장소에 수많은 가족이 몰려들어 울부짖는 바람에 매우 혼잡해지자 당국은 출발역에서 배웅하려는 가족들을 집으로 쫓아 보냈다고 합니다.

자유를 빼앗긴 노예 상태

원고들은 도야마에 도착하자마자 강제로 행진하고 정렬하는 등 군대식 훈련을 받아야 했습니다. 또한 아침은 도망자를 확인하는 점호로 시작되었고, 기숙사에서 공장까지 오갈 때는 열을 지어 '삣, 삣, 삣' 호루라기 소리에 맞춰 행진해야 했습니다.

당시 피고 후지코시에서 생산 제2과장으로 일했던 다카하시 하치조 高橋八蔵는 "육군과 해군 항공대 소속의 군인 3명 정도가 상주했다. 각 공장에 국민복을 입고 흩어져 감시했다"라고 증언했습니다. 군인이 피고 후지코시에 상주하면서 감시했다는 것입니다(제1차 후지코시 소송을 45호증에 기재). 후지코시는 군대의 감시가 있었던 군수 공장이었고, 원고들은 군인들의 감시를 받으며 강제로 일할 수밖에 없었던 것입니다.

원고들이 생활했던 기숙사에서는 아침저녁으로 점호가 행해지고 기숙사 출입구에는 감시자가 있었습니다. 콘크리트 벽으로 된 1인당 0.5평 남짓한 기숙사에서 생활해야 했으며, 기숙사를 둘러싼 담장 위에는 철조망이 둘러쳐져 있었습니다.

몸이 아파 병원 갈 때 이외에는 외출이 금지되었고, 무단으로 외출할 경우 매질을 당하는 벌을 받았습니다.

그런데도 도망치는 피해자들이 속출했습니다. 제2차 후지코시 소송 원고 중 한 명인 이금순 할머니는 혹독한 고통에 못 견뎌 친구와 도망쳤다가 경찰에 붙잡혀 돌아왔습니다. 일본군 '위안부' 피해자로 알려진 강덕경 할머니의 경우는 근로정신대에서 처음 도망쳤을 때는 다시 잡혀 들어갔지만, 재차 도망쳤을 때는 헌병에게 납치되어 그대로 일본군 '위안부'가 되고 말았습니다.

배고픔의 고통

원고들의 식사는 대체로 아침은 보리밥 한 공기에 단무지 두 조각과 된장국 한 그릇이었고, 점심은 얇고 세모난 식빵 두세 장, 저녁에도 반찬은 한 가지뿐이었습니다. 생선이나 고기가 나온 적은 없었습니다. 아침 식사량이 부족했던 탓에 아침에 미리 받은 점심 빵을 그 자리에서 먹어 버리기도 했고, 그런 날이면 물로 점심을 때워야 했습니다.

원고들 대부분이 12~15세의 성장기로 한창 잘 먹어야 할 소녀들이었기에 고된 노동보다 배고픔이 가장 고통스러웠습니다. 몸은 바짝바짝 야위어 갔습니다. 박so 할머니는 영양실조로 폐병에 걸려 고통스러운 삶을 살아야 했습니다.

가혹한 노동

원고들의 근무 시간은 원칙적으로 주야간 2교대로 주간 근무는 아침 8시부터 오후 6시까지, 야간은 오후 8시부터 아침 6시까지였습니다. 빨간조와 파란조 두 그룹으로 나뉘어 1주일 간격으로 주간과 야간으로 교대 근무를 했습니다(12~13세의 어린 소녀는 주간 근무만 했음).

어린 소녀들에게는 그와 같은 근무 형태가 매우 가혹했지만 거기에 더해 기숙사에서 공장까지 도보로 왕복해야 했습니다. 더욱이 야간에 공습경보 사이렌이 울려 퍼지면, 허둥지둥 도망 다니면서 잠도 제대로 못 자고 공포 속에서 엄마를 그리워하며 눈물로 견뎌야 했습니다.

작업 내용도 가혹하기 짝이 없었습니다. 선반에서 쇠를 깎고, 밀링 머신으로 철을 자르고, 베어링을 연마하는 일을 했는데, 이전에는 성인 남성들이 했던 중노동을 아직 어리고 체구가 작은 소녀들이 대신한 것입니다. 소녀들은 키가 작기 때문에 모두 디딤대에 올라가 기계 작업을 했습니다. 정해진 할당량 때문에 작업 속도가 늦으면 질책을 당하고 상사의 명령에 순종해야 했으므로, 원고들은 죽을힘을 다해 주어진 작업을 해내야만 했습니다.

작업 내용이나 노동 시간 모두 12~15세의 소녀들이 감당하기에는 너무나도 가혹한 것이었습니다.

노동 재해와 질병

이와 같은 노동 환경에서 부상과 질병이 끊이지 않았습니다. 박su 할머니는 평생 신경안정제를 복용하였으며 불면증으로 고통받았습니다. 이러한 사실들은 강제동원과 강제 노동, 그리고 감금으로 피해자인 원고들의 몸과 마음이 갈기갈기 찢겼음을 말해 주고 있습니다.

무엇보다 원고들은 그 나이의 어린 소녀들로서는 감당할 수 없는 가혹한 중노동을 강요받았습니다. 철들을 다루는 작업 특성상, 기계에 손이나 손가락이 끼는 부상이 끊이지 않았습니다. 원고 할머니들의 손과 다리에는 지금도 흉터가 고스란히 남아 있습니다. 게다가 부상을 당하고도 쉬지 못하고 청소 등의 작업을 해야만 했습니다.

제2차 후지코시 소송을 제기한 원고 할머니에 따르면, 장티푸스와 디프테리아에 걸린 사람도 많았고, 사망자도 있었다고 합니다. 원고들의 노동 환경이 몹시 열악했음을 여실히 보여 주는 증거입니다.

귀국

원고들 중 일부는 1945년 7월, 피고 후지코시가 조선의 사리원에 공장 건설 계획을 세우면서 일본에서 조선으로 다시 끌려갑니다. 하지만 기계를 실은 수송선이 연합군에 격침당하여 공장 조업 개시가 늦어지자, 후지코시 측으로부터 한 달 후에 출근하라는 지시를 받고 집에 돌아갔다가 그대로 해방(종전)을 맞게 됩니다.

수송선 격침에서 알 수 있듯이 당시에는 일본 근해의 제해권制海權도 연합군이 장악한 상황이었으므로 조선으로 도항한다는 것 자체가 목숨을 건 위험한 일이었습니다. 그러나 피고 후지코시는 원고들의 목숨보다 피고국 일본이 내린 사리원공장 건설 명령을 우선시하여 무리하게 강제로 끌고 간 것입니다.

사리원으로 파견됐던 원고들은 전쟁이 끝난 후에 피고 후지코시로부터 연락을 받지 못했음은 물론 퇴직 수속도 하지 못했으며, 임금도 한 푼 받지 못하고 거지 같은 행색으로 집으로 돌아가야만 했습니다.

이와 같이 원고들은 국가와 기업에 속아 굶주림과 가혹한 노동에 시달렸고, 더구나 '애국하기 위해' 목숨 걸고 끝까지 열심히 일했습니다. 그 대가가 위로의 말 한마디 없이 일한 임금조차 받지 못한 것이었으며, 조선에서 가져간 용돈까지 몰수당했기 때문에 법정에서 하나같이 "노예 노동이었다"고 호소할 수밖에 없었습니다.

당시 원고들이 처한 상황은 일본인 소년소녀들보다 훨씬 참혹했습니다. 조선의 나이 어린 소녀들을 속여 가족에게서 떼어 내어 가장 위험한 군수 공장에 집어넣고 중노동을 강요한 것은, 일본인 소년소녀라면 아무리 전시 상황이었다 해도 있을 수 없는 일이었습니다.

해방 후 일본군 '위안부'로 간주되었던 정신대 피해자들

조선이 해방을 맞은 뒤에도 정신대 원고들의 상황은 더 혹독해졌습니다. 가혹한 노동의 후유증으로 고통을 겪거나, 결혼할 시기가 지났는데도 결혼하지 못하거나, 공습경보에 놀라 우왕좌왕했던 공포가 PTSD(외상 후 스트레스 장애)로 남아 평생 불면증으로 입퇴원을 반복하고 살아야 했습니다. 해방 전 일본에서 일했던 사람은 일제의 협력자로 낙인찍히는 분위기여서 근로정신대로 일했던 사실이 알려질까봐 전전긍긍하며 살아야만 했습니다.

더욱이 한국 사회에서는 정신대는 곧 '위안부'라는 오해가 팽배했기 때문에 정신대로 끌려갔던 사실을 극구 숨겨야 했습니다. 개중에는 결혼 후에 남편에게 "더러운 여자란 걸 숨겼다"고 폭력을 당하거나, 남편이 바람을 피워도 그저 지켜보아야만 했던 사람도 있습니다. 자녀들에게 멸시당하며 살아온 사람도 있습니다. 원고 강yo 할머니는 "괴로울 때는 혼자서 아무도 없는 강가에 나가 정신대 시절에 배운 노래를 부르며 마음을 달랬다"고 살짝 고백했습니다.

2003년부터 시작된 제2차 후지코시 소송 원고인 김정주 할머니는 1945년 3월, 국민학교 6학년 때 후지코시에 동원되어 박so 할머니와 같은 고통을 겪고 임금도 받지 못한 채로 10월에 귀국했습니다. 김정주 할머니의 언니(김성주 할머니)도 마찬가지로 속아서 나고야의 미쓰비시 비행기 공장에 동원되었습니다.

김정주 할머니는 귀국 후에 경찰관 남성과 결혼하여 잠시 행복한 나날을 보냈지만, 일본에 갔다 온 사실을 알게 된 남편이 폭력을 휘두르면서 불행이 시작되었습니다. '정신대에 갔던 더러운 여자'라고 오해를 한 것이지요. 결국 김 할머니는 이혼하고 홀로 외동아이를 키우며 살아왔습니다. 이렇듯 씻을 수 없는 한을 품고 재판에 참여한 것입니다.

이러한 고통스런 인생의 한을 풀겠다는 심정으로 정대협과 태평양전쟁희생자유족회에, 그리고 '정신대' 피해자 조사에 응해 달라는 국가의 호소에 이름을 밝히고 나섰지만, 여자근로정신대 피해자는 한국 정부에서 지원하는 생활지원 대상이 되지 못했습니다.

어쩔 수 없이 그들은 1992년 무렵부터 도야마, 시모노세키, 나고야, 후쿠오카의 재판소에 일본 정부와 기업을 상대로 사죄와 배상을 요구해 왔습니다.

원고 할머니들은 후쿠오카에 오는 것을 무척 좋아했습니다. 비록 재판을 받기 위해 오는 것일지라도 말입니다. 법정에서 자신들을 속인 일본을 규탄하면서 켜켜이 쌓인 분노와 서러움을 호소하고, 지원모임 회원들과의 교류회, 재판소로 오가는 차 안에서 정신대 시절에 익힌 군가와 가요를 부르며 춤추는 모습은 마치 해방 후 50년 만에야 동료들을 만나 동창회라도 즐기는 것 같았습니다. 그러나 당시 한국 사회에서는 정신대 피해자에 대한 이해와 그들을 지원하는 시민 활동이 없던 상황이었습니다. 이에 한국으로 돌아가면 일본군 '위안부'로 간주

될 수도 있다는 두려움으로 일부 할머니들은 신문과 TV에 얼굴이 나가는 것을 극도로 꺼렸습니다.

그런 분위기에서도 박so 할머니는 매우 적극적으로 재판에 임했습니다. 공개적으로 얼굴을 드러내고 취재에 적극 응했던 원고들의 리더였습니다. 13세에 동원된 박 할머니는 정신대 시절의 과로와 영양부족으로 폐질환을 앓았고, 그 때문에 혼기를 놓쳐서 정식으로 결혼하지 못한 채 아들을 낳아 키웠습니다. 심성이 곧고 자긍심이 높은 박 할머니에게는 그 누구에게도 터놓을 수 없는 치욕적인 삶이었을 것입니다. 우리 집에 여러 차례 묵으며 신뢰가 쌓이자 할머니는 비로소 눈물을 흘리며 우리 부부에게 그런 사연을 털어놨습니다.

일본군 '위안부' 원고 3명의 1심 승소 판결 소식이 한국의 TV와 신문에 대대적으로 보도되면서 박so 할머니의 얼굴도 함께 알려졌습니다. 이 때문에 박 할머니가 일본군 '위안부'로 잘못 알려지면서 교회와 친척들 사이에서 소문이 돌자, 가족들이 재판을 그만둘 것을 간곡히 요청했습니다. 할머니는 엄청난 스트레스를 받고 결국 뇌출혈을 일으키게 됩니다. 그럼에도 할머니는 히로시마 고등재판소와 주식회사 후지코시를 상대로 제기한 제2차 후지코시 소송의 원고로 참여해 계속 싸웠습니다. 그러나 2005년 무렵 치매 증상이 나타나면서 재판에 대한 관심도 서서히 엷어졌습니다. 매년 방문하는 우리를 알아보지 못할 정도로 증상이 악화되어 2012년, 끝내 돌아오지 못할 길을 떠나고 말았습니다. 뇌출혈만 앓지 않았더라도 치매 증상은 나타나지 않았을지도 모릅니다.

생전에 박so 할머니는 이렇게 토로했습니다.

"위안부로 오해받는 게 싫은 게 아니라, 한국에서 정신대 피해를 진심으로 이해받지 못하는 게 억울합니다."

일본군 '위안부' 원고들과 여자근로정신대 원고들의 나이 차이는 평균 10세 정도입니다. 여자근로정신대 피해자들 중에 아직 생존자가 많은 것은 바로 그 때문입니다. 2009년, 드디어 광주에서 '근로정신대 할머니와 함께하는 시민모임'이 결성되었고, 이 단체의 촉구로 피해자들은 광주시가 제공하는 생활 지원을 받을 수 있게 되었습니다. 이런 움직임은 서울시와 몇몇 지자체로 확산되었습니다. 또 일본 재판에서 패한 피해자들은 한국 법원에 소송을 제기하여 대법원과 서울고등법원에서 승소하였고, 이를 계기로 한국 사회에서 여자근로정신대에 대한 이해의 폭이 조금씩 넓어지고 있습니다. 이런 상황에서 근로정신대로 끌려가 일본군 '위안부' 생활을 했다는 픽션을 '실화에 바탕을 둔 영화'로 홍보하는 것은 아직도 한국 사회에 뿌리 깊은 "정신대 = 일본군 '위안부'"라는 오해를 다시금 증폭시키는 원인이 될 것입니다.

한평생 한국에 속죄하며 살아온 스기야마 선생님

한편 박so 할머니에게 정신대를 권유한 사람은 국민학교 6학년 담임인 모리야 선생님이지 스기야마 선생님이 아닙니다. 스기야마 선생님은 4학년 때 담임이며, 박 할머니를 염려하여 공장에 격려 편지를 보낸 분입니다.

패전 직후, 조선에 있던 스기야마 선생님은 버스 정류장에서 일본인을 적대시하는 시민을 만나 "일본어를 쓰지 마라"는 호통을 듣고 "일본 사람이 일본어를 쓰는 게 뭐가 나쁘냐"고 반박했다고 합니다. 그러나 바로 그 순간, 조선인 학생들에게 조선어 사용을 금지했던 황국신민화 교육이 잘못됐음을 깨닫고 아연실색합니다. 스기야마 선생님은 훗날 고향 도야마로 돌아와 한평생을 한국에 대한 속죄와 한일 양국의 우호 증진을 위해 살아왔습니다. 스기야마 선생님은 박 할머니의 동급생들이 주최한 동창회에 초대받아 갔다가 그 자리에 참석하지 않은 박 할머니가 내내 마음에 걸렸습니다. 도야마의 '후지코시 소송을 지원하는 모임'을 통해서 관부재판과 박 할머니의 소식을 듣고, 1993년 4월에 후쿠오카로 달려와 감격스러운 상봉을 합니다. 박 할머니는 진심으로 기뻐했습니다. 스기야마 선생님은 당시의 황국신민화 교육의 잘못에 대해 법정에서 증언하기도 했습니다.

현재 99세인 스기야마 선생님은 고령자 주택에서 생활하시면서 지금도 여전히 한일 양국의 우호 증진을 위해 신문에 투고를 하고 계십니다. 그런 스기야마 선생님을 영화 〈허스토리〉는 박 할머니를 속여 후지코시에 보내 일본군 '위안부'로 만든 범죄자처럼 그리고 법정에서 무릎 꿇고 사죄하는 모습으로 연출했습니다. 감독과 제작진이 얼마나 무신경한지 알 수 있는 장면입니다. 이 영화에 대한 이야기가 스기야마 선생님의 귀에 들어가지 않기를 바랄 뿐입니다.

한국에서는 왜 일본군 '위안부' 피해자를 정신대 피해자와 동일시하는 것일까?

일본이 태평양전쟁을 일으키기 전, 조선에서는 정보가 통제되었던 탓에 여자근로정신대 원고들은 사전에 일본의 어느 지역, 어떤 공장에 가는지 전달받지 못했습니다. 또한 당시 일본의 탄광 주변에 있는 조선 음식점들에는 조선에서 끌려온 여성들이 매춘을 강요당하던 상황이었습니다. 이러한 식민지 지배가 낳은 비밀주의와 이미 일본에 간 여성에 대한 소문으로 여자근로정신대를 '위안부'로 혼동한 것으로 보입니다.

그러한 혼동은 1990년대 초반, 일본군 '위안부' 문제가 한일 외교 문제로 부상되면서 더욱 심화됐습니다. 1992년 1월 16일 한일 양국의 관심이 일본군 '위안부' 문제로 집중되는 분위기 속에서 미야자와 기이치宮澤喜一 총리가 방한하게 됩니다. 그 한 해 전에 서울 '방산국민학교'에서 정신대로 보냈던 6명의 학적부가 공개되었습니다. 앞서 언급한 것처럼 해방 전에 이 학교에서 교사로 있으면서 정신대로 제자를 보냈던 이케다 마사에 씨의 요청에 따른 것이었습니다. 《동아일보》는 이 일을 미야자와 총리 방한 직전의 사설에서 '열두 살의 정신대'라는 자극적인 제목으로 다음과 같이 썼습니다.

"그야말로 천인공노할 만행이었다. 당시 이 학교에 근무하면서 그녀들을 정신대로 보낸 일본인 담임교사 이케다는 '근로정신대'로 보냈다고 말한다. (중략) 그러나 그것은 새빨간 거짓말이었다. 근로정신대라는 이름으로 동원된 뒤, 그녀들을 군위안소로 돌린 사실이 여러 명의 증언으로 입증되고 있기 때문이다. 이케다가 죄책감 때문에 한국 쪽 하늘을 바라보지 못한 채 독신으로 살아왔다는 점만 봐도 이케다는 근로정신대의 정체가 무엇이었는지 잘 알고 있었을 것이다. 이렇게 동원된 정신대 위안부는 8만~20만 명으로 추산된다."

다른 신문에서도 비슷한 보도가 이어졌습니다. 이러한 보도를 접한 한국인의 분노가 들끓는 상황에서 미야자와 총리가 방한하여 거듭 사과한 것입니다.

나도 이케다 마사에 씨를 만난 적이 있습니다. 이케다 씨는 자신이 보낸 학생 6명 중 5명이 패전 후에 후지코시에서 귀국한 것을 확인했지만 나머지 1명은 확인하지 못했다고 합니다. 학적부가 공개된 뒤에 마침내 그 1명도 전화 연락이 되었는데, 후지코시에서 돌아와서 결혼하여 다섯 아이를 둔 엄마가 되어 있었습니다. 하지만 그 제자는 "남편이 이 사실을 알면 '위안부'로 오해할까 봐 계속 숨긴 채로 살아왔다"면서 이케다 씨와의 만남을 거부합니다. 이케다 씨는 정대협의 윤정옥 대표에게서 "정신대 모집에 응한 사람 중에 나이가 좀 있는 사람은 일본군 '위안부'로 보내졌다"는 말을 듣고 제자들을 그런 위험이 도사리고 있는 여자근로정신대에 가도록 열심히 권유했다는 것에 크나큰 죄책감을 느낍니다. 그래서 제자들에게 사과할 생각으로 학적부 공개를 요구한 것입니다.

이처럼 증거도 없는 오보가 난무하면서, 일본이 조직적으로 어린 소녀들을 일본군 '위안부'로 보냈다는 오해가 한국 사회에 점점 확산돼 갔던 것입니다. 영화 〈허스토리〉 감독은 이 문제에 대해 조사를 하고

도 스기야마 선생님을 이케다 선생님으로 바꿔 픽션으로 만든 듯합니다. 과거 한국에서 일본군 '위안부' 문제에 대응하는 단체의 명칭이 정신대문제대책협의회였던 것에서 알 수 있듯, 한국 사회에서 정신대는 곧 일본군 '위안부'라는 인식이 미야자와 총리 방한 당시 매스컴의 자극적인 보도로 더욱 가중되었습니다.

2000년 무렵, 나는 정대협의 윤정옥 대표에게 해방 후 한국에서 여자근로정신대를 일본군 '위안부'로 인식하는 비극을 이야기하며 다음과 같이 요청한 적이 있습니다.

"정대협에 신고된 여자근로정신대 피해자들을 조사하여 일본군 '위안부'와 여자근로정신대가 다르다는 점을 밝히셨으면 합니다. 또한 단체 명칭도 재고하시기 바랍니다."

윤 대표는 이렇게 답변하였습니다.

"잘 알았습니다. 지금은 '2000년 전범 법정'[2] 준비로 분주하니, 그 일이 끝나면 조치하겠습니다."

그러나 윤정옥 대표는 2000년 전범 법정이 끝나자 대표직을 사임했습니다. 여자근로정신대 재판을 지원하는 다른 단체에도 오해를 불러일으키지 않도록 명칭 변경을 요청했지만 바뀌지 않았습니다(마침내 2018년에 '일본군성노예제 문제해결을 위한 정의기억연대', 약칭 '정의연'으로 변경됨).

---

2. 정식 명칭은 '2000년 일본군 성노예 전범 여성 국제 법정'이다. 2000년 12월 군 위안부 피해자와 관련 단체들이 모여 일본군 성노예제와 관련된 법적 책임을 묻기 위하여 열린 민간 차원의 국제인권법정. - 옮긴이.

〈허스토리〉 감독과 제작자와 나눈 논의

우리는 영화 〈허스토리〉의 제작진에게 항의문을 보내는 동시에 대화를 촉구했습니다. 그 결과 10월에 감독과 제작자가 후쿠오카로 와 3시간 남짓 함께 이야기를 나눌 수 있었습니다. 제작자는 향후 상영을 고려하여 영화를 지키자는 입장에서 다음과 같이 주장했습니다.

"영화는 픽션이지 다큐멘터리 영화가 아닙니다. '실화에 바탕을 둔 영화'라는 문구는 배급사가 그렇게 홍보한 것으로 우리에게는 책임이 없습니다. 다만, 자막에 일본군 '위안부' 원고 세 분, 근로정신대 원고 일곱 분이라고 넣었고, 처음부터 그 둘의 차이를 밝힌 영화입니다. 영화의 50퍼센트는 사실을 그리고 있습니다."

그러나 실상은 사실을 10퍼센트도 담지 않았다는 게 영화를 본 우리의 생각입니다.

감독은 제작자와 달리 우리의 강력한 항의에 안색이 심각해졌습니다. 우리는 감독의 이야기에서 비교적 공부를 많이 했으며, 선의로 이 영화를 만들었다는 느낌을 받았습니다. 그리고 박so 할머니에 대한 내용은 "한국정신대연구소가 발간한 증언집에 등장하는 두 분의 증언을 참고하여 그린 것이기 때문에 근거 없는 픽션이 아닙니다"라고 답했습니다.

저도 그 증언에 대해서는 알고 있었습니다. 그중 한 명은 김우진(가명) 씨이고, 대략 다음과 같은 내용을 증언했습니다.

"1944년 3~4월쯤, 국민학교 6학년이던 열두 살 때 정신대로 동원되어 시모노세키에 도착했다. 일본군의 트럭에 실린 채 군인의 감시를 받으며 후지코시까지 갔다. 당시 공습으로 기차는 다니지 않았다. 후지코시 공장에 도착하고 3개월 후부터 도야마에도 공습이 시작되었고, 공장이 폭격으로 파괴되면서 많은 사람이 죽었다. 이미 작업을 할 수 없게 되었고, 30~40명이 트럭에 실려 아오모리현에 있는 위안소로 보내졌다. 1년 후에는 고베를 거쳐 시즈오카 위안소로 보내졌고, 거기서 패전을 맞았다"(《강제로 끌려간 조선인 군위안부들 2》, 한국정신대문제대책협의회, 한국정신대연구소 편, 한울, 1997년).

도야마가 대공습에 휩싸인 것은 패전 직전인 1945년 8월 3일이었으며, 후지코시 공장은 폭격을 면해 파괴되지 않았습니다. 사망자도 없었습니다. 또한 당시에도 기차는 다녔고, 30명이 넘는 후지코시 여자 근로정신대 피해자의 증언을 들어 봤지만 군인의 트럭에 실려 갔다는 증언자는 없었습니다.

또 한 명의 증언자는 박순희(가명) 씨로, 증언 내용은 대략 다음과 같습니다.

"1944년 9월, 열네 살 때 담임선생님의 권유로 정신대에 가게 됐다. 시모노세키에 도착하자마자 군용 트럭에 실려 저녁때 도야마에 도착했고, 도착하자마자 바로 기숙사에 들어가서 반달쯤 훈련을 받았다. 거기는 위안소였다. 위안부를 강요당하고 그 후로 히로시마, 규슈의 섬에 있는 위안소를 전전하다가 해방되자 귀국할 수 있었다."

하지만 이 또한 세세한 부분에서 증언이 애매합니다. 증언을 들은 연구자는 "패전 당시 도야마현에는 보병 514연대가 주둔했다"라고 증언을 뒷받침하는 '주註'를 달아 놓았습니다. 그러나 보병 514연대는 본토 결전에 대비하여 패전 직전인 1945년 4월에 결성된 부대로, 박순희 씨가 도야마에 도착했던 1944년 9월 무렵에는 존재하지 않았습니다. 또한 고속도로도 없었던 당시, 시모노세키에서 출발하여 저녁 무렵에 도야마에 도착했다는 것도 말이 되지 않습니다.

그 밖에 증언집 제3권에는 후지코시에서 강제로 일본군 '위안부'가 됐다는 또 한 명의 증언이 나옵니다. 요약하면 다음과 같습니다.

"진주에서 30명의 정신대가 후지코시로 갔고, 산속 기숙사에 처넣어져 훈련을 받은 후에 후지코시에서 일했다. 이듬해에 군속이 우리 30명을 마이즈루항에서 인도네시아 동부의 할마헤라섬에 데리고 가서 '위안부'로 삼았다"(《강제로 끌려간 조선인 군위안부들 3》, 한국정신대문제대책협의회, 한국정신대연구소 편, 한울, 1997년).

후지코시는 도야마 평야 한복판에 위치해 있기 때문에 산과는 멀리 떨어져 있습니다. 이런 산속에서 후지코시까지 걸어 다니면서 일을 한다는 것은 대단히 힘듭니다. 후지코시 부지 내에는 '아이고쿠료愛国寮'라는 기숙사가 있었고, 이듬해 조선에서 500명 정도의 여자근로정신대가 들어왔을 정도로 기숙사에 여유도 있었습니다. 그런데 왜 군이 멀리 떨어진 산속에 수용했을까요. 도무지 이해되지 않는 대목입니다.

또한 1945년에는 남태평양 제해권이 완전히 미군의 지배에 들어갔으므로 물자 운송조차 할 수 없는 상황이었습니다. 인도네시아 동부에서는 1943년 무렵부터 미군의 공습이 시작되자 1944년에는 일본인과 조선인 일본군 '위안부'를 돌려보내고 대신 현지 여성들을 일본군

'위안부'로 삼았던 시기입니다(《해군특별경찰대 암본섬 BC급 전범의 수기 海軍特別警察隊 アンボン島BC級戦犯の手記》, 노기 하루미치禾晴道, 다이헤이출판사太平出版社, 1975년. '후쿠오카의 전 병사의 증언'《관부재판 뉴스》44, 45호에 자세히 수록). 그러한 시기에 인도네시아 동부에 일본군 '위안부'를 보내지는 않았을 것입니다.

이미 이전부터 후지코시의 여자근로정신대 재판을 지원하는 활동가들 중에서 "이 증언들은 픽션이다"라고 주장하는 사람이 있었습니다. 그러나 자신이 여자근로정신대임을 밝히며 피해를 주장해도 한국 정부의 지원 대상이 되지 못하는 어려운 여건에서, 한국 정부로부터 생활지원을 받기 위해 일본군 '위안부' 피해자임을 주장하며 허위 증언을 한다고 누가 비난할 수 있을까요. 우리의 입장은 '조용히 입 다물고 있자'였습니다. 위의 증언자 3명은 이미 돌아가셨다고 들었습니다. 설마 이 증언이 영화 〈허스토리〉에 사용되리라고는 전혀 생각하지 못했습니다. 이러한 내막을 전하자 감독은 "그 문제는 연구자들 책임"이라면서 관련 설명을 영화에 삽입하겠다고 약속했습니다.

통역을 대동하고 대화를 나누니 시간이 많이 걸렸습니다. 이야기가 이쯤 진행됐을 때 벌써 감독 일행이 돌아갈 시간이 되어, 당시의 일본 사회를 그리는 방식도 픽션이었다는 설명을 영화에 넣는 문제는 합의하지 못한 채로 대화를 마무리해야 했습니다. 더욱이 변호인단과 원고들, 지원모임 회원들 사이의 교류며, 제2차세계대전이 끝난 후에 태어난 우리 세대가 주체적으로 전쟁 책임을 해결하려는 노력에 대해서는 어필할 시간도 없었습니다. 그들과 이야기하는 내내 일본군 '위안부'를 바라보는 한국 사회의 인식과 일본에 대한 뿌리 깊은 고정관념을 느꼈고, 그 점이 가장 큰 문제임을 새삼 깨닫는 계기가 됐습니다.

당시 일본 사회를 혐한 감정이 만연한 듯이 묘사한 점

영화에서는 원고들이 일본에 방문했을 때 혐오 시위대를 만나 돌을 맞기도 하고 여관에 숙박하려다 차별을 받고 쫓겨납니다. 법정 장면에서는 야유를 퍼붓는 우익 방청객들, 원고에게 싸늘한 판사들의 태도 등 일본 사회가 혐한 감정이 넘친 것처럼 묘사되면서, 마치 원고들이 일본에서 고립된 싸움을 한 것으로 비칩니다.

단언컨대 그런 일은 없었습니다. 재판이 시작된 1990년대 초에는 일본군 '위안부' 피해자에 대한 일본 사회의 관심이 높았으며, 여론조사에서는 50퍼센트가 넘는 국민이 피해자에 대한 보상을 지지했습니다 (1993년 5월 11일, 《아사히신문》이 실시한 여론조사에서 일본군 '위안부'에 '보상해야 한다' 51퍼센트, '보상할 필요 없다' 33퍼센트, '기타 응답 없음' 16퍼센트).

1990년대에는 한국에서 일본군 '위안부', 여자근로정신대, 강제동원 노동자, 원폭 피해자들이 일본 정부와 기업을 상대로 다양한 전후 보상 재판(1970년대까지 거슬러 올라가면 45건, 그 밖에 재일한국인이 7건 제소)을 청구했으며, 그 밖에도 중국, 대만, 홍콩, 네덜란드, 영국 등의 전쟁 피해자들이 청구한 재판까지 포함하면 100건에 가까운 전후 보상 재판이 일본 각지에서 열렸습니다. 대부분의 경우 일본인과 재일한국인·재일조선인 변호사들이 무보수로 변론을 했고, 재판 지원을 위해 자발적으로 모인 시민들이 피해자들의 교통비와 체재비, 재판을 알리는 소식지인 《재판 뉴스》 발행 비용을 모금하였으며, 재판소로 달려가 재판을 방청하면서 피해자들과 교류를 확대시켜 나갔습니다.

전후 일본의 가정은 대부분 전쟁과 공습, 원폭으로 가족이나 친척을 잃었습니다. 나의 큰아버지가 타고 있던 잠수함은 북태평양에서 미군에 격침됐습니다. 어머니의 남동생인 외삼촌은 스무 살이 되자마자 징병되어 패전 직전에 만주로 보내졌고, 이후로 소련군의 포로가 되어 시베리아로 이송돼 추위 속에서 중노동과 영양실조에 시달리다 돌아가셨습니다.

나의 부모님은 농촌의 보수적인 분들이었지만 선거에서는 '전쟁 포기'를 명기한, 헌법 9조 개헌에 반대하는 사회당에 투표해 왔습니다. 부모님은 "두 번 다시 전쟁을 일으키면 안 된다. 헌법 9조만은 지켜야 한다"고 말씀하시곤 했습니다(헌법 개정에 대한 국회 발의는 국회의원 3분의 1이상이 반대하면 불가능함). 그 말은 곧 전쟁의 피해로 고통받은 대다수 일본인의 생각이기도 합니다.

그리고 내가 대학을 다니던 1960년대 후반은 베트남전쟁 반대 투쟁과 대학의 사회적 책임을 묻는 학원 투쟁이 한창이었던 시기로, 일본의 식민지 지배와 침략 전쟁에 대한 가해 책임을 요구하는 의식과 운동이 일본에 확산되어 갔습니다. 이전에 내걸었던 "미국의 전쟁에 말려들지 마라"는 슬로건은 "다시 가해국이 되지 마라"로 바뀌었습니다. 원폭 피해자 관련 운동에서조차 '일방적인 피해자 의식이 아닌 침략 전쟁을 일으킨 가해 책임을 지고 원수폭^{原水爆} 금지 운동에 힘쓰자'라는 의식이 싹텄습니다.

바로 그 세대의 변호사와 시민들이 일본 각지에서 전후 보상 재판과 지원 활동에 나선 것입니다. 나의 부모와 형제들도 《관부재판 뉴스》를 읽고 후원금을 보내왔습니다.

시모노세키 재판의 방청은 매번 지원모임의 회원들로 가득 찼고, 《지원모임 뉴스》 800부 정도를 전국으로 발송했으며, 원고들의 여비와 체재비는 후원자들이 보내온 후원금으로 충당했습니다. 재판이 히로시마 고등재판소로 이송되자 히로시마현에서 세 개의 재판을 지원하는 단체가 새롭게 생겼고, 지지자들도 더 많아져서 법정의 방청석은 매번 자리가 부족할 정도였습니다. 또한 15만 명이 서명한 '사죄와 배상을 요구하는 한일시민공동서명'을 재판소에 제출했습니다.

재판에 우익이 등장한 적은 전혀 없었습니다. 또한 원고들은 1심의 첫 재판 때는 우리 집에, 두 번째는 공동대표인 이리에^{入江} 목사의 교회에 숙박하면서 지원모임 회원들과 더 깊은 정을 나누었습니다. 지방에서 진행되는 재판이었지만 피해자들을 지지하는 수많은 시민들 덕분에 당시 일본 사회는 비교적 관용적인 분위기였습니다. 그것은 '시모노세키 판결'을 내린 판사들의 양심과 용기로도 잘 드러났습니다.

현재 일본 사회에서 혐한 감정이 확산되고, 재일한국인·재일조선인에 대한 혐오 발언 등 과격한 차별 언동이 횡행하는 것은 사실입니다. 동서 간의 냉전 시대가 종식되고 국제사회는 글로벌리즘과 신자유주의에 휩싸여 중간층은 좁아지고, 내셔널리즘과 강한 리더를 요구하는 불길한 분위기에 휩싸여 가고 있습니다. 그 배경에는 전후 75년이 지나면서 전쟁을 체험한 세대가 거의 사라지고, 베트남전쟁 반대 세대도 노인이 돼 버린 엄중한 현실이 자리 잡고 있습니다.

그러한 배경에서, 한일 양국의 내셔널리즘이 팽배하는 원인의 하나가 바로 전후 보상을 둘러싼 운동의 추이와 격화되는 역사 인식의 대립이라고 할 수 있습니다. 이러한 경과를 지난 관부재판을 통해서 생각해 보겠습니다.

2부

관부재판의 과정과
후지코시 소송

관부재판 1심 승소와
최고재판소 기각이 남긴 것들

우리 부부가
전후 보상 재판에
관여하게 된 계기

관부재판에서 중심적 역할을 한 변
호인은 후쿠오카에 거주하는 일본인 2명과 재일한국인 1명으로 사법
연수원 동기입니다. 이들은 자진해서 전후 보상 재판을 맡은 젊은 변
호사들이었고 수임료는 일절 받지 않고 무료로 변론했습니다. 지원모
임의 회원들도 모두 무보수로 활동했는데, 저마다 전후 보상 재판의
승리를 과제로 삼고 헌신적으로 참여했습니다. 이 재판에 임했던 나,
하나후사 도시오 생각을 기술해 보겠습니다.

나는 태평양전쟁이 한창이던 1943년, 오카야마岡山현 세토나이카이
瀨戶內海에 인접한 농촌에서 태어났습니다. 소학교 5학년 때쯤으로 기억
하는데, 목수와 미장이가 우리 집 목욕탕을 개축 공사하러 왔습니다.
미장이는 아이를 좋아하는 분이었습니다. 벽토를 발라 보고 싶다는

나의 요청에 빙그레 웃으며 자상하게 바르는 방법을 가르쳐 주었던 좋은 사람이었습니다. 잠시 쉬는 동안, 미장이는 목수에게 중국에서 겪은 전쟁담을 들려줬습니다.

"부대가 어느 마을을 포위하고는, 마을 사람들을 광장에 모아 놓고 먼저 청년들을 고문했지. 트럭에서 전선을 끌어다 몸을 묶은 채 전기 고문을 하는 거야. 그러고는 마을 사람들에게 큰 구덩이를 파게 했어. 총구를 들이대면서 먼저 그들 중 절반을 구덩이 속에 몰아넣고는 위에서 흙을 덮고 나머지 마을 사람에게 밟게 했지. 흙 속에서 펑, 펑 임부의 배 터지는 소리가 들렸어. 그리고 다시 남은 사람들을 구덩이에 몰아넣고 병사들이 그 위에 흙을 덮었어."

미장이는 그런 이야기를 아주 생생하게 하는 것이었습니다. 아무렇지도 않은 듯이 말입니다.

나는 옆에서 그 이야기를 듣고 엄청난 충격에 빠졌습니다. '일본 사람이 중국 사람에게 어떻게 그런 잔인한 짓을 저질렀는가! 앞으로 일본 사람들은 중국 사람들 얼굴을 어찌 보겠는가!' 어린 나는 죄책감을 크게 느꼈지만 점차 기억에서 사라져 갔습니다.

그 미장이처럼 사람 좋은 아저씨가 자신이 귀여워하던 내 또래의 중국 아이들을 생매장했을지도 모른다고, 그럼에도 아무런 죄의식도 느끼지 않는 그 섬뜩함을 진지하게 생각하게 된 것은 내가 대학생이 되고 나서였습니다.

마음속 저 밑바닥에 가라앉아 있던 이 기억이 학생운동에 가담하면서 되살아나, 삶에 대해 고민하는 데 하나의 출발점이 되었습니다.

대학 시절, 내가 처음 가담했던 학생운동은 '한일기본조약' 반대 투쟁이었습니다. 클래스 멤버들과 함께 자료를 수집하고, 일본이 조선에 어떤 일을 했는지를 조사하고 토론했습니다. 돌이켜 보면 깊은 이해 없이 시작한 일이었지만, 한국 학생들이 계엄령 상태에서 일본의 식민지 지배에 대한 제대로 된 사죄도 배상도 없는 조약에 반대하며 싸우고 있는데 가만히 있을 수 없었습니다.

그 후로 베트남전쟁 반대 투쟁이 시작되었습니다. "일본이 다시 가해국이 되지 않도록 하기 위해서"라는 슬로건을 내걸고 일본 내 미군 기지에서의 항공모함과 비행기 이륙을 저지하는 등 다양한 투쟁을 펼쳤습니다. 반전운동에 참여하면서 어린 시절의 기억이 떠올랐습니다. 일본의 중국 침략 전쟁에 대해 공부하면서, 어릴 때 들었던 마을 미장이의 이야기가 바로 중국 공산당 지배에 있는 마을들에서 일본군이 실시한 '삼광작전三光作戰(모조리 불태우고燒光, 모조리 죽이고殺光, 모조리 뺏는다搶光)'이라는 것을 알게 됐습니다.

1970년대로 접어들면서 일본의 좌익 운동은 분열과 항쟁이 격화되어 서로를 흠집 내기에 이르렀고, 나는 사회운동에서 발을 빼고 도망치듯 후쿠오카로 왔습니다. 그리고 평소 좋아하던 요리의 길로 들어서서 레스토랑을 경영하면서 살아왔습니다. 그러다 마흔줄에 접어들면서 가슴속에 찬바람이 불기 시작했습니다. 그대로 일에 묻혀서 인생을 보낸다면 나중에 후회할 것 같았습니다.

1980년대 후반, 후쿠오카교육대학을 졸업한 후쿠오카 거주 재일한국인 3세 젊은이가, 교원 자격증을 취득했음에도 일본 국적이 아니라는 이유로 교원임용시험에 응시할 수 없는 것에 항의하여 소송을 제기한 사실을 신문을 통해 알게 되었습니다. 나는 충격을 받았습니다.

"내가 사는 도시에서 이런 차별이 계속되고 있단 말인가!"

우리 부부는 분개하여 그 재판을 지원하는 활동에 참여하기로 했습니다. 이때는 후쿠오카교육대학 교수들과 시민이 함께 재판 지원 활동을 펼쳤습니다. 이 사건을 계기로 우리 부부는 시민운동에 몸담게 됩니다. 교원임용시험의 국적 조항 철폐 운동을 펼쳐 나가는 과정에서 나는 전후에도 여전히 재일한국인·재일조선인이 일본국 헌법의 테두리 밖에서 차별당하며 살아왔다는 사실을 알게 되었습니다. 식민지 지배에서 자행되던 조선인 차별이 지금까지 계속되고 있으며, 재일한국인·재일조선인 청년들이 그 차별에 맞서 싸우며 하나하나 바꿔 나가고 있다는 것도 알게 됐습니다. 이 사건은 1990년 노태우 대통령의 방일을 계기로 교원임용시험의 국적 조항이 철폐되는 것으로 마무리되었습니다. 그 청년은 후쿠오카의 소학교 교사가 되었고, 이후로는 재일한국인·재일조선인 청년들이 후쿠오카현에서 관리직에는 오를 수 없지만, 교사는 될 수 있었습니다.

국적 조항 철폐 재판이 끝나고 때마침 일본군 '위안부' 문제가 불거졌습니다. 1991년, 재일조선인 박수남 씨가 만든 다큐멘터리 영화 〈아리랑의 노래, 오키나와에서의 증언アリランの歌沖縄からの証言〉이 오키나와에서 상영됐습니다. 오키나와에 사는 일본군 '위안부'였던 배봉기 씨와 오키나와 전투에 끌려간 조선인 군부軍夫를 다룬 이 다큐멘터리는 300석 규모의 상영관에서 아침, 점심, 저녁 세 번 상영됐습니다. 세 번 모두

좌석이 없어 서서 보는 사람이 있을 정도로 많은 사람이 관람했습니다.

이듬해 봄에 대구에 사는 일본군 '위안부' 문옥주 할머니를 초청한 증언 집회에도 많은 사람들이 자리를 가득 메우고 숨죽인 채 증언을 들었습니다. 우리는 그 증언 집회 후, '종군 위안부 문제를 생각하는 모임·후쿠오카'를 결성하고 공부 모임을 시작했습니다. 그 모임에서 후쿠오카에 거주하는 재일한국인 시민운동가와 변호사가 특별한 의뢰를 해 왔습니다.

"부산에 사는 전 일본군 '위안부'와 여자근로정신대분들이 시모노세키에서 재판을 하게 됐습니다. 지원을 바랍니다."

우리 부부는 어려운 선택을 강요당한 것이었습니다. 당시 우리 부부는 후쿠오카 번화가 덴진天神에서 종업원 5명과 함께 레스토랑을 경영하고 있었습니다. 재판 지원 활동은 틈틈이 짬을 내서 할 수 있는 게 아니기 때문에 레스토랑 영업이 힘들 것임을 쉽게 상상할 수 있었습니다. 자영업은 불가피하게 하루 종일 일을 해야 하고, 재판은 평일에 있기 때문입니다. 게다가 레스토랑이 쉬는 날은 일요일뿐이었습니다.

"도저히 안 되겠습니다."

아내의 즉답에, 변호사는 불신의 빛을 내비치며 말했습니다.

"간판은 그럴듯하게 '종군 위안부 문제를 생각하는 모임'이라고 내걸고는 지원 활동을 못 하겠다는 겁니까?"

결국 우리 부부는 피할 수 없는 길이라 여기고 받아들이기로 했습니다. 나는 지원모임 결성을 위한 준비 회의에서 사무국장을 맡았습니다. 이 준비 회의는 함께 공부 모임을 해 온 동료들과 새롭게 참여

한 기독교인까지 총 10여 명이 참석했는데, 마쓰오카 스미코松岡澄子 씨
와 이리에 야스히로入江靖弘 목사가 공동대표를 맡았습니다. 마쓰오카
씨는 네 아이를 키우면서 생활협동조합 활동과 시민운동에 종사해 온
에너지 넘치는 사람이었고, 이리에 목사는 히로시마 원폭 피해자 손진
두 씨의 재판 지원 활동[3]을 했습니다.

이듬해 1993년 4월에 지원모임 결성 집회가 있었고, 그로부터 1년
후에 나는 덴진의 레스토랑을 접고 우리 집에 새롭게 가게를 오픈했습
니다. 가게 운영은 우리 부부 둘이서만 하되 예약제로, 재료는 무농약
채소만 사용하자는 방침을 세웠습니다. 그렇게 재판 지원 활동 중심의
생활이 시작되었습니다.

---

3. 1972년에 부산에서 일본으로 밀입국한 손진두 씨는 일본에서 치료해 줄 것을 요구
하며 후쿠오카 지방재판소에 '피폭자건강수첩신청 각하 처분 취소 소송'을 제기했다.
그 당시 대학생 신분으로 열정적으로 지원 활동을 펼쳤던 야마모토 세이타山本晴太 씨
가 바로 관부재판의 중심적인 역할을 한 변호인이다. 손진두 씨의 재판은 일본에서
있었던 첫 전후 보상 재판이었으며, 원폭 치료법에는 국적 조항, 즉 일본 국적자 이
외의 국적자를 제외하는 조항이 없으므로 승소했다.

관부재판의 시작 —
1심 야마구치 지방재판소
시모노세키 지부

　　　　　　　　　　　　1993년 4월, 구두 변론을 앞두고 일본 정부 측은 시모노세키에서 열려야 할 재판을 돌연 취소하고 도쿄 지방재판소로 이송하겠다는 신청서를 제출했습니다. 정부 측의 주장은 이러했습니다.

"정부가 소송을 당했으니 정부 기관이 있는 도쿄에서 하게 해 달라. 국가 상대의 모든 전후 보상 재판은 도쿄 지방재판소에서 진행한다. 그곳에서 국가로서의 통일된 재판을 하고 싶다."

변호인들의 의견은 다음과 같았습니다.

"도쿄 지법은 엘리트 판사들의 집합소로 출세 코스에 올라탄 사람들에게 점유당했다. 그런 곳에서 국가를 상대로 재판을 한다면 이길 가망이 거의 없다. 가능하면 지방에서 하는 게 낫다. 작은 도시의 지방재판소나, 더 좋은 것은 지방재판소의 지부 같은 곳이다. 그런 곳에서는 엘리트 코스에 오르지 않은 양심적인 판사를 만날 가능성이 있다. 그 적은 가능성에 기대를 걸어 보자."

야마구치 지방재판소 시모노세키 지부에 소송을 제기한 것은 이러한 이유에서였습니다. 정부 측은 분명 '국가의 중추에서 멀리 떨어진 지방재판소에서, 혹시라도 국가의 뜻에 맞지 않는 판결이 나오면 곤란하다'고 염려했을 것입니다.

변호인들은 "시모노세키는 원고들이 끌려와 각지의 군수 공장과 위안소로 보내진 범행지이다. 더욱이 연로하신 원고들이 도쿄까지 오가는 육체적, 경제적 부담을 고려해 꼭 시모노세키에서 재판을 하게 해 달라"는 상신서上申書를 시모노세키 재판소에 제출했습니다.

우리 역시 당황스러웠습니다. '재판이 후쿠오카에서 멀리 떨어진 도쿄로 이송된다면 지원 활동이 곤란해진다. 원고들의 교통비와 숙박비도 만만찮다. 그 비용을 마련할 수 있을까.'

시간이 없었습니다. 한 달 이내에 도쿄 지방재판소 이송 반대 서명을 받기로 하고, 가족과 친지, 친척을 비롯해 기독교인들은 일본 전역의 교회에 요청하여 1만 명 정도의 서명을 받아 재판소에 제출했습니다. 그 결과, 판사는 시모노세키에서 재판할 것을 결정하고 정부 측의 이송 신청을 각하했습니다. 만약 이때 재판이 도쿄로 이송됐다면 1심에서 일본군 '위안부' 원고의 승소는 없었을지도 모릅니다. 그리고 이때 서명해 준 시민들과 교회가 관부재판 지원하는 모임의 회원이 되어 오랜 싸움을 지지하고 지원해 왔습니다. 말할 것도 없이 내 형제와 부모님도 후원 회원이 되어 우리의 지원 운동을 지지해 주었습니다.

입법 운동 요청

재판(구두 변론) 시작 전에 야마모토 변호사가 재판에 관한 이야기를 해 주었습니다. 그 요지는 다음과 같습니다.

"외국인이 전후 보상 재판에서 이기는 것은 어렵습니다. 외국인 전쟁 피해자를 구제하는 법률은 일본에 두 가지밖에 없습니다. 원폭 피해자에 대한 지원과 치료, 이 두 가지 법률은 국적 조항이 없습니다. 하지만 군인이나 군속 등의 전쟁 피해자에게는 은급법恩給法(일제강점기에 정부 기관에서 일정한 연한을 일하고 퇴직한 사람에게 주던 연금. - 옮긴이)이라든가 상이군인·전사자 유족 원호법戰傷病者·戰沒者遺族援護法 등 10여 건의 법률이 있지만, 모두 국적 조항이 있어서 일본 국적자만 대상이며 외국 국적의 피해자는 제외됩니다.

전쟁 당시 조선인은 일본 국민으로서 강제로 군인·군속으로 전쟁에 나갔고, 일본 국적을 가지고 있었습니다. 전후, 샌프란시스코강화조약으로 일본이 독립하자 정부는 1952년에 상이군인·전사자 유족 원호법을 제정하고, 이듬해 GHQ(1945년 10월 2일부터 1952년 4월 28일까지 일본에 있었던 연합국 군최고사령관 총사령부. - 옮긴이) 통치 시기에 정지됐던 군인 은급(구 군인과 군속들 및 그 유족에 지급되는 연금)을 부활시킵니다.[4]

---

4. 여기에 지급되는 총액은 2016년 시점에서 누계 60조 엔에 이른다. 그 후로 매년 지급되고 있다.

이러한 원호법이 제정되기 직전에, 식민지 상태에서 한국·조선인, 대만인들 중에서 일본 국적을 소유했던 사람들이 일방적으로 일본 국적을 박탈당하고, 일본 국적의 군인만을 대상으로 전후 보상 법률이 제정된 것이지요.

한편 외국인 전쟁 피해자에 대해서는 '양국 간 조약에서 이미 해결했다'고 일본 정부는 주장합니다. 그래서 일본의 재판소에 제소해도 외국인 전쟁 피해자가 직접적으로 호소할 법률이 없는 실정이죠. 법률이 없으면 대개의 경우는 국제법에 따릅니다. 피해자의 신체에 발생한 것은 당시의 국제법(매춘금지조약과 강제노동금지조약 등)에 위반됩니다. 이러한 국제법에는 시효가 없고요. 그러나 국제법이란 국가 간에 체결된 조약이라, 국가가 청구할 수는 있어도 개인이 청구하는 것은 일본 재판소에서는 인정하지 않습니다."

그런 이유로 관부재판 변호인들이 생각한 것이 '일본국 헌법'을 청구의 주된 근거로 삼자는 것이었습니다. 즉 '헌법 9조와 헌법 전문前文'을 이용하는 것이었습니다.

"헌법 9조로 일본은 일체의 전쟁을 포기했습니다. 육해공군을 보유하는 것을 포기한 거죠. 헌법은 국가가 있어야 비로소 존재합니다. 하지만 일본은 일체의 군비를 보유하지 못하는, 타국의 침략이 있을 때 손쉽게 점령당할 법한 헌법을 가지고 있습니다. 한편 헌법 전문은 '일본 국민은 항구적인 평화를 염원하며…… 평화를 사랑하는 여러 국민의 공정과 신의를 신뢰하며, 우리의 안전과 생존을 유지하고 지키기로 결의했다'라고 되어 있습니다. 일본이 전쟁에 휘말린다면 그건 주변국 때문이겠죠. '평화를 사랑하는 여러 국민'이란 직접적으로는 한국과 북한, 그리고 중국, 대만, 동남아시아 주변국들을 가리킵니다. 그분들이 평화를 사랑하는 건 확실하지만 일본이 저지른 식민 지배와 침략 전쟁으로 상처를 받았고, 그에 대해 제대로 된 사죄와 배상도 하지 않은 일본 국민에게 '신뢰'를 보내는 것은 무리이겠지요.

헌법 전문은 주변 여러 국가 국민의 신뢰를 얻기 위해서는 '식민지 지배와 침략 전쟁의 피해자에 대해 제대로 된 사죄와 배상을 하라. 그리고 두 번 다시 이러한 잘못을 일으키지 않도록 맹세하라'는 문장이며, 따라서 확실한 전후 보상을 함으로써 화해하는 '도의적 국가로서 마땅히 해야 할 의무'를 명령하고 있다는 점을 청구의 근거로 삼아 국가배상법의 유추 적용을 요구하는 것입니다.

그럼에도 재판에서 이기는 것은 어렵습니다. 판사는 소송의 옳고 그름만이 아니라 국민 여론의 지지 여부를 판단하고 판결을 내리니까요. 유감스럽지만 지금 일본 여론은 외국인에 대한 전후 보상에 큰 관심이 없는 상황입니다. 재판을 통해 여론의 지지를 끌어올려야겠습니다. 지원모임에서는, 재판에 지더라도 최종적으로는 식민지 지배와 침략 전쟁의 피해자에 대한 사죄를 이끌어 내고, 배상법 제정을 촉구하는 운동을 해 주시기 바랍니다.

재판이 있을 때마다 원고들을 부르겠습니다. 피해의 심각성과 사죄와 배상이 절실하다는 원고들의 호소가 판사와 언론에 전해지도록 하겠습니다. 저는 재판을 통해서 입법 운동을 위한 여론을 환기시켜 보겠습니다."라고 야마모토 변호사는 호소했습니다.

변호인들은 재판에 대해 매우 어두운 전망을 했고, 10여 명의 활동가들이 전부인 작은 시민운동 단체에 '입법 운동을 맡아 달라'는 과도한 부탁을 했던 것입니다.

재판 개시

1993년 9월 6일, 드디어 제1차 구두 변론이 시작됐습니다. 일반 방청권이 45장이라 재판을 응원하러 달려온 100여 명의 시민 중 일부만 방청할 수 있었습니다. 방청권을 얻지 못한 나머지 시민들은 법정 밖에서 대기했고, 재판 후에 다 같이 보고 집회를 가졌습니다. 보고 집회에는 언론사의 기자도 가득 찼습니다.

원고 측의 "일본 국회 및 유엔총회에서 공식 사죄할 것, 일본군 '위안부' 원고에게 1인당 1억 엔, 근로정신대 원고에게 1인당 3천만 엔의 배상액을 청구한다"는 고소장과, 정부 측의 "원고 측 청구를 모두 기각하는 판결을 요청한다"는 답변서를 서로 교환했습니다.

상하이에 끌려갔던 일본군 '위안부' 원고 하순녀 할머니, 대만으로 끌려간 박두리 할머니, 여자근로정신대 원고인 유찬이 할머니와 박so 할머니가 의견 진술을 했습니다.

하순녀 할머니는 다음과 같이 진술했습니다.

"지금 나는 일흔네 살입니다. 열아홉 살에 어느 일본인과 조선인이 건넨 '돈벌이할 수 있는 일이 있는데 따라가지 않겠는가'라는 말에 속아 전쟁이 끝날 때까지 일본군 '위안부' 생활을 강요받았습니다. 일본

제1차 구두 변론 후 보고 집회. 지친 모습의 원고 할머니들. 왼쪽부터 박so 할머니, 유찬이 할머니, 박두리 할머니, 하순녀 할머니(시모노세키 바부테스토 교회, 야마시타 에이지山下英二촬영, 1993년 9월 6일).

군 '위안부' 때, 군인들의 요구를 거부했다는 이유로 경영자에게 모진 매질을 당했습니다. 아직도 머리에 그때의 흉터가 있고, 비만 오면 아픕니다. 지금 조카 집에서 신세를 지며 살고 있는데, 너무 오래 피해를 주어 미안하고, 이 신세를 꼭 갚고 싶습니다. 몹시 비참하게 살고 있습니다. 이 재판에서 잃어버린 인생을 꼭 보상받아야겠다는 마음으로 살고 있습니다. 만약 내 잃어버린 인생을 보상해 줄 수 있다면 하루라도 빨리 해 주기 바랍니다. 나는 결혼을 하지 않았습니다. 결혼 같은 걸 생각할 수도 없었기 때문입니다. 자식도 없습니다. 젊을 때는 일도 하면서 근근이 목숨을 부지했는데 지금은 조카 집에 신세를 지고 있습니다. 내가 그동안 어떤 심정으로 살아왔는지, 부디 헤아려 주십시오. 정말이지 생각할수록 분합니다. 내가 살아 있을 때 하루라도 빨리 재판을 열어서 꼭 진실을 밝혀 주기 바랍니다."

71세의 일본군 '위안부' 원고 박두리 할머니는 다음과 같이 진술했습니다.

"부산 시장 바닥에서 했던 야채 장수를 할 수 없게 되면서 서울에 있는 '나눔의 집'으로 옮겨 와 살고 있어요. 일본군 '위안부' 때 군인과 위안소 관리인한테 맞아서 귀도 잘 들리지 않는 데다 지금 살고 있는 곳에 들어온 지 얼마 되지 않아서 많이 외롭습니다. 일본군 '위안부' 때 생활은 말로 다 할 수 없을 정도로 고통스러웠지만 해방 후의 지금 생활은 더 힘이 듭니다. 재판에 참석하기 위해서 여기 오는 것이 유일한 낙이지요…… 일본군 '위안부' 때 생활은 1년 내내 이야기해도 다 할 수 없을 정도로 고생스러웠어요. 지금 여기서는 도저히 이야기할 수가 없습니다."

박 할머니는 그렇게 진술한 후, 피고석에 앉아 있는 정부측 대리인 6명의 싸늘한 표정이 일본군 '위안부' 시절의 일본군과 겹쳐졌는지 갑자기 일어나 소리쳤습니다.

"열일곱 살 때, 한국말로 공장에 가지 않겠냐고 한 게 일본 사람이었어. 뱃멀미로 일주일을 누워 있다가 위안소에 처넣어졌지. 이 고통은 일본 정부가 1억 엔을 줘도 안 끝나. 여기 있는 일본 사람들이 나를 이 꼴로 만든 거라고. 여기 있는 일본 사람을 보니까, 또 무참한 꼴을 당할 것 같은 생각이 드네."

재판장의 제지도 뿌리치고 피고석을 노려보면서 서슬이 퍼렇게 단숨에 말했습니다. 박두리 할머니는 흘끗 한 번 방청석으로 시선을 돌렸습니다. 방청석에 긴장감이 돌았고, 방청인들은 순간적으로 자신들도 추궁당하고 있음을 깨달았습니다.

근로정신대 원고인 유찬이 할머니, 박so 할머니의 의견 진술이 끝나고 원고 측 대리인인 이박성 변호사가 의견 진술을 했습니다.

"피고(일본 정부)는 본건 소송의 이송 신청에서, 원고들의 사죄와 배상 청구를 '초법규적'이라고 평가했습니다. 이는 원고들에게 사죄와 배상을 위한 법적 조치를 전혀 하지 않았음을 피고 스스로 인정한 것이나 다름없습니다. 다시 말해, 원고들이 지난 반세기 동안 침탈당해 온 인간성을 회복하는 데 있어서 완전히 무법 지대에 방치돼 왔음을 의미하는 것 아닐까요.…… 그러나 우리는 피고가 말하는 '초법규'라는 암흑 속에서 원고들의 청구가 정당하다는 것을 입증해 줄 법규범을 조명할 생각입니다.

'평화를 유지하고 전제와 예속, 압박과 편협함을 지상에서 영원히 제거하기 위해 노력하는 국제사회에서 명예로운 지위를 점하겠다'고 선언한 일본에서, 원고들의 짓밟힌 인간성이 회복될 수 없다니, 과연 그런 일이 있어도 되는 걸까요? 이 법정에서 원고들은 자신이 경험했던 사실을 백분의 일, 아니 만분의 일도 말로 표현하지 못하고 있습니다. 그것은 애초에 말로 표현할 수 없을 정도의 경험입니다. 원고들이 경험한 피해는 지금까지, 죽음이라는 침묵과 치욕이라는 묵비默秘로 공공연히 드러나지 못했으며 문제시할 수도 없었습니다. 그러나 이렇

게 원고들이 침묵을 깨고 외치고 나온 이상, 지나가 버린 과거의 사실로 지워 버릴 수는 없습니다. (중략)

법률이 이러한 인간의 외침에 아무런 구제 수단을 강구하지 않는다는 것은 절대 있을 수 없습니다. (중략) 재판소도 '반세기나 지난 일을 이제 와서'라는 예단을 버리시고, 두 눈을 부릅뜨고 마땅한 법규범을 찾아 주시기를 요망합니다!"

매우 감동적인 진술이었습니다. 이렇게 1차 구두 변론이 끝났습니다.

재판은 3개월에 한 번씩 열렸고 2차와 3차 구두 변론에서 육군 직속으로 운영됐던 상하이의 위안소로 끌려간 이순덕 할머니, 후지코시의 근로정신대였던 박sun 할머니, 부산 소재 국민학교에서 시즈오카현 누마즈시의 도쿄아사이토 공장에 끌려간 강yo 할머니, 이yo 할머니, 정su 할머니가 추가로 제소하여 의견 진술을 했습니다. 도쿄아사이토 공장은 삼에서 실을 뽑아 군용 텐트와 비행기 날개, 낙하산 등을 제작하는 군수 공장이었습니다. 이 공장이 1945년 7월에 공습으로 소실되자 조선 여성들은 슨토군駿東郡 오야마초小山町의 후지방적 오야마 공장으로 이송된 후 거기서 종전을 맞았고, 임금는 받지 못한 채 귀국했습니다.

심지가 곧고 온화한 성격으로 가족에게 사랑받았던 정su 할머니는 6년쯤 전에 암 수술을 받고 인공 항문을 부착하였습니다. 그 후로 1시간에 한 번꼴로 화장실에 가야 하는 상태여서 일본에 오지 못해 서면으로 진술했습니다.

4차 구두 변론에서는 나고야의 미쓰비시 비행기 공장에 동원됐던, 3차 제소에 합류한 양금덕 할머니가 강력한 의견 진술을 했습니다. 양할머니는 끝내는 눈물까지 흘리며 진술했습니다.

의견 진술 요지

"1929년 11월에 한국의 나주에서 6남매 중 막내로 태어났고, 부모님은 어머니 친정의 땅을 빌려 농사를 짓는 소작농이었습니다.

나주국민학교 6학년에 다니던 5월, 난데없이 교장과 헌병이 교실을 찾아와 말했습니다.

'일본에서 일하면 여학교에도 갈 수 있고, 조선에 돌아왔을 때는 집 한 채 마련할 정도의 돈을 벌 수 있다.'

같은 반 아이들이 모두 지원해, 똑똑하고 몸이 튼튼한 9명이 뽑혔습니다. 나는 부모님이 반대했기 때문에 몰래 인감을 훔쳤습니다. 미쓰비시 비행기 공장으로 간다는 말은 회사 기숙사에 들어가서 들었습니다. 내가 한 일은 비행기 부품을 알코올로 씻고, 페인트칠을 하는 것이었습니다. 페인트 냄새 때문에 결국 냄새를 맡지 못하게 되었고, 알코올이 눈에 배어 시력이 뚝 떨어졌습니다. 야마조에山添 사감은 아버지처럼 나를 예뻐해 주었습니다.

배고파서 수박 껍질을 주워 먹는 나를 보고 일본인 여학생이 '반도인 룸펜'이라고 했습니다. 1944년 말께 지진이 나서 파묻혔는데, 나만 남자에게 구조되고 함께 왔던 2명은 죽었습니다.

그 후에 도야마에 있는 공장으로 옮겨 일하다가 전쟁이 끝나서 임금을 한 푼도 받지 못한 채로 돌아왔습니다. 귀국 후, 근로정신대에 간 것 때문에 혼인 이야기가 나오는 족족 퇴짜를 맞았습니다. 스물한 살 때 나에 대해 알지 못하는, 먼 곳에 사는 사람과 혼인했습니다. 그 무렵 혼인 적령기는 열일곱, 열여덟 살이었습니다. 남편이 죽을 때까지 근로정신대 이야기를 숨겼습니다."

양금덕 할머니는 승부욕과 자긍심이 높고 활력이 넘치는 분이었습니다. 1심에서 여자근로정신대 원고에게 패소 판결이 내려지자, 분통을 터뜨리며 바닥에 엎드려 오열하면서 판결의 부조리함을 호소했습니다. 그 모습이 고스란히 일본의 모든 TV 방송으로 나갔습니다.

1심 판결 후, 양금덕 할머니는 미쓰비시중공업주식회사를 상대로 한 재판에도 직접 참여했습니다. 2009년에는, 할머니의 후생연금 탈퇴 수당에 대해 그 후의 물가 변동(약 7만 엔)을 적용하지 않고 그대로 99엔을 지급한 일본 정부에 항의하였으며,[5] 이 문제는 전후 처리에 대한 일본 정부의 무자비한 대응을 상징하는 '99엔 문제'로 한국에서 유명해졌습니다. 2018년 한국에서 미쓰비시중공업 여자근로정신대 대법원 판결로 승소하고, 지금도 건재하게 싸우고 있습니다.

제소, 지원모임 결성 집회, 구두 변론이 이어지는 가운데, 원고들은 일본을 거듭 방문하면서 지원하는 활동가들과 점점 친밀해졌습니다. 원고들이 재판소에서 피해 사실과 배상을 호소하며 더욱 의연하게 변

---

5. 양금덕 할머니 등 근로정신대 피해자들이 미쓰비시중공업을 상대로 손해배상 청구 소송을 하던 중 자신들이 납부한 후생연금이 있다는 사실을 알고 탈퇴 수당 지급을 요구한다. 하지만 일본 후생노동성은 화폐가치, 물가변동 등을 고려하지 않은 채 일제강점기 당시를 기준으로 탈퇴 수당금 99엔을 지급한다. 후생연금이란, 당시 일본에서 5인 이상을 채용한 사업장이면 의무 가입해야 했던 제도이다.─옮긴이.

해 가는 모습을 보면서, 우리는 재판 과정 하나하나가 얼마나 소중한지를 알게 되었고, 원고들에 대한 존경과 애정도 더욱 깊어졌습니다.

재판관의 마음을 움직인 일본군 '위안부' 원고들의 호소

일본군 '위안부' 원고들은 1998년 4월 27일 재판에서 승소 판결을 받았습니다. 판결문을 쓴 재판관들은 일본군 '위안부' 원고 이순덕 할머니의 본인 신문[6]에 감동을 받았으리라고 생각합니다. 1994년 9월의 본인 신문에서 이순덕 할머니는 다음과 같이 증언했습니다.

"나는 1918년 음력 10월 20일, 전라북도 이리군裡里郡 모현慕縣(현 전라북도 익산시 모현동)이라는 마을의 농가에서 태어났습니다. 가족은 부모님과 나, 세 살 아래 남동생 이렇게 4명이었고, 소작지도 없이 다른 농가의 삯일로 먹고살았을 정도로 집안 형편이 매우 어려웠습니다. 초가집 단칸방에서 온 가족이 함께 생활했고, 나와 남동생 둘 다 한 번도 학교에 간 적이 없었고, 나는 집안일을 도맡아 했습니다.

감언에 속아 내가 상하이에 끌려간 것은 1937년의 일입니다. 그날 저녁밥을 하려고 마을의 밭두렁에서 쑥을 뜯고 있었습니다. 당시 조선의 시골에서는, 먹을 것이 없는 가난한 농민은 흔히 보리에 쑥을 조금 섞어 밥을 해 먹었습니다. 마흔 살쯤 돼 보이는 낯선 조선 남자가 내

---

6. 본인 신문은 증언이나 의견 진술과 다르다. 원고로서 본인 신문은 원고와 피고, 쌍방의 변호사와 재판관의 질문에 답하지 않으면 안 되기에 일본의 재판에서 괴롭고 가장 중요한 과정이다.

게 오더니 '이런 일 그만두고 나를 따라오면, 신발도 주고 옷도 줄 것이다. 배불리 먹을 수 있는 곳으로 데려다주겠다'라고 꼬드겼습니다. 나는 그때 신발도 없어 짚신을 신고 있었고, 배고픔을 달랠 생각으로 가득했기 때문에, 그 남자의 말에 넘어가 아무 의심도 하지 않고 무턱대고 따라가기로 했습니다. 나는 아버지와 어머니에게 인사하고 가겠다고 했지만 남자는 시간이 없다며 내 손을 잡아끌었습니다. 그 당시에는 남자에게 손을 잡힌다는 것은 큰일 날 일이었기 때문에 나는 놀라고 무섭고 망신스러워서 눈물을 흘리며 그대로 끌려갔습니다.

이리읍에 있는 여관까지 1시간 정도를 남자에게 끌려 맨발로 걸어 갔는데, 여관에는 나처럼 끌려온 사람이 14~15명 있었고, 그들과 함께 저녁을 먹었습니다. 모두 나처럼 농가의 딸로, 아무도 어디에, 뭣 때문에 끌려가는지 모른 채 울고만 있었습니다. 그날 밤에는 다 같이 한방에서 잤습니다. 나는 우느라고 밤새 한숨도 못 잤는데, 방문 바깥쪽에 자물쇠가 채워져 있어서 도망칠 수도 없었습니다.

이튿날이 되자 나를 끌고 온 조선 남자는 보이지 않고 대신 일본 남자가 3명 있었습니다. 남자들은 국방색 옷을 입고 각반을 두르고, 허리에 칼을 차고 있었습니다. 우리는 그 일본 사람들에게 여관에서 끌려 나와 30분 정도 걸어가 이리역에 도착했고, 어디로 가는지 듣지도 못한 채 기차에 탔습니다. 기차 안에서 두 번 자고 났더니 상하이에 도착했습니다. 상하이에 도착해 식사를 하고 나서 우리는 덮개 없는 트럭의 짐칸에 태워졌습니다. 운전사도 일본 사람이었는데 다른 3명과 같은 복장이었습니다.

3시간 정도 트럭에 태워져 일본 육군의 주둔지로 끌려갔습니다. 거기에는 큰 군용 텐트가 있었고, 군인들이 살고 있었습니다. 군용 텐트 가까이에 멍석 벽에 갈대를 엮어 지붕을 인 작은 오두막이 띄엄띄엄 서 있었는데, 우리는 한 사람씩 뿔뿔이 그 안으로 들여보내졌습니다. 오두막 안은 다다미 2~3장 정도의 크기(약 1평~1평 반.-옮긴이)였습니다. 바닥은 낙엽 위에 대나무로 짠 깔개가 깔려 있었고 국방색 담요가 덮여 있었는데, 비가 오면 빗물이 많이 새어 들어왔습니다.

나는 군복과 같은 색 윗옷과 몸뻬를 지급받고, 첫 사흘간은 아무것도 하지 않고 그 오두막에서 쉬었습니다. 그동안 혈액검사와 '606호'라는 주사를 맞았습니다. 무슨 주사냐고 물었더니 임신하지 않게 하는 주사라고 했습니다. 하지만 그때 나는 그것이 뭘 의미하는지 이해할 수 없었습니다.

나흘째 되던 날에 미야자키라는 나이 지긋한 장교가 들어와 나를 '가네코'라고 부르면서 함께 자자고 했습니다. 싫다고 했더니 '괜찮다, 아무것도 아니니까 겁내지 마'라고 하면서 끌어안았습니다. 그 장교는 나를 강제로 밀어뜨리고 범했고, 그날부터 사흘간 밤마다 찾아왔습니다. 그의 군복에는 별이 3개 달려 있었는데, 거기에 있던 군인 중에서 제일 높은 사람이었다고 생각합니다. 미야자키는 토요일에는 자기가 올 테니 다른 병사는 상대하지 말라고 했습니다.

첫 사흘은 미야자키만 상대했지만 그다음 날에는 많은 병사들이 내 오두막 앞에 줄을 서서 연달아 나를 범했습니다. 저항하려고 일어나면 때리고 발로 찼기 때문에 누워서 남자들이 하는 대로 가만히 있을 수밖에 없었습니다. 그렇게 날마다 많은 병사들을 상대해야만 했습니다. 아침 9시경부터 평일에는 8~9명, 일요일에는 15~16명의 군인을 상대했습니다.

나는 끌려왔을 때는 아직 생리가 없었고, 약 1년 뒤에 시작했는데, 생리 때도 방 안에 놔둔 양동이 물로 씻으면서 남자를 상대해야 했습니다. 군인 중에는 콘돔을 쓰는 사람도, 쓰지 않는 사람도 있었습니다. '606호' 주사는 두 주에 한 번 맞았습니다. 이런 생활을 하면서 돈이나 군표軍票(전쟁 지역이나 점령지에서 군의 작전 행동상 필요할 때 쓸 수 있는 특별한 화폐.-옮긴이)를 받은 적은 한 번도 없습니다. 팁 같은 것도 받은 적이 없습니다.

방 안에서 양동이에 퍼다 놓은 물로 몸을 씻었습니다. 식사는 오두막 앞에 군인이 가져다 놓고 종을 울리면 그걸 오두막 안으로 들여와서 먹었습니다. 밥을 먹다가 남자 상대를 강요하는 통에 식사를 못 하는 일도 자주 있었습니다. 처음에는 일본말을 못한다고 병사들에게 많이 맞았지만 1년 뒤에는 말할 수 있게 되었습니다. 감독이 하도 엄해서 다른 여성과 이야기를 할 수도 없었습니다. 항상 오두막 앞에 병사가 지키고 있었기 때문에 도망칠 수도 없었습니다.

이런 생활 속에서도, 미야자키는 나에게 폭력을 휘두르지 않고 친절히 대해 줬습니다. 그는 내가 치마로 얼굴을 닦는 것을 보고 비누와 수건 한 장을 가져다주었습니다. 딱 한 번, 미야자키가 비행기에 태워 준 적이 있습니다. 작은 잠자리비행기였는데 조종사 말고는 나와 미야자키 두 사람밖에 타지 않았습니다. 나는 무서워서 미야자키에게 매달렸습니다. 딱 하나뿐인 나의 즐거운 추억입니다. 내가 상하이에 간 지 1년 정도 지났을 때, 일본으로 돌아가게 된 미야자키가 일본에 따라가서 자기 첩이 되지 않겠냐고 말했습니다. 그러나 나는 고향에 돌아가고 싶어서 싫다고 거절했습니다.

1945년 해방되기 한두 달 전, 어떤 장교가 '나와 약속했는데 왜 다른 남자랑 잤냐!'라면서 막 화를 내고 군홧발로 사정없이 내 배를 걷어차고 칼로 등을 베었습니다. 나는 졸도했고, 정신을 차려 보니 감시하던 군인이 사람을 불러왔는지 오두막 안에서 치료해 주었습니다. 일주일 동안은 일어날 수도 없었습니다. 고향으로 돌아와서 상처를 치료했지만 배와 등의 흉터는 지금도 또렷이 남아 있고, 비만 오면 등이 아파서 몸을 움직이기가 불편합니다.

1945년의 해방되는 날까지 강제로 일본군 '위안부' 생활을 했습니다. 나는 늘 있던 오두막에 있었는데, 오두막 뒷길에 많은 조선인들이 모여서 환호성을 지르며 '해방이다, 돌아가자!'라고 소리치는 게 들렸습니다. 일본 병사들은 어느새 사라지고 없었습니다.

처음에는 '해방'이 무슨 뜻인지 몰랐다가 설명을 듣고서야 알았습니다. 그래서 그 조선 사람들을 따라 고향에 돌아가기로 했습니다. 지붕이 없는 화물차를 타고, 비를 맞으면서 몇날며칠을 걸려 집으로 돌아왔습니다.

집에 돌아와 보니, 부모님은 이미 돌아가셨고 남동생 혼자 있었습니다. 부모님은 돌아가시는 순간까지 나를 걱정하셨다고 합니다. 그 후로 어느 농가 일을 거들면서 살았는데, 1년 뒤에 김제에 사는 열일곱 살

많은 남자를 소개받아 첩이 되었습니다. 거기서 8년을 살았습니다. 남편이 죽자 남편 자식과 부인이 나가라고 해서 김제를 떠났습니다. 그후에 지금의 남편을 소개받고 재혼해서 광주로 왔습니다. 내가 일본군 '위안부'였다는 것은 전 남편에게도 지금 남편에게도 이야기하지 않았습니다. 내가 소송을 했으니 지금의 남편은 다른 사람에게 그 이야기를 들었겠지만, 교육도 못 받은 사람이고 이미 나이도 많기 때문에 잘 모르는 것 같습니다. 오랫동안 일본군 '위안부' 생활을 한 탓으로 나에게는 끝내 자식이 생기지 않았습니다.

지금은 기초 생활 수급자로, 정부에서 매달 주는 15만 원(약 2만 엔)과 쌀로 남편과 둘이서 생활하고 있습니다. 지급받은 한 달치 쌀은 2주일 정도면 떨어지니, 먹고사는 것도 팍팍합니다. 일본 정부에서는 아무런 보상을 받은 적이 없지만, 작년 여름에 한국의 민간 기금에서 500만 원(약 62만 엔)을 받고서야 겨우 한숨을 돌렸습니다. 항상 머리가 아프고, 눈도 좋지 않고, 다리 힘도 빠져서 휘청휘청합니다.

일본이 보상을 할 거라면 내가 죽기 전에 해 줬으면 좋겠습니다. 내가 살아 있을 때 받으면 보상금으로 옷도 사 입을 수 있고, 병원에도 갈 수 있고, 약도 살 수 있습니다. 만약 내가 죽고 나서 보상한다면, 대체 누구더러 그 돈을 쓰라는 겁니까? 일본 정부는 보상 대신 여성자립센터라는 것을 만든다고 하는데, 어림없는 일입니다. 개인 보상을 하지 않는다면 이대로 총리대신을 찾아가 그 앞에서 자살할까 하는 생각도 하고 있습니다"(《관부재판 뉴스》 제7호 '진술서' 요지).

이 증언이 있었던 1994년 9월 이순덕 할머니의 본인 신문에서, 상하이에서의 일본군 '위안부' 생활에 대한 질문이 진행되면서 할머니의 이야기를 바탕으로 변호인이 위안소 그림을 그렸습니다. 이 할머니는 그 그림을 본 순간, 몹시 흥분하여 일본도로 베인 등이 아프다면서 울음을 터뜨리더니 마침내 실신하는 지경에 이르렀습니다. 방청객으로 왔던 의사가 맥을 짚고, 얼음으로 머리를 식히고, 곁에서 돕던 이금주 씨가 기도하면서 돌봐서 가까스로 회복되었습니다. 이러한 사태가 두 번이나 발생했을 정도로 장절한 증언이었습니다. 자리로 돌아간 할머니는 종종 오열했는데, 그 소리가 동석한 사람들의 가슴에 사무쳤습니다.

다음 차례는 하순녀 할머니 본인 신문 예정이었지만, 노면이 고르지 못한 집 앞에서 넘어져 부상을 당하는 바람에 참석하지 못했습니다.

할머니는 결혼하지 않고 '식모살이'를 하면서 살아왔지만, 나이가 들어 더는 일하지 못하게 되면서 조카 집의 좁은 방에서 더부살이를 하고 있었습니다. 할머니의 피해를 신고한 것은 여동생의 아들이었습니다.

다음은 재판소에 제출한 하순녀 할머니의 '진술서' 요지입니다.

"나는 1920년, 전라남도에서 태어났습니다. 남동생 2명, 여동생 1명이 있었습니다. 가난한 소작농이었던 집안 형편 탓에 열 살 때쯤에야 소학교에 다니기 시작했습니다. 그러나 나이가 많다고 놀림받았기 때문에 학교에 가는 게 싫어서 집을 나와 광주에 있는 포목점 사장 집에 입주 가정부로 몇 년 동안 일했습니다.

1937년 어느 날, 장을 보는데 일본인과 조선인이 다가와 '돈을 벌수 있는 일이 있는데 따라가지 않겠는가?'라고 말을 걸어왔습니다. 서울에라도 가나 보다고 생각하고 일하는 집에는 말도 없이 그대로 따라

갔습니다. 부산에 가서 배를 타고 상하이까지 끌려갔습니다.

미국과 프랑스 조계租界(19세기부터 제2차세계대전까지 중국의 개항 도시에 있었던 외국인 거주 지역.-옮긴이) 근처에 있는 나가야長屋(옆으로 길게 지은 집을 칸막이하여 여러 세대가 쓸 수 있게 한 주택.-옮긴이)의 30여 개 방 중에서 작은 방 하나에 넣어졌습니다. 밥하고 빨래를 시킬 거라고 생각했는데, 다음 날 군인이 방에 들어와서 때리고 강제로 범했습니다. 그곳에는 일본인, 중국인, 조선인 여자가 있었습니다. 생리 때 이외에는 매일 아침 9시부터 저녁 6시까지 군인을 상대해야 했습니다. 나가야에는 육군 부대 위안소라는 간판이 걸려 있었습니다.

군인을 상대하는 게 끔찍하게 싫어서 도망쳐 나와 서양인 할머니가 운영하는 화장품 가게에 숨어 있었는데, 위안소 주인에게 발각돼 다시 끌려갔습니다. 주인은 노발대발하며 떡갈나무 몽둥이로 온몸을 사정없이 때리고 마지막에는 머리를 때렸습니다. 나는 피를 철철 흘리며 기절하고 말았습니다. 육군 병원에서 찢어진 머리를 일곱 바늘 꿰맸습니다. 그 덕분에 얼굴이 퉁퉁 부어서 군인을 상대하지 않아도 됐습니다.

어느 날 병원에서 돌아왔더니 위안소 주인은 없고, 밥일 등을 하는 중국인 초 씨에게 일본이 패해서 전쟁이 끝났다는 말을 들었습니다. 상하이 부두에서 사흘 정도 거지처럼 노숙하다가 드디어 귀국선을 타고 부산으로 돌아왔습니다. 고향에 돌아오자 아버지는 돌아가셨고, 고향에 있기도 힘들어서 부산으로 나와 남의 집에서 가정부 생활을 하면서 살아왔습니다"(《관부재판 뉴스》 제8호 참조).

다음은 제11차 구두 변론에서 또 한 명의 원고인 박두리 할머니가 본인 신문에서 진술한 증언 요지입니다.

"1924년생입니다. 형제는 7남매로 여동생이 셋, 남동생이 셋이었습니다. 집이 가난해서 학교에도 다니지 못했습니다.

1940년, 열일곱 살에 조선 사람 2명과 일본 사람 1명이 마을에 와서 '일본 공장에 가서 일하면 돈을 벌 수 있다'고 처녀들을 꾀어 10명을 데리고 가서 부산에서 배에 태웠습니다. 내가 심한 뱃멀미에 시달리다 대만의 창화彰化에 도착해서 간 곳은 공장이 아닌 ㄷ자 모양의 건물이었고, 쇠창살이 박힌 담으로 둘러싸여 있었습니다. 그곳은 군인과 민간인을 상대하는 유곽으로 군 지정 위안소였습니다.

그곳에서는 일본인 주인 부부와 걸핏하면 폭력을 휘두르는 관리인이 있어서 저항할 수조차 없었습니다. 식사는 하루 2식으로 언제나 배가 고팠고, 어느 날 외출했을 때 너무 배가 고파서 바나나 밭의 바나나를 따 먹었다가 밭주인과 관리인에게 반죽음을 당했습니다. 위안소의 경영자는 계속 바뀌었지만 돈은 전혀 받지 못했습니다.

5년을 그렇게 생활하다가 전쟁이 끝나서 조선으로 돌아왔습니다. 부모님께는 '일본 공장에서 일했는데 돈을 한 푼도 못 받았다'고 거짓말을 했습니다.

스물여덟 살에 부인 있는 남자와 함께하여 딸 셋, 아들 하나를 낳았지만 딸 둘은 어릴 때 죽고, 아들도 방에서 연탄가스 중독으로 죽고, 막내딸 하나만 남았습니다"(《관부재판 뉴스》 제13호에서).

박두리 할머니는 위안소 관리인에게 맞은 후유증으로 귀가 잘 들리지 않는지 언제나 큰 소리로 말했습니다. 성병에 걸려 허벅지를 두 번

수술한 후유증으로 다리도 아픈 것 같았습니다. 대만에서 보낸 시간이 떠오를 때마다 술은 물론 담배도 많이 피워야만 잠을 이룰 수 있었습니다. 그러다 1992년 겨울, '나눔의 집'에 입주했습니다. '나눔의 집'에서 공동생활을 하며 인간관계로 속앓이를 했지만 부산에서 혼자 나물 장사를 하면서 고생스럽게 살았던 것보다는 편했습니다. 박 할머니의 책상에는 손자들의 사진이 놓여 있었습니다.

일본군 '위안부' 원고에게 획기적인 승소 판결

소송을 시작한 지 5년 4개월, 20번의 구두 변론을 거쳐 1998년 4월 27일, 마침내 판결의 날을 맞았습니다. '이긴다'고 기대하는 원고들과 39명의 지지자를 태운 차량 8대가 후쿠오카에서 시모노세키로 출발했습니다. 재판이 열리는 야마구치 지방재판소 시모노세키 지부 앞에는 한국과 일본의 100여 명의 보도진이 진을 치고 있었고, 48석의 방청권을 구하기 위해 200명이 넘는 사람들이 줄을 서서 추첨을 기다리고 있었습니다.

오후 1시 반, 지카시타近下 재판장이 판결주문을 읽어 내려갔습니다. 주문은 딱딱하고 난해한 데다 너무 짧아서 잘 이해하지 못하는 와중에, "일본군 '위안부' 원고들에게 배상금 30만 엔"과 "여자근로정신대 원고들은 일본군 '위안부' 원고들에 비해 중대한 인권침해를 초래했다고까지는 인정할 수 없다"는 말은 알아들을 수 있었습니다. '일부 인용(인정) 판결'이었던 것입니다.

통역자에게 판결 내용을 들은 박두리 할머니는 '30만 엔'이라는 액수에 귀를 의심했습니다.

"1억 엔을 요구했는데 30만 엔이라니 장난하는 거요, 지금!"

이미 재판장이 퇴정한 후여서, 박 할머니는 옆에 있던 애먼 야마모토 변호사를 두드리면서 갈 곳을 잃은 분노를 풀어야 했습니다.

여자근로정신대 원고들의 분노는 굉장했습니다. "하다못해 힘들게 일한 임금만이라도 지불해 달라"는 조심스럽고 진실한 호소마저도 각하되자 도무지 용서할 수 없었던 것입니다.

양금덕 할머니는 '판결문'을 있는 힘을 다해 책상에 패대기치고, 발을 쿵쿵 구르면서 울부짖었습니다.

재판소 판결의 날 법정으로 들어가는 원고단. 한가운데 이순덕 할머니와 손을 잡고 있는 박두리 할머니(왼쪽), 양금덕 할머니(오른쪽), 뒤는 변호사들(1998년 4월 27일).

"일본은 도둑이다! 내가 일한 임금를 돌려 달라. 책임이 없다니 무슨 말인가!"

패소를 각오하고 밖에서 기다리던 200여 명의 후원자들은 '일부 인용'이라고 적힌 팻말을 보고 함성을 지르며 기뻐했습니다. 그러나 근로정신대 원고들이 울부짖으면서 나오는 모습을 보자 지원모임 회원들의 얼굴이 굳어졌습니다. 양금덕 할머니는 부당 판결에 분노하며 고래고래 소리지르며 바닥을 굴렀고, 박so 할머니는 눈물을 흘리면서 호소했습니다.

"한국에 돌아가면 나중에 회사가 연락한다는 약속을 믿고 50년간이나 기다렸지만 아무런 연락도 없었다. 그런데 이 판결은 뭔가. 이건 우리를 깔보는 처사다."

일본군 '위안부' 원고인 이순덕 할머니도 애통해하며 호소했습니다.

"8년간 여자로서 인간도 아닌 개처럼 취급당해 왔다. 30만 엔이라니 장난하는 건가. 우리는 말로는 다 할 수 없는 끔찍한 일을 당했다. 지금은 눈도 보이지 않고, 혼자서 생활할 수도 없다. 분명하게 사과와 배상을 해 달라."

이날 근처 교회에서 보고 집회

재판소 밖에서 '일부 인용'이 적힌 팻말을 들고 있는 슌이치 씨(야마구치 지방재판소 시모노세키 지부, 1998년 4월 27일).

를 가졌습니다. 판결문을 검토한 이박성 변호사는 다음과 같이 보고했습니다.

"실질적으로는 전면 패소입니다. 피해 사실을 인정하면서도 그에 대한 구제 명령을 내리지 않은 유감스러운 판결입니다. 원고가 고령인 점을 생각하면, 입법을 통한 구제는 시간이 너무 많이 걸립니다. 왜 사죄와 배상을 인정하지 않았는지. 인권유린의 정도는 일본군 '위안부'도 정신대도 마찬가지인데 그 둘을 비교하는 건, 이해할 수 없습니다."

이어서 야마모토 변호사는 이번 판결에서 높이 평가할 수 있는 점을 다음과 같이 설명했습니다.

"종군 위안부 제도를 여성 차별과 민족 차별로 인정하고, 또 기본적인 인권침해로 인정한 점은 평가할 만합니다. 입법 부작위에 따른 배상을 인정한 것은 의외란 생각까지 듭니다. 이는 재판소가 국가에 대해 '법률을 만들어 보상하라'고 명령하는 것이나 마찬가지며, 일본 정부에 판결로서 압박했다고 할 수 있습니다. 정부 측에서는 전면 패소로 받아들일 것입니다."

원고들은 분노하고 항의했으며, 판결에 대한 변호인의 평가도 엇갈렸고, 신문과 TV 등의 언론 보도도 제각각이었습니다. 우리 지원모임은 재판에서 질 경우도 생각해서 원고들의 분노를 달래고 피로도 풀어 드릴 겸 차로 1시간 거리의 온천 여관을 예약해 뒀습니다. 그날 밤은 일단 온천욕으로 몸의 피로를 푼 후에 춤도 추고 노래하면서 기분을 달래는 자리가 되었습니다.

판결 후, 한국 대사관과 언론사에서 판결문을 급히 보내 달라는 요

1심 판결 후 보고 집회(시모노세키 바부테스토 교회, 1998년 4월 27일).

청과 문의가 왔습니다. 나는 휴대전화로 일일이 대응해야 했고, 문득 집에도 팩스가 쇄도하겠다는 생각에 온천 여관에서의 숙박을 포기하고 혼자 후쿠오카의 집으로 돌아왔습니다. 판결문 송부를 요청한 곳들에 팩스를 다 보내고, 늦은 밤 다시 판결문을 꼼꼼히 읽어 봤습니다. 판결문에 담긴 판사들의 뜨거운 마음에 깊이 감동하며 그날 밤을 보냈습니다.

판결 요지

먼저 '법률문제'로서 원고 측이 주된 청구의 근거로 삼았던 '헌법 9조'와 '헌법 전문'에 입각한 '도의적 국가로서의 의무'에 근거한 공식 사죄 및 손해 배상 청구에 대해서는, "일본국 헌법 제정 당시, 전쟁 피해에 대한 배상은 평화조약, 강화조약 등의 국가 간 조약에 따라 이뤄지는 것이 통상적이며", "개인에 대한 즉각적인 사죄와 배상의 입법 의무가 있다고까지는 해석하기 어렵다"라며 기각하고, 예비적 청구였던 '입법 부작위에 따른 국가 배상 청구'가 인용된 것은 의외였습니다.

국회의원의 입법 행위에 관한 책임은 국민 전체를 대상으로 하는 정치적 책임(선거에서 국민에 의한 심판 등)에 국한됩니다. 그것은, "입법 내용이 헌법의 일의적인(103쪽 참조) 문언에 위반됨에도 국회가 구태여 해당 입법을 추진하는 것과 같은, 쉽게 상정想定하기 어려운 예외적인 경우가 아닌 한 국가 배상법의 적용상 위법 평가를 받지 않는다"라고 한 1985년 최고재판소의 준엄한 판례가 있기 때문입니다. 시모노세키 판결은 이 판례에서 말한 '예외적인 경우'에 대해 다음과 같이 이의를 제기한 것입니다. "견해를 약간 달리하여, 입법 부작위에 관한 한, 이것이 일본국 헌법 질서의 근간을 이루는 가치인 기본적인 인권을 침해하는 경우, 예외적으로 국가 배상법상의 위법을 말할 수 있다"라고 말입니다. "다수결 원리에 따른 의회제 민주주의 정치가 그 기본 원리만을 근거로 하면 실행 기능에 이상이 발생하고, 다수자가 소수자에게 포악暴惡을 초래한다는 반성에 입각하여 일본국 헌법이 제정되었다. 그 일본국 헌법의 원리가 기본적 인권 사상이며, 이 기본적인 인권을 존중하고 확립하기 위해서 의회제 민주주의가 채택되었다", "인권침해가 현실적으로 개별 국민 혹은 개인에게 발생하는 경우에, 그 시정을 꾀하는 것이 국회의원의 헌법상 의무이며 동시에 재판소의 헌법상 고유의 권한과 의무이다. (중략) 당해 인권침해의 중대성과 그 구제의 필요성이 인정되며, 국회가 입법의 필요성을 충분히 인식하고, 입법 가능함에도 불구하고 합리적인 기간이 지나도 계속 방치하는 경우에도 입법 부작위에 따른 국가 배상법을 인정할 수가 있다"라고 했습니다.

이 판결은 원고들의 피해 사실에 대해 다음과 같이 인정했습니다.

진술과 공술의 신빙성

원고들이 위안부가 된 경위는 명백하다고 보기 어려우며, 위안소 주인 등에 대해서도 인물을 특정하기에는 자료가 충분하지 않다. 또한 위안소의 소재지도 상하이 주변, 대만이라는 추상적인 수준으로밖에 확인되지 않았으며, 위안소의 설치와 관리에 대해서도 무엇보다 구 군대와의 관련성이 명료하지 않으며 부대명조차 알 수 없다. 그렇지만 원고들이 모두 빈곤한 가정에 태어나 충분한 교육을 받지 못하고 현재 모두 고령인 점을 고려할 때, 그 진술과 공술 내용이 단편적이며, 시야가 좁고 극히 일상적인 사항에 한정된 것은 어쩔 수 없으며, 그 구체성의 결여가 동 원고들의 진술과 공술의 신뢰성에 흠집을 남긴다고 볼 수도 없다.

오히려 위안부 원고들은 스스로 위안부였던 굴욕적인 과거를 오랫동안 숨겨 왔고, 본 소송에 이르러서야 비로소 밝히게 된 무게감에 비춰 보아, 본 소송에서 동 원고들의 진술과 공술은 도리어 동 원고들의 부정하기 어려운 원체험에 속하는 것으로서 그 신뢰성이 높다고 평가되며, 이를 전부 인용할 수 있다고 볼 수 있다.

그렇다면 위안부 원고들은 모두 위안부가 될 것을 모르는 채 속아서 위안소로 끌려가고, 폭력적으로 욕보임을 당하고 위안부가 된 점, 위안소는 모두 구 일본군과 깊이 관련이 있으며 1945년 8월에 전쟁이 종결될 때까지 거의 연일, 주로 구 일본군과의 성교를 강요받아 온 점, 귀국 후 본 소송 제기에 이르기까지 근친자에게조차 위안부였던 과거를 계속 숨겨 온 점, 이런 점들과 관련된 여러 사실 관계에 대해서는 거의 틀림없는 것으로 인정된다. 동 원고들이 입은 육체적·정신적 고통은 극히 가혹한 것이며, 귀국 후에도 그 치욕에 시달렸고 지금도 여전히 심신이 치유할 수 없는 고통 속에 있다. 그리고 이 위안부 제도가 원고들의 주장대로 철저히 여성 차별, 민족 차별 사상의 발로였고, 여성 인격의 존엄을 근저에서 침해하고 민족의 긍지를 짓밟는 것이었으며, 결코 과거의 문제가 아닌 현재에도 극복해야 할 근원적 인권 문제인 점은 분명하다.

법적 책임

〈쇼와 13년(1938년) 3월, 창저우常州 주둔군 위안소 사용 규정〉

• 이용 시간은 1인 1시간으로 제한한다

• 단가

　지나인 1엔

　반도인 1엔 50전

　일본인 2엔

- 위안소 내에서 음주를 금한다
- 여자는 모두 유독자有毒者로 생각하고 방독防毒에 만전을 기하는 것이 마땅하다
- 영업자는 술, 안주, 다과의 향응을 금한다
- 영업자가 특별히 허가한 장소 이외에는 외출을 금한다

여기에는 술과 안주와 다과의 향응, 접대도 없이 단지 성교만을 위한 시설이었으며, 위안부란 그 시설의 필수 비치품처럼 더는 매춘(賣春, 또는 買春)이라고도 할 수 없는, 단지 성적 욕망을 해소하는 도구로만 존재했을 뿐이다. 위안소 개설 목적과 위안부들의 일상을 감안하면 그야말로 성노예로서의 위안부였음이 여실히 드러난다.

그런데 일본의 헌법은 인권 총론 부분인 제13조에서 "모든 국민은 개인으로서 존중된다. 생명, 자유 및 행복 추구에 관한 국민의 권리에 대해서는 공공의 복지에 반하지 않는 한, 입법 그 밖의 국정상 최대의 존중을 필요로 한다"라고 규정하고, 개인의 인격 존중에 근본적 가치를 두고 있다.

위안부에 대한 인권침해의 중대성과 현재까지 이어지는 피해의 심각성에 비춰 보면, 일본군 '위안부' 제도는 그 당시에도 부인 및 아동의 매매 금지에 관한 국제조약(1921년)과 강제 노동에 관한 조약(1930년)상 위법의 의혹이 강하게 존재했다. 단순히 그에 그치지 않고 동 제도는 위안부 원고들에게 그랬듯이 식민지, 점령지의 미성년 여성을 감언, 강압 등의 방법으로 본인의 의사에 반해

위안소로 끌고 가서 정책적, 제도적으로 구 군인과의 성교를 강요한 것으로, 지극히 반인도적이고 추악한 행위였던 것은 명백하다. 적어도 일류 국가를 표방하는 제국 일본이 그러한 행위에 가담해서는 아니 되었던 것이다. 그럼에도 불구하고 제국 일본은 구 군대뿐 아니라 정부 스스로 사실상 이에 가담하였고, 그 결과 앞서 살펴본 대로 중대한 인권침해와 심각한 피해를 초래했고 위안부 원고들을 비롯한 강제로 위안부가 된 많은 여성의 인생까지 바꿔놓았다. 제2차세계대전이 끝난 뒤에도 더욱 굴욕적인 인생을 살게 만들면서 일본국 헌법 제정 후 50여 년이 지난 현재까지 동 여성들을 끝 모를 고통에 빠뜨리고 있다.

그렇다면 일본국 헌법 제정 전의 제국 일본의 행위에 따른 것일지라도 제국 일본과 동일성을 갖는 국가인 피고는, 그 법익의 침해가 실로 중대한 피해자에게 더 이상의 피해가 초래되지 않도록 배려하고 보증해야 할 조리상의 법적 작위의무作爲義務를 다해야 하며, (중략) 일본국 헌법 제정 후에는 더욱 그 의무가 무거워졌으므로 피해자에 대한 다소간의 손해 회복 조치를 취해야만 할 것이다. 그럼에도 불구하고 피고는 종군 위안부 제도의 존재를 알고 있었을 텐데도 일본국 헌법 제정 후에도 다년에 걸쳐 동 여성들을 방치한 채로 그 고통을 배가시켰으며, 그런 부작위 자체 또한 새로운 침해 행위라고 할 만하다. 그리고 늦은 감이 있지만 일본군 '위안부' 문제가 국제 문제화되고, 국회에서도 다뤄져 1993년 8월 4일 '이른바 위안부 문제에 대해'라는 제명으로 조사 보고서를 제출하였고, 당시 관방장관이었던 고노 요헤이河野洋平 씨도 다음과 같이 담화를 발표했다.

"위안소는 당시 군 당국의 요청으로 설치, 운영된 것이며 위안소의 설치, 관리 및 위안부 이송에 대해서는 구 일본군이 직접 혹은 간접적으로 관여했다. 위안부 모집에 대해서는 군의 요청을 받은 업자가 주로 대응했지만 그 경우에도 감언, 강압으로 본인들의 의사에 반해 모집된 사례가 많고, 더욱이 관헌官憲들이 직접 가담하기도 했다. 또한 위안소 생활은 강제적인 상황에서 이뤄진 고통스러운 것이었다", "전지戰地로 이송된 위안부의 출신지는 일본을 제외하면 조선 반도가 큰 비중을 차지했는데, 당시 조선 반도는 우리 일본의 통치를 받고 있었고 모집이나 이송, 관리도 감언, 강압에 따라 전반적으로 본인들의 의사에 반해서 행해졌다", "결국 본건은, 당시 군이 관여해 다수 여성의 명예와 존엄을 심각하게 훼손한 문제이다. 정부는 이 기회에 다시 한번 출신지 여하를 불문하고 종군 위안부로 수많은 고초를 겪고 심신에 달랠 수 없는 상처를 입으신 모든 분들에게 진심으로 사죄와 반성의 마음을 전한다. 또한 그와 같은 마음을 일본이 어떻게 보여 드릴 것인가에 대해서는 전문가들의 의견을 구하면서 향후 진지하게 검토할 사항이라고 생각한다".

강제로 위안부가 된 많은 여성이 입은 손해를 방치하는 것 또한 새롭게 중대한 인권침해를 야기한다는 것까지 고려하면, 늦어도 위의 내각관방장관 담화가 발표된 1993년 8월 4일 이후의 빠른 단계에서, 앞의 작위의무를, 원고들이 입은 손해를 회복시키기 위한 특별 배상 입법을 추진해야 할 일본국 헌법상의 의무로 전화轉化하고, 명확한 취지로 국회에 입법 과제를 발생시켰다고 할 만하다. 그리고 위의 담화로부터 3년이 경과된 1996년 8월 말의 시점에서는 위 입법을 추진해야 하는 합리적 기간이 경과됐다고 할 수 있으므로, 해당 입법 부작위는 국가 배상법상 위법으로 인정된다. 한편, 피고 국회의원도 위의 담화가 밝힌 입법 의무를 어렵지 않게 입법 과제로 인식하였다고 볼 수 있으므로, 해당 입법을 성립시키지 않은 과실은 명백하다고 할 수 있다.

이상에 따르면, 위안부 원고들은 그 피해에 대해 국가 배상법 제1조 제1항에 근거하여, 피고 국회의원이 위의 특별 배상 입법을 추진할 의무를 위법하게 불이행한 것에 대한 정신적 손해 배상을 청구할 권리가 있다고 보이는 바, 그 액수에 대해서는 장래 입법에 따라 피해 회복이 이루어질 것을 고려하여 각 30만 엔이라고 산정하는 것이 마땅하다(이상 판결문에서 발췌).

30만 엔 문제

'위안부 피해 배상금 30만 엔'이라는 판결 당시의 언론 보도는 잘못된 것입니다. 1993년 8월의 '고노 담화'로 인해 일본 국회에는 3년 안에 일본군 '위안부' 피해자에 대한 배상 입법을 하여야 할 의무가 발생한 것입니다. 그로부터 3년이 지났고, 판결 당시 다시 1년 이상이 경과했습니다. 판결 내용 중 "30만 엔을 지급하라"는 부분은 그러한 입법 지연에 대한 페널티인 것입니다. 또한 피해 그 자체에 대해서는 국회에서 법률을 만들어 원고뿐 아니라 모든 일본군 '위안부' 피해자에게 배상하라고 판시하였습니다. 매우 획기적인 판결이었던 셈입니다. 한국에서는 30만 엔을 일본군 '위안부' 피해에 대한 배상금으로 잘못 보도해, '새로운 민족 차별'이란 주장이 제기되기도 했습니다.

다만 공식 사죄에 대해서는 "정치권의 독자적인 판단과 재량에 따라 결정돼야 할 사항이지 사법 재판소가 개입할 수 있는 문제가 아니다"라는 취지로 인용되지 않았습니다.

전체적으로 이 판결문에는 최고재판소 판례에 결연히 이의를 제기하고, 일본군 '위안부' 피해자를 반드시 구제하겠다는 판사들의 뜨거운 마음이 넘쳐흘렀습니다. 이순덕 할머니의 본인 신문을 통해 판사들도 전시 상황에서 당했던 비인도적인 피해가 전후에도 여전히 치유되지 않고 이어지고 있는 아픔을 두 눈으로 확인했기 때문일 것입니다. 그리고 난해한 법률 용어를 최대한 줄이고 원고와 국민에게 전하고 싶은 내용을 알기 쉽게 쓴 것에도 감동했습니다.

변호인과 우리 지원모임 회원들이 붙들고 있는 문제의식은 '전후 책임을 묻는다·관부재판을 지원하는 모임'이라는 이름에서 드러나듯이, 평화와 인권을 강조하는 일본 헌법 아래에서 식민지 지배와 침략 전쟁으로 고통을 당한 아시아의 전쟁 피해자들을 50년 넘게 방치해 온 책임을 우리 자신과 일본 사회에 계속 묻고 싸우는 것이었습니다. 판결문을 읽으면서 판사들이 우리와 같은 문제의식을 갖고 있음을 절실하게 느꼈습니다. 흘러간 과거의 문제가 아닌 현재 존재하고 방치된 문제가 일본 최고법규인 헌법이 보장하는 인권을 그 근간부터 침해한다고, 사법부의 한 일원으로서 어떻게든 이 문제를 해결하려는 결의가 느껴졌습니다. 최고재판소 판례를 거스르면서까지 판결문을 잘 써 준 판사들의 용기에 감동했습니다.

계속 패소했던 전후 보상 재판에서, 더구나 국제적인 관심이 컸던 일본군 '위안부' 재판에서의 첫 승소 판결은 일본의 언론뿐 아니라 국외에서도 크게 보도되었습니다. 판결 다음 날인 4월 28일에 한국의 《한겨레신문》, 《중앙일보》, 《조선일보》, 《동아일보》가 1면 톱으로 보도했고, 대만에서도 《연합보》가 국제면 톱으로, 그 밖에 필리핀과 홍콩을 비롯한 아시아 각국이 신문과 TV로 보도했습니다. 《뉴욕타임스》는 인터넷으로 속보를 띄우며 지면으로도 보도했고, 서구 여러 나라의 신문사도 《AP통신》이 전송한 기사를 실었습니다.

한편, "여자근로정신대 원고들이 일본군 '위안부' 원고들에 비해 중대한 인권침해를 초래했다고까지는 인정할 수 없다"고 판단한 것에는 낙담과 깊은 책임감을 느꼈습니다. 변호인과 우리 활동가들이 여자근로정신대 원고들이 겪은 피해의 심각성과 배경, 전후까지 고통이 이어지는 것에 관한 통찰과 이해가 부족했던 것 같아서 죄송한 마음이 앞섰습니다. 이 과제는 고등재판소에서 어떻게든 완수해야 했습니다.

입법 문제의 현실화

야마구치 지방재판소 시모노세키 지부의 판결(이하 '시모노세키 판결')은 각국의 일본군 '위안부' 재판을 지원하는 활동가들에게 희망과 용기를 주는 선물 같았습니다. 일본군 '위안부' 재판을 상호 지원하고, 일본군 '위안부' 문제의 입법화를 목표로 하는 '시모노세키 판결을 살리는 모임'이 도쿄에서 결성됐습니다. 그리고 우리는 판결문을 팸플릿으로 제작하여, 판결에서 입법화의 책임을 추궁당한 모든 중의원과 참의원에게 750부를 배포했습니다.

이러한 활동이 밑거름이 되어 2000년에 민주당, 공산당, 사민당에서 각각 일본군 '위안부' 문제 해결 법안을 의원 입법으로 참의원에 제출하였으며, 그 후로 각 당의 법안을 하나의 안으로 정리하여 '전시성적 강제피해자문제의 해결촉진에 관한 법안'으로 해마다 제출했습니다.

일본군 '위안부' 소송에서 패한 일본 정부는 히로시마 고등재판소에 항소했습니다. 마찬가지로 여자근로정신대 원고 7명도 항소했습니다. 이리하여 재판은 히로시마로 옮겨 갔습니다.

히로시마 고등재판소에서
다시 확산된
재판 지원의 고리

　　　　　　　　　　　　히로시마는 세계 최초로 원폭이 투
하된 도시로 평화와 인권 의식이 높았기 때문에 히로시마 고등재판소
로 옮겨 간 관부재판에 관심이 집중됐습니다. 그 관심으로 '관부재판
을 지원하는 연락회'가 히로시마시와 후쿠야마시에서 결성되었습니다.
조금 늦게 히로시마현의 북쪽에 위치한 미요시三次시에도 만들어졌습
니다.

　1999년 2월 23일, 제1차 구두 변론이 열리자 전국 각지에서 100명
이 넘는 지원 활동가들이 몰려들어 42석의 방청석을 두고 추첨이 실
시됐습니다. 1심에서 승소한 영향으로 구두 변론도, 그 후의 보고 집회
도 열기로 가득했습니다. 원고들은 재판 전날에 후쿠오카의 우리 집에
서 변호인과 회의를 하고, 후원자들과 교류 모임을 갖고, 이튿날 신칸

센을 타고 히로시마로 향했습니다. 후쿠오카의 후원자들은 재판 방청을 위해 차에 나누어 타고 4시간을 달려 히로시마에 도착했습니다. 원고들은 법정에서 의견 진술과 본인 신문에 응했고, 재판 보고 집회가 끝난 뒤에는 히로시마현 각지의 지원모임에 초대되어, 증언 집회와 교류회에 참석했으며 관광과 김치교실 등을 즐기면서 후원자들과 친교를 다졌습니다. 원고분들과 교류하면서 이야기를 듣고 함께 식사를 하고 온천을 하는 과정에서 피해자들의 생각과 매력을 알게 되면서 점점 각지의 '지원하는 연락회' 회원들의 재판 지원에 대한 열기도 날로 높아져 갔습니다.

항소심에서의 쟁점

1심 원고 측은 다음 두 가지 점을 목표로 했습니다.

하나는 일본군 '위안부' 원고 측이 승소한 시모노세키 판결을 지켜낼 것. 또 하나는 일본군 '위안부' 원고들의 피해와, 그 못지않게 심각한 여자근로정신대의 피해를 부각시켜 시모노세키 판결 중 "일본국 헌법상 묵시할 수 없는 중대한 인권침해를 범했다고 보기는 어렵다"라고 판단한 부분을 뒤집고 모두 승소하는 것이었습니다.

한편 정부 측은, 시모노세키 판결에서 일본군 '위안부' 원고들의 손을 들어준 '입법 부작위에 따른 국가 배상법의 적용'이라는 판단을 부정하는 데 전력을 쏟아 왔습니다. 그 판단을 부정하기 위한 정부 측의 법적 주장은 "1985년 최고재판소 판결에 따라 입법 부작위에 따른 배상법의 적용은 있을 수 없다"는 것이었습니다. 1985년의 최고재판소 판결 내용은 이렇습니다. "국회의원의 입법 행위는, 그 입법 내용이 헌법의 일의적인 문언에 위반됨에도 국회가 구태여 해당 입법을 추진하는 것과 같은, 쉽게 상정하기 어려운 예외적인 경우가 아닌 한, 국가 배상법의 적용상 위법 평가를 받지 않는다". 여기서 일의적一義的이란, '의미가 단 한 가지뿐이며, 그 이외에는 해석의 여지가 없다'는 말입니다.

최고재판소는 헌법 51조를 그 판결의 근거로 들었습니다. "의원은 의회에서 행한 연설, 토론, 또는 평결에 대해 의회 밖에서 책임을 지지 않는다"라고 상정하고…… "마땅히 입법 행위를 조정措定하는 것으로, 입법 행위를 법적으로 평가하는 것은 원칙적으로 허용되지 않는다"라고 기본적으로 입법 행위에 대한 국가 배상법 적용을 최고재판소가 부정해 버린 것입니다.

그 결과, 다수결 원리로 법률이 제정되는 국회에서, 사회적 약자와 재일 외국인 등의 소수자 인권을 무시한 법이 통과되더라도 인권의 보루인 사법이 그에 대해 판단할 여지를 남겨 두지 않았기 때문에, 1985년 최고재판소 판결 이후로 전후 보상 재판 앞에는 커다란 장벽이 가로막고 있다고 하겠습니다.

원고 측 주장 — 1985년의 최고재판소 판결 오류

일본에는 헌법재판소가 존재하지 않으므로 합헌이냐 위헌이냐의 판단은 최고재판소가 최종적으로 결정합니다. 원고 측은 "1985년의 최고재판소 판결은 변경되어야 한다"라고 주장하며 그 이유를 다음과 같이 전개했습니다.

입법 부작위에 따른 국가 배상 청구 소송은 주로 1970년대 전반부터 1980년대 전반에 걸쳐 하급심에서 이뤄졌다. 1974년 삿포로 지방재판소 오타루 지부의 '재택 투표 제1차 소송' 판결(투표소에 갈 수 없는 신체 장애인이 집에서 투표할 수 없는 것은 헌법 위반이라며 제기한 소송의 재판 판결)부터 1980년 오사카 지방재판소 '사학 소송'(사립고등학교와 공립고등학교 간 수업료 차액 반환 소송)까지, 다수의 판례와 학설에서 입법 행위와 입법 부작위의 위반성을 국가 배상 소송으로 다투는 것을 인정하는 입장이 다수를 차지해 왔다.

이 시기에 하급심에서 논의되고 주장된 학설은 국회의원의 입법 행위와 입법 부작위도 국가 배상의 원인이 되는 위법한 공권력 행사가 될 수 있다는 점을 당연한 전제로 삼은 데다, 국가 배상으로 인정받기 위한 요건인 국회의원의 고의 과실을 어떻게 입증할 것인가 하는 점이 논의의 초점이었다. 즉,

① 입법자의 입법 의무가 헌법상 명시되어 있는가, 또는 해석상 도출되는 경우에,

② 입법자가 상당 기간 동안 입법 의무를 게을리했을 때, 입법 부작위는 위헌이며,

③ 국회의원의 고의, 과실이 인정되는 경우에는 국가 배상이 인정된다,

라는 것이다.

1985년의 최고재판소 판결은 당시부터 "하급심 판결이 지금까지 쌓아 온 성과를 단번에 근저에서부터 뒤엎어 버렸다"라고 평가받았으며, 실제로 관부재판 1심 판결이 나오기까지 13년간, 입법 부작위에 따른 국가 배상을 인정하는 판례는 자취를 감추었다.

1985년 판결은, 헌법 51조의 국회의원 면책을 입법 행위에 대한 국가 배상 청구를 억제하는 근거로 들고 있지만, 헌법 51조 "양원(중의원, 참의원)의 의원은 의회에서 행한 연설, 토론 또는 평결에 대해 의회 밖에서 책임을 지지 않는다"라는 조항은 국회의원 입법 활동에 대해 개인으로서 민사상 책임을 지지 않음을 규정한 것에 지나지 않으며, 국가의 배상 책임을 부정하는 것은 아니다.

1985년 판결이 가장 혹독한 비판을 받은 것은, '인권이 침해된 경우에 재판적 구제를 청구할 권리, 또는 헌법 소송을 제기하는 길이 전혀 보장되지 않았다'는 점이다. "최고재판소가…… 무슨 이유로 스스로의 위헌 심사권 행사에 필요 이상의 제약을 가하는 논리를 전개했는지 솔직히 이해하기 어렵다"라는 노나카 도시히코野中俊彦(호세이대학 명예교수) 법학자의 지적이 있을 정도로 장애인과 재일 외국인 등 사회적 약자와 소수자 인권을 배려하지 않은 판결이었다.

관부재판 1심 판결은 1985년 소법정小法廷7 판결의 틀을 기본적으로 수용하면서도 '예외적인 경우'를 확대하여 소수자의 인권 보장을

---

7. 최고재판소의 재판관 5인으로 구성되는 합의체.- 옮긴이.

실현하려고 시도했던 훌륭한 예이다. 제정된 법률이 헌법에 반하는 경우, 재판소는 법 적용을 거부함으로써 위헌 심사를 행할 수 있는 점에 반해, 입법 부작위의 경우는 국가 배상을 인정하는 이외에 위헌을 심사할 수 있는 방법이 거의 존재하지 않는 점을 고려한다면, 1985년 최고재판소 판결의 틀 안에서 예외적으로 해석을 확대한 것은 오류가 아니었다.

정부 측 주장은 일본국 헌법의 근원적 가치가 기본적 인권 존중에 있다는 점, 헌법이 재판소에 소수자의 인권 보장 기능을 위임한 점에 비춰 명확히 잘못된 위법 해석이다.

이상과 같이, 원고 측 변호인은 정부 측 주장을 준엄하게 비판했습니다.

정부 측 주장 – '한일청구권협정'으로 이미 해결되었다

더욱이 정부 측은 "한일청구권협정으로 이미 해결되었다"는 새로운 주장을 펼쳤습니다. 1990년대 초, 정부는 국회 답변에서 "한일청구권협정에서의 청구권 포기는 정부의 외교 보호권 포기이지 개인 청구권은 소멸되지 않았다"라고 발언했던 터라, 그간의 전후 보상 재판에서는 주장을 삼가 왔으나 관부재판에서 원고 승소 판결로 궁지에 몰리자 그런 주장을 들고 나왔으리라 봅니다.

1965년의 한일기본조약 체결에 따라 맺어진 '대한민국과 일본국 간의 재산 및 청구권에 관한 문제의 해결과 경제 협력에 관한 협정'(이른바 '한일청구권협정')에서, '재산, 권리 및 이익이란, 법률상의 근거에 입각한 재산적 가치를 인정할 수 있는 모든 종류의 실체적 권리'를 이르며, 그 이외의 '청구권'이란 '실체적 권리라고 할 수 없는, 클레임을 제기할 수 있는 지위'라고 한일 양국에서 양해하고 있습니다. 이 클레임은 국제법상으로는 개인이 직접 가해국에 청구할 수 있는 권리가 아니며 어디까지나 국가만이 청구할 수 있습니다. 하지만 일본 정부 측은, "한일청구권협정은 국가의 외교 보호권을 상호 포기한 것이므로 청구권은 실질적으로 소멸됐다"라고 주장해 왔습니다.

원고 측 반론 – '한일청구권협정'에서 개인 청구권은 소멸되지 않았다

유엔에서의 논의

일본 정부는, 유엔에서 일본의 전후 보상 문제가 논의될 때마다 "한일청구권협정으로 이미 해결되었다"는 주장을 펼쳐 왔습니다. 그러나 유엔인권위원회에서는 "한일청구권협정은 경제 협력 문제를 다룬 것이지 피해자 인권에 관한 조약은 아니다", "한일 회담에서 위안부 문제가 논의된 적은 없다"는 등의 이유로 일축해 왔습니다.

국회에서의 답변

일본 정부는, 한일청구권협정 체결 이후로 한국인에 대한 전후 보상 문제는 이미 완전히 해결됐음을 거듭 표명해 왔습니다. 그러나 1991년 8월 27일 이후의 국회 답변에서 정부는 "한일청구권협정 규정은 외교 보호권의 포기에 지나지 않으며, 개인 청구권은 소멸하지 않았다"는 점을 인정해 왔습니다.

상기 답변을 한 데는 다음과 같은 변천 경위가 있습니다.

시베리아 억류 피해자들이 구소련에 제기한 청구권에 대해 일본 정부는 이렇게 주장했습니다.

"저희가 거듭 말씀드리는 점은, 일소공동선언 제6항의 청구권 포기는 국가 자신의 청구권 및 국가의 외교 보호권 포기입니다. 우리나라 국민 개인이 소련 또는 그 국민에 제기하는 청구권까지 포기한 것은 아닌 것으로 생각합니다"[8] (1991년 3월 26일 열린 참의원 내각위원회에서 다카시마高島 외무대신 관방심의관의 답변).

질문이 일본인의 권리와 관련된 것이었기에 일본 정부는 일소공동 선언에 따라 개인의 청구권이 소멸되지 않았다는 점을 위와 같이 명확하게 답변한 것입니다.

하지만 위의 답변을 인용하여 한일청구권협정에 대한 질문을 받을 경우, 이 문제와의 균형상 한일청구권협정도 외교 보호권 포기에 지나지 않는다는 점을 밝히지 않을 수 없습니다. 이에 1991년 8월 27일 참

---

8. 전쟁이 끝난 후, 구소련에 의해 시베리아 등지에 노동자로 이송되었다가 억류된 일본인 포로는 약 57만 5천 명(3천 명은 조선 반도 출신자)이었으며, 그중 약 5만 명이 사망했다. 일본 정부는 1956년에 체결된 일소공동선언에서 이들 사망자에 대한 보상과 미지급 임금 지불에 대해서 포기했다.

의원 예산위원회에서 야나이 슌지柳井俊二 정부 위원은 다음과 같이 답변했습니다.

"이른바 한일청구권협정에서 (중략) 양국 간 외교 보호권을 상호 포기했다는 점입니다. 개인의 청구권 자체를 국내법적으로 소멸시켰다는 의미가 아닙니다. 따라서 한일 양국 정부가 이를 외교 보호권 행사로서 문제 삼을 수는 없다는 것입니다."

1992년 2월 26일 중의원 외무위원회에서는 야나이 정부 위원이 다음과 같이 언급합니다.

"한국 관계자분들이 일본의 재판소에 소송하는 것까지는 막지 않습니다…… 다만, 재판에서 이런 소송을 어떻게 판단하느냐 하는 점은 사법부 판단이라는 것입니다."

정리하면 다음과 같습니다.

① 한일청구권협정은 외교 보호권을 포기한 것이지 개인의 권리를 국내법적으로 소멸시킨 것이 아니다.

② '재산, 권리 및 이익'에 대해서는 '대한민국 등의 재산권에 관한 조치법'에서 국내법적으로 소멸시켰지만 청구권은 그에 해당되지 않는다.

③ 청구권에 관해서는, 한국인이 일본의 재판소에 소송을 제기할 수 있다.

④ 위의 경우에 청구를 인정할 것인지의 여부는 재판소가 판단할 일이다.

1992년 1월, 한국을 방문한 미야자와 총리는 일본군 '위안부' 문제에 대해 "매우 가슴 아픈 일"이라고 '사죄'했습니다. 그리고 같은 해 3월 21일 열린 참의원 예산위원회에서 국가 간에 관련된 사항은 이미 해결됐으나 개인과의 관계에 대해서는 "소송 상황을 지켜보겠다"라고 답변했습니다. 이상과 같이 한일청구권협정은 청구권에 대한 외교 보호권을 포기한 것에 지나지 않으며 청구권은 조치법^{措置法}에 의해서도 소멸되지 않은 것입니다.

따라서 1심 원고들이 청구한 피해 보상·배상 문제는 한일청구권협정으로 아무것도 해결된 것이 없기 때문에 한일청구권협정은 정부의 입법 의무를 면제할 아무런 이유도 될 수 없습니다. 또한 앞서 기술한 것처럼 일본 정부는 한일청구권협정 체결 당시부터 이것이 외교 보호권을 포기한다는 의미이며 개인 청구권을 소멸시킨 것이 아니라는 점을 충분히 인식했지만, 그 후 한일청구권협정에 따라 한국인 피해자 개인의 배상 청구권도 소멸됐다는 잘못된 해석을 거듭 유포하여 한국인 피해자에게 크나큰 고통을 주었습니다.

원고 측은 이와 같이, 정부 측의 주장에 대해 명확하게 비판했습니다.

황국신민화 교육의 주술 – 여자근로정신대 원고들이 입은 피해의 심각성

1심 시모노세키 재판의 제14차 구두 변론을 위해서 일본을 방문한 박su 할머니는 재판 전날 변호인과 본인 신문에 대해 상의했습니다.

황국신민화 교육을 받은 우등생으로 당시 일본을 좋아했던 박 할머니는 "일본 정부에 항의할 것은 없습니까?"라는 변호인의 질문이 곤혹스러웠던 모양입니다. 그날 한밤중에 갑자기 일어나더니 "변호사가 식칼을 들고 강요하고 있어!"라며 이성을 잃고 소리치는 것이었습니다.

나는 이 사건을 직접 목격하고 황국신민화 교육이 낳은 주술의 심각함에 전율했습니다. 애국심으로 여자근로정신대에 지원하여 배신당했음도 여전히 그 주술에서 해방되지 못하고 있는, 눈에 보이지 않는 피해의 상처는 너무나 깊었습니다. 물론 정도의 차이는 있지만 박su 할머니는 유난히 그 영향이 컸습니다. 나는 이 일을 변호인에게 전했고, 변호인은 법정에서 황민화 교육이 끼친 피해의 심각성을 호소하겠다고 했습니다.

1997년, 1심 제18차 구두 변론에서 박so 할머니의 국민학교 4학년 담임이었던 스기야마 선생님이 황국신민화 교육 실태에 대해 증언했습니다. 스기야마 선생님은 당시 경상북도 소재의 국민학교 교사였습니다.

"조선이 일본이라는 것, 모두가 일본인이라는 의식을 학생들에게 심어 주기 위해 매일 조례에서 '황국신민의 맹세' 즉 '우리는 황국신민이다. 충성으로 군국君國에 보답한다'라고 학생들에게 외치도록 했습니다. '황국의 백성으로 평생 군국과 천황에 충의를 다하겠다'는 내용이었습니다. 또한 '바다에 가면 물먹은 시체가 되고, 산에 가면 잡초에 덮인 시체가 되리라. 님(大君·천황) 곁에서 죽으니 무슨 아쉬움이 있으랴'라는 노래도 매일 아침저녁으로 학생들에게 부르게 했습니다. 전교생에게 매달 가까운 공원에 있는 신사에 참배하게 했습니다. 조선어는 일절 금지하고, 교내에 들어오면 그때부터 조선어는 엄금했습니다. 위반하면 공공연하게 체벌을 가했고, 목검 위에 무릎 꿇고 앉아 있게 했습니다. 당시에 자기네 나라 말을 쓸 수 없었던 학생들에게 지금은 그저 미안할 따름입니다."

그렇게 증언하는 스기야마 선생님의 얼굴은 괴로움으로 가득 차 있었습니다.

박su 할머니는 본인 신문에서 이런 말들을 쏟아 냈습니다.

"몹시 힘든 일이었지만 나라를 위해서 긍지를 가지고 했다", "일본이 전쟁에 이겨서, 집에 돌아가고 싶었다", "어릴 때 일본 사람이었기 때문에 조선이 일본 식민지였다는 사실을 몰랐다", "전쟁에 져서 해방됐다는 말을 들었지만 무슨 말인지 몰랐다. 천황을 위해서 힘써 일했는데 정말로 유감이었다. 조선에 돌아가서 주위 사람들이 기뻐하는 걸 보고 미쳤다고 생각했다", "전쟁에 진 일본이 불쌍했다. 열일곱 살이 돼서야 일하던 직장에서 책을 읽고, 조선이 식민지였다는 걸 알았다".

항소심 준비 서면에서 원고 측은 다음과 같이 호소했습니다.

"제국 일본은, 식민지 지배에 있는 조선의 공립학교 아동에게서 조선어와 민족의 이름을 빼앗았다. 빼앗긴 것의 의미조차 이해하지 못하는 아동을 황국신민화의 수신修身 교육으로 우수하고 동시에 순종적인 일본인으로 만들었으며, 그 순종적인 점을 이용하여 일본인 교사가 권유하여 근로정신대에 지원하게 한 것이다.

이에 대해 1심의 피고인 국가는, 자진해서 정신대에 입대할 만큼 황국 일본에 귀의했던 조선인 아동을 기만하며 가혹한 노동까지 강요했음에도 전쟁이 끝난 후에는 이들을 방치했다. 이 같은 일본국의 태도는 전심전력으로 정신挺身해 온 사람의 입장에서 배신행위이며, 특히 정신대에 입대할 때 부모의 의사를 거스르기까지 했던 것으로 보아, 부모에게 유기당한 이상의 고립무원 처지에 내몰린 것이나 마찬가지다.

한편, 전쟁이 끝나고 일본의 식민 지배에서 해방된 조국이 반일 감정으로 소용돌이치는 가운데, 조선인 여자근로정신대는 황민화 교육의 주술로 일본에 대한 친근감 또는 일체감에서 벗어나지 못한 상태였기 때문에 이런 감정 사이에서 괴로워했다. 성장하면서 그러한 혼란 속에서 인격이 형성되었으며, 고령이 된 지금까지도 그 영향에서 벗어나지 못할 정도로 정신적인 피해가 심각한 것이다."

원고들의 '외상 후 스트레스 장애PTSD'

원고들은 자주 "심장이 벌렁벌렁하다", "잠을 못 잔다", "긴장하면 손발이 저리다", "온몸이 안 아픈 데가 없다"라고 호소하곤 했습니다. 상시 복용하는 약도 아주 많았습니다.

우리는 위안소 그림을 보고 실신한 이순덕 할머니와 불면증으로 고생하는 박su 할머니, 협심증을 앓는 박so 할머니를 통해 직접적인 피해를 당한 지 50년이 훨씬 지났음에도 정신적·육체적 고통이 여전히 계속되고 있다는 사실을 알게 됐습니다. 재판관들에게도 원고들이 겪고 있는 이런 고통을 이해시켜야 했습니다. 그것은 1심의 일부 승소를 유지하고 확정하기 위해서도 필요한 일이었습니다.

관부재판을 지원하는 우리 모임은 즉시 《트라우마—가정 폭력에서 정치적 테러까지》(주디스 허먼 지음, 최현정 옮김, 열린책들, 2012년)[9]라는 책을 선정해 다섯 번에 걸쳐 스터디를 가졌습니다. 리포터로 같이했던 대학생 젊은이들은 놀라울 정도로 '마음'의 문제에 대한 이해가 깊었습니다.

중국인 일본군 '위안부' 재판과 재일 일본군 '위안부' 재판에서는 원고의 PTSD 진단이 실시되고 있었으므로 선행하는 이들 재판을 참조하며 공부 모임을 진행했습니다.

그리고 위의 재판에서 PTSD 진단을 담당했던 정신과 의사 구와야마 노리히코桑山紀彦(야마가타현 거주) 씨와 상담한 후, 2000년 1월 17일부터 21일까지 한국에서 원고들의 PTSD 진단을 실시했습니다. PTSD란 트라우마를 경험한 사람이 시간이 지나면서 그에 따른 스트레스를 느끼고, 정신적으로 고통을 받는 것입니다. 즉 '심적 외상'을 받은 '후'에 '스트레스'를 느끼고, 그것이 '장애'로까지 되는 상태를 가리키는 '병명'입니다.

진단 장소는 '나눔의 집', 광주에서는 이순덕 할머니의 자택이었고, 시간 관계상 부산에 사는 원고들은 나눔의 집에서 진단을 실시했습니다. 대상자는 일본군 '위안부' 피해자 박두리 할머니, 이순덕 할머니, 여자근로정신대 피해자 박so 할머니, 박su 할머니, 양금덕 할머니로

—
9.《心的外傷と回復》, 나카이 히사오中井久夫 옮김.

총 5명이었습니다. 진단 방법은 150여 개 항목의 질문과 묘화법描畫法을 이용했으며, 문진을 포함한 다양한 데이터를 수집해 PTSD의 유무와 그 정도를 측정했습니다. 진단 시간은 중간 휴식을 포함해 한 사람당 약 4시간이 소요됐습니다. 진단을 받는 동안 할머니들은 혈압약과 진정제를 복용하거나, 별실에 가서 눕기도 하고 눈물을 흘리기도 했습니다. 그럼에도 그 고통스러운 시간을 묵묵히 잘 견뎌 냈습니다.

1월 말에 제1 보고서로 나온 결과는 5명 모두에게서 PTSD가 확인되었습니다. 재판을 시작한 지 7년 이상이 경과했고, 의견 진술이며 본인 신문, 변호인과의 사전 회의, 지원모임 회원들과의 대화를 통해 할머니들이 심적 고통을 털어놓을 장이 나름 있었다고 생각했습니다. 그러나 할머니들은 50년이 지난 지금도 계속 트라우마에 시달리고 있었습니다. 우리는 할머니들이 여전히 억울함과 불안에 떨며 고통받고 있다는 사실에 놀라움을 금할 수가 없었습니다.

이 보고서를 바탕으로 작성된 준비 서면에서 우리는 다음과 같이 호소했습니다.

"전쟁이 끝난 지 50년이 지난 지금도 여전히 1심 원고들에게는 뚜렷한 '외상 후 스트레스 장애PTSD'가 존재한다. 그로 말미암아 1심 원고들의 마음은 파괴됐으며 지금도 여전히 억울함과 불안함으로 고통 받고 있고, 고령화로 그 고통이 더욱 커지고 있다. 이 모든 원인은 1심의 피고가 50년에 걸쳐 1심 원고들의 피해를 방치하여 심적 외상에서 회복할 기회를 빼앗은 데 있다"(《사과하라 그리고 속죄하라》 part 5에서, '관부재판을 지원하는 모임' 집필).

이용수 할머니, 정신대 원고의 발언에 분통 터뜨리다

1999년 4월 21일, 항소심 2차 구두 변론에서 원고인 박su 할머니와 이yo 할머니의 의견 진술이 있었습니다. 대구에 사는 일본군 '위안부' 피해자 이용수 할머니와 김분선 할머니가 재판을 지원하기 위해 법정에 나왔습니다. 박su 할머니는 의견 진술에서 이렇게 말했습니다.

"한국에서는 정신대와 일본군 '위안부'를 같은 의미로 받아들이기 때문에 가족은 물론 그 누구에게도 말하지 못하고 속앓이만 하다가 병에 걸렸습니다."

박su 할머니의 발언에 이용수 할머니는 격노했고, 35명 정도가 함께한 그날 밤 교류 모임에서 불쾌감을 드러냈습니다.

"위안부로 오해받는 게 창피하다는 말에 나는 기분 나빴습니다. 위안부라는 이름은 일본 정부가 붙인 것이니 부끄러워해야 하는 쪽은 일본 정부입니다. 나 이용수는 부끄럽지 않습니다."

화기애애했던 분위기는 순간 긴장감에 휩싸였습니다. 모두 마른침을 삼키며 지켜보는 가운데 박su 할머니가 얼굴을 붉히고 말없이 이용수 할머니 곁으로 가서 맥주를 따라 주었습니다. 나중에 물어보니 "미안해요, 내가 잘못했어요"라는 의미였다고 합니다. 그 후로 박 할머니는 무슨 말을 해야 할지 몰라서 그저 입을 꾹 다물고 있었다고 했습니다.

그 이전에도 여자근로정신대 원고가 일본군 '위안부' 원고 앞에서 그 비슷한 발언을 한 경우가 있어서 조마조마하던 차에 이용수 할머니의 등장으로 결국 터진 것입니다. 이런 갈등의 배경에는 '여성의 정조는 목숨보다도 중요한 것'으로 여기는 유교적인 성의식이 깔려 있습니다. 오히려 성폭력을 당한 피해자인데도 '순결을 잃은' 여성이라고 멸시하는 사회적인 분위기였기 때문에, 일본군 '위안부' 피해자들은 전쟁이 끝나고 반세기 동안이나 자신을 드러내고 나올 수 없었던 것입니다. 그리고 정신대 피해자들에 대한 이해와 지원은 더더욱 없었으므로 한국 사회에서 자신들을 드러내지 못했으며, 피해자들 중에는 가족에게마저 숨긴 채로 재판을 받아야 하는 중압감에 시달렸던 것입니다. 이런 오해가 계속되도록 만든 진정한 책임은 일본 정부와 가해 기업에 있습니다. 전쟁이 끝난 뒤 여자근로정신대와 일본군 '위안부'에 관한 자료 공개와 진상 규명에 무관심했으며, 재판이 시작된 후에도 자료 공개를 요구했지만 여전히 계속 거부하고 있기 때문입니다.

정신대 원고들 중에는 일본군 '위안부' 원고들의 아픔을 배려하여 "위안부로 오해받는 것이 싫은 게 아니고, 한국에서 정신대 피해를 전혀 이해받지 못하는 것이 화가 난다"(박so 할머니)고 발언하는 분도 있었습니다.

항소심 판결을 위한 노력

2000년 8월 21일에 열린 제7차 구두 변론에는 정신대문제대책협의회 윤정옥 대표의 증인 신문과 일본군 '위안부' 원고 박두리 할머니, 이순덕 할머니, 여자근로정신대 원고 박so 할머니, 강yo 할머니, 이렇게 총 4명의 신문이 있었습니다. 이 재판이 재판소에서 원고들이 호소할 수 있는 마지막 기회였습니다.

윤정옥 선생의 증언 요지

윤정옥 선생는 다음과 같이 진술했습니다.

"1977년에 센다 가코千田夏光의《종군 위안부從軍慰安婦》를 읽은 것을 계기로 일본군 '위안부'에 관한 조사를 시작했습니다. 1990년에 처음 신고했던 피해자들은 비닐하우스와 다세대주택 지하방에서 극빈 생활을 하고 있었습니다. 그들에게 정대협에서 모금한 기부금으로 두 차례에 걸쳐 1인당 250만 원과 350만 원을 지원했습니다. 현재 피해자들은 정부와 지자체의 지원으로 안정된 생활을 하고 있습니다.

피해자들은 당시 군인에게 골반이 바스러지거나, 칼에 찔리는 폭력을 당했고, 그때 생긴 상처는 지금까지도 흉터로 남아 있습니다. 중국으로 끌려갔던 홍강림 할머니의 경우는, 발육이 불량하다는 이유로 메스로 국부를 찢긴 채 치료도 받지 못했습니다. 이렇게 피해자들은 인간의 존엄을 일방적으로 훼손당했습니다. 지금 일본 정부가 하고 있는 방법은, 즉 국민에게서 모금한 돈만 들이미는 방법은 피해자들에게 더더욱 굴욕을 안기는 것입니다. 피해자들의 짓밟힌 인권을 회복시키기 위해서는 일본 정부의 정식 사죄가 중요합니다."

도쿄아사이토 공장에 끌려간 강yo 할머니

강yo 할머니는 구두 변론에서 이렇게 호소했습니다.

"학교 선생님과 나라에 속아 배신당한 분노는 가족 말고는 아무에게도 말할 수 없었습니다. 지진이나 공습당하는 꿈을 꾸면 벌떡 일어나 한참 동안 마음이 뒤숭숭해서 잠을 잘 수가 없습니다. 지금은 일본에 와서 많은 사람들에게 털어놓을 수 있어서 그나마 속이 좀 후련합니다. 한국 여성들이 나 같은 피해를 두 번 다시 당하지 않도록 다 같이 노력해야 한다고 생각합니다. 공장도 나쁘고, 일본 정부는 더 나쁩니다. 하루라도 빨리 일한 노력의 대가, 고생한 대가를 지불해 주세요."

다른 3명의 원고도 저마다 구두 변론을 하고, 마지막에 이렇게 호소했습니다.

"사죄하세요. 무릎 꿇고 우리에게 사죄하세요. 배상하세요."

한편 우리 시민들은 고등재판소 판결이 나오기 1년여 전부터 '공정한 판결'을 기대하는 한일 양국 시민의 염원을 재판관들에게 전하기 위해 서명운동에 들어갔습니다. 양금덕 할머니와 이금주 회장은 불과 몇 개월 만에 약 3만 개의 서명을 받았습니다. 두 분은 광주시에 있는 학교를 뛰어다니며 선생님과 학생들, 나아가 시민들에게까지 적극적으로 서명을 받은 것입니다. 이런 성과는 우리에게 큰 자극이 되었습니다. 히로시마에서, 후쿠오카에서 그리고 서울과 대구에서도 한일 양국의 시민들이 추위도 아랑곳하지 않고 길거리로 나갔습니다. 게다가 시민 단체와 교직원조합들도 힘을 보태 준 덕분에 총 15만 8,009명의 뜨거운 마음이 담긴 서명을 모을 수 있었습니다.

또 판결이 나오기 4개월 전에는 히로시마 원폭 돔 앞에서 재판에 대한 관심을 호소하는 집회를 열었습니다. 후쿠야마福山의 지원모임 회원들이 만든, 원고들의 모습이 담긴 종이 인형을 손에 들고 "히로시마 고등재판소는 원고들이 원하는 바를 받아들여라!", "1심 판결을 후퇴시키지 마라!"라는 구호를 외치며 재판소까지 행진하고, 재판관들 앞으로 서명 용지를 첨부한 편지를 제출했습니다.

히로시마 고등재판소 판결에서 패소

2001년 3월 29일, 마침내 판결의 날을 맞았습니다. 7명의 원고가 일본에 왔고, 방청 희망자가 250명이나 몰려 재판소는 북새통을 이뤘습니다. 멀게는 한국과 도쿄에서 온 활동가의 얼굴도 볼 수 있었고, 재판소 앞과 복도에는 방청을 원하는 시민들로 넘쳐 났습니다. 드디어 개정開廷이 되었습니다. 앞선 재판에서는 재일한국인 일본군 '위안부'인 송신도 할머니와 필리핀인 일본군 '위안부' 할머니가 도쿄 고등재판소에서 이미 패소했고, 사흘 전에 있었던 도쿄 지방재판소의 일본군 '위안부' 원고 3명을 포함한 한국의 유족회 재판에서도 패소 판결이 났습니다. 전국의 일본군 '위안부' 재판을 지원하는 시민들이 유일하게 승소한 관부재판에 거는 기대는 굉장했습니다. 그러한 뜨거운 기대와 불안 속에서 판결이 언도되었습니다.

재판관들은 "1심 판결의 원고 승소 부분을 취소한다. 1심 원고의 부대항소(여자근로정신대의 소송)를 기각한다"라고 판결을 내리고 즉각 퇴정해 버렸습니다. "앗!" 하는 순간에 일어난 일이었습니다.

'1심 판결을 후퇴시키지 않겠다. 여자근로정신대에도 승소 판결을'이라고 염원했던 우리의 기대는 무참하게 깨지고 말았습니다. 원고들과 지원 활동가들의 분노는 하늘을 찔렀고, "재판관 나오세요. 당신의 아이가 똑같은 일을 당했다면 어떻게 할 겁니까!"라는 양금덕 할머니의 일성에 이어 원고들의 항의가 쏟아졌습니다. 원고들의 리더였던 박so 할머니는 거세게 항의하다가 긴장에 따른 과호흡으로 쓰러져 구급차로 실려 갔습니다. 병원에 옮겨져 진찰을 받기 직전까지 "나는 재판소에 가겠다. 보고 집회에도 가야 한다"라면서 재판에 대한 집념을 드러냈습니다.

다음은 그 후에 열린 보고 집회에서 나온 발언입니다.

야마모토 세이타 변호사는 이렇게 평가했습니다.

"아주 형편없는 판결입니다. 굳이 의미를 찾자면 '보상을 가능하게 하는 조치가 강구되지 않은 것에 불만을 품은 원고의 심정은 헤아리고도 남는다'라는 지적, 그리고 '한일청구권협정에 따라 이미 해결되었다'는 정부의 주장을 부정하고 청구권에 대해서는 '개별적, 구체적으로 재판소가 판단한다'라고 한 점입니다. (중략) 일본의 재판소가 얼마나 해결 능력이 없는지를 세계에 알리는 판결이었습니다. 원고들이 일본 재판소에 대한 기대를 저버리지 않으신다면 상고할 생각입니다."

박두리 할머니는 다음과 같이 토로했습니다.

"내 경험은 창피해서 남에게 말할 수 없었습니다. 이 재판을 위해서 나는 수없이 질문을 받았지요. 몇 명의 군인과 뭘 했습니까? 그에 대해서 사람들 앞에서 몇 번을 대답했는지 모릅니다. 내 주위에는 좋은 일본 사람이 많이 있습니다. 그러나 이 재판에서는 일본 사람을 이해할 수 없습니다. 재판장이 판결을 언도했을 때는 그 의미를 알 수가 없었습니다. 하나후사 씨가 가방을 내던지는 걸 보고서야, 다 끝났구나 싶었습니다. 졌다고 생각했을 때는, 심장이 멎는 것 같고, 눈앞이 깜깜해져서 아무것도 안 보였습니다…… 죽을 때까지 계속하렵니다."

박so 할머니도 분노하며 항의했습니다.

"우리는 일본 정부를 보고 살아온 게 아니라 내 팔자로 살아왔습니다. 어릴 때 강제로 끌려가 시키는 일을 하다가 몸까지 망가졌고, 그게 또 혼인할 때는 흠이 되더군요. 일본은 우리를 끌고 가서 돈도 주지 않았고, 남의 나라 어린애를 끌고 간 것에 대해 몇십 년이 지나도록 반성하지 않았습니다. 오늘은 이유도 없이 기각당했지만, 우리를 지원해 주는 사람이 많이 있습니다. 그들은 사회 각 분야에서 활약하고 있을 텐데, 뭔가 느끼는 바가 있어서 우리를 지원해 주는 거라고 생각합니다.

일흔이 넘은 나이에 일본 재판소에 오는 것은 힘이 듭니다. 내가 여기에 오면 여러분에게 신세를 져야 해서 미안한 마음입니다. 8년 동안이나 우리를 지원해 주신 여러분, 변호사님들, (중략) 일본 정부가 당연히 해야 할 일을 해결하지 않고 눈감아 버린 것은 한국 사람을 무시한 처사라고 생각합니다. 어느 나라 기업이고 일을 시켰으면 임금을 지불하는 것이 마땅합니다. 지불하지 않으면 그건 도둑이지요. 판결한 이유도 말하지 않다니, 그건 우리를 무시한 처사입니다."

그렇게 항의가 계속 이어졌습니다.

우리 지원모임은 이때의 모습까지도 항의 성명문에 담았습니다. 성명문은 다음과 같습니다.

성명문

3월 29일 오후 2시부터 열린 관부재판 히로시마 항소심 판결에서, 가와나미 재판장은 "1심 피고(정부 측)의 본건 항소에 근거하여, 원심 판결주문 제1항을 파기한다"라고, 1심 시모노세키 판결의 '입법 부작위'에 근거하여 내린 전 '위안부' 원고 3인의 일부 승소를 파기했다. 더욱이 여자근로정신대 원고 7명의 청구도 모조리 기각했다. 판결주문 낭독과 퇴정까지는 채 1분도 걸리지 않았다.

남겨진 원고들은 변호인의 설명으로 전면 패소했음을 알고, '심장이 멎는' 것 같은 충격에 빠졌다(박두리 할머니). 원고들은 재판관 없는 법정에서 분하고 원통해서 외쳤다. "재판장은 나와서 설명하시오", "천황 폐하를 위해 열심히 일했는데, 이게 뭡니까?"라고 계속 소리치는 원고, 얼굴을 일그러뜨리고 있는 원고, 이를 악문 채 말없이 분을 참고 있는 원고……. 이윽고 근로정신대 시절의 후유증으로 PTSD를 앓고 있는 원고들이 잇따라 쓰러져 갔다. 원통함과 분노와 미안함으로 눈물을 흘리면서 원고들을 지켜보는 방청객들, 이윽고 밖에서 기다리던 지지자들이 몰려 들어와 원고들을 둘러싸고 판결에 항의하며 구호를 외쳤고, 그 소리가 재판소를 뒤흔들었다.

그리고 그 조잡한 판결문은 뭐란 말인가. 1심 판결을 관통했던 심각한 피해와 오랜 시간에 걸쳐 고독을 견뎌 온 일본군 '위안부' 원고에 대한 깊은 공감이 완전히 결여됐다. 헌법의 수호자로서 고뇌와

히로시마 고등재판소의 부당한 판결에 항의하는 원고와 지원자들(히로시마 고등재판소 앞, 2001년 3월 29일).

긍지로 가득했던 1심 판결의 향기도 완전히 사라졌다.

1985년 최고재판소 판결을 그대로 답습하여, '의회제 민주주의에서는 국회의원의 입법 부작위는 법적 규제를 받지 않는다. 그 예외는, 쉽게 상정하기 어려운, 누가 봐도 헌법의 문언에 반하는 법률을 만드는 경우뿐'이라는 점을 내세워 형식적 삼권 분립으로 도피하였으며, 실질적으로는 행정에 영합하는 판결을 내렸다. 더욱이 시모노세키 판결이 다음과 같은 기록을 남겨, 전쟁 중은 물론 전후까지도 일관되게 자행되고 있는 국회의 민족 차별을 엄중히 규탄했음에도 전혀 그에 부응하지 않았다. "일본국 헌법은, 다수결 원리에 입각한 의회제 민주주의가 다수가 소수에게 폭정을 가한 것에 대한 깊은 반성에서 기본적인 인권 존중을 근원적 가치에 두고 그것을 실현하기 위해 재판소에 법령 심사권을 부여했다". 하지만 재판부는 비열하게도 침묵하고 있다. 판결문은 '인권의 보루'로서의 사법부가 스스로 죽음을 택한 것이며, 소관료주의小官僚主義가 발호하는 참담한 현상을 국내외에 드러낸 것이다. 판결문을 낭독한 재판관으로 인해 정부 측이 주장하는 "한일기본조약으로 이미 해결됐다"는 주장은 인정할 수 없을 정도로 비상식적인 것임을 확인하게 된 것이다.

4월 12일, 원고들은 "죽어도 재판을 계속하겠다"고 결의하고 최고재판소에 상고했다. 8년 동안 재판을 진행해 오면서 원고들 중 일부를 먼저 떠나보낸 상황에서 패소 판결을 받으니 더욱 분노가 치민다.

'시모노세키 판결의 정신을 살리고, 그 한계를 극복하는 것'을 목표로 3년 동안 항소심에 대응해 온 우리는 예상치 못한 최악의 판결에 분노와 깊은 상실감에 사로잡혔다. 그렇다면, 입법부에 배상 입법을 명한 시모노세키 판결은 죽은 것일까? 답은 '아니다'이다.

시모노세키 판결을 진지하게 받아들인 국회의원들이 나서 '국립국회도서관법 일부를 개정하는 법률안'(진상 규명 법안)과 '전시성적 강제 피해자문제의 해결촉진에 관한 법안'이 의원 입법으로 상정되었다.

시모노세키 판결을 살리는 것도 죽이는 것도 재판을 지원하는 우리들과 국회의원의 입법 운동의 성패에 달렸다. 우리는 향후 입법 운동에 전력투구할 각오이다. 그리고 여자근로정신대 문제 해결을 위해서 기업을 상대로 하는 투쟁과 강제 노동 보상 법안 작성도 서

두르지 않으면 안 된다. 원고들이 상고를 결의하면서 내미는 화해의 손을 우리는 반드시 잡아 줘야 한다.

관부재판을 지원하는 히로시마 연락회

관부재판을 지원하는 후쿠야마 연락회

관부재판을 지원하는 현북県北 연락회

전후 책임을 묻는다 · 관부재판을 지원모임

·······················

최고재판소는 서류 심사뿐이므로, 최고재판소 판례에 따라 히로시마 고등재판소 판결을 뒤집는 판결은 아예 기대할 수 없는 상황이었습니다. 구두 변론을 기본으로 하면서 피해자와 변호인, 지원 활동가들이 법정에 모여 함께 싸우는 재판 전쟁은 실질적으로 종료된 것입니다.

그 후로 일본군 '위안부' 피해자들과는 입법 운동으로, 여자근로정신대 피해자들과는 기업을 상대로 '미지급 임금 지급'을 중심으로 사죄와 배상을 청구한 제2차 후지코시 소송(도야마 지방재판소)에 함께하게 되었습니다.

최고재판소에 상고, 그리고 기각

돌아가신 하순녀 할머니의 유족을 포함한 원고 전원이 최고재판소에 제소하고 2년이 지난 2003년 3월 25일, 변호인은 최고재판소에서 보낸 기각 결정 통지문을 받았습니다.

6월 14일, 나는 재판의 최종 결과를 원고들에게 알리기 위해 후쿠오카, 히로시마, 후쿠야마의 지원모임 회원 15명과 함께 한국으로 날아갔습니다. 우리는 7명의 원고와 이금주 광주유족회 회장님과 함께 천안 근처 온양온천에서 1박 2일을 보냈습니다. 안타깝게도 지병으로 몸을 움직일 수 없는 정su 할머니, 건강이 좋지 않은 박두리 할머니는 함께하지 못했습니다.

우리는 원고들에게 최고재판소의 상고가 기각됐음을 알리면서 이기지 못한 것을 사죄하고, 입법 운동과 기업을 상대로 하는 재판에서 열심히 하겠다고 다짐했습니다. 원고들은 크게 상심하면서도 한편으로는 지원하는 우리에게 감사의 마음을 전했습니다. 그날 밤은 함께 온천욕과 식사를 하고, 노래방에서 신나게 노래를 부르고 시름을 달래며 즐거운 시간을 보냈습니다.

제2차
후지코시 소송

2000년 7월 11일, 최고재판소에서 제1차 후지코시 소송의 화해가 이뤄졌습니다.

1992년 9월 30일, 후지코시에서 강제 노동을 했던 여자근로정신대 2명과 강제징용 노동자 1명은 도야마 지방재판소에 후지코시를 상대로 소송을 제기했습니다. 1심과 2심에서는 공소 시효 만료(사건 발생 후 5년 이상 경과하면 법률적인 소송을 할 수 없음)로 패소했습니다. 이때 원고들을 이끈 사람이 바로 강원도태평양전쟁희생자유족회 김경석 회장입니다. 김 회장은 1942년 일본강관日本鋼管에 강제동원되어 파업을 주도했다는 죄목으로 고문을 당했고, 그 후유증으로 평생 오른쪽 어깨 관절에 장애를 안고 살아왔습니다. 김 회장은 그것에 대한 피해 배상을 청구하여 1991년에 도쿄 지방재판소에서 패소 판결을 받았습니다. 변호인 없이 본인이 직접 소송을 시작했지만 도쿄 시민들과 학자와 변호사, 노조 등의 지원의 고리가 확산되면서 도쿄 고등재판소에서 410만 엔으로 화해가 이루어진 팽팽한 싸움이었습니다.

제1차 후지코시 소송에서 화해가 성립된 배경은 1990년에 미국 캘리포니아주 의회에서 헤이든 의원이 발의한 법안(헤이든법)이 제정되면서 캘리포니아주에서 독일과 일본의 강제 노동 피해자에 대한 공소시효가 철폐됨으로써 2010년까지 제소할 수 있게 된 것입니다.

2000년 3월 13일, 일본을 방문한 김경석 씨는 기자회견에서 미국 캘리포니아주 법원에 제소하겠다는 의향을 밝혔습니다. 미국의 민사 소송에서는 한 번 언도된 판결이 동종의 재판을 구속합니다. 혹은 개인 원고가 같은 소송을 제기하는 그룹 전체를 대표하는 집단소송class action에서는 이 소송을 당한 기업 측이 패하면 전쟁 중의 강제 노동 피해자인 여자근로정신대, 강제징용 노동자 전원에 대한 배상을 책임질 가능성이 있습니다. 이에 위기감을 느낀 후지코시 기업이 화해 협상에 응하여 7월 11일 최고재판소에서 화해하게 된 것입니다.

화해의 내용은, 원고 3명과 미국 법원 제소에 추가로 참여할 예정이었던 4명을 포함하여 총 7명의 피해자와 강원도태평양전쟁희생자유족회 김경석 대표에게 총 3천만~4천만 엔의 합의금을 지급할 것, 전쟁 중 노동에 대한 감사의 표시로 회사 구내에 기념비를 설립할 것 등이었습니다. 이 재판이 진행되는 중에 도야마 시민들도 주주총회에서 피해자들의 피해 사실을 알리는가 하면, 공장 정문 앞에서 항의 행동을 하고, 단식 투쟁을 하는 다양한 방법으로 강력하게 투쟁을 지원했습니다.

제1차 후지코시 소송에서 승리하자, 새롭게 여자근로정신대 피해자들이 강원도태평양전쟁희생자유족회에 신고해 왔으므로 제2차 후지코시 소송 준비가 시작됐습니다. 이 재판에 관부재판의 여자근로정신대 원고 3명과 이금주 광주유족회 회장이 지원을 부탁한 김정주 할머니를 포함한 3명, 총 6명이 새롭게 합류하게 되었습니다.

헤이든법과 샌프란시스코강화조약

헤이든법을 근거로 유대계 단체가 독일의 지멘스와 폭스바겐 등의 기업을 상대로 제소한 데 이어, 전 미군 포로들이 미쓰이광산三井鑛山 등 일본계 기업을 잇따라 제소했습니다. 헤이든법과 같은 취지의 법안이 미국 각 주에서 가결되면서 제소가 미국 전역으로 확산되었고, 원고 집단은 수십만 명을 웃돌았습니다. 일본에서 기업을 상대로 한 재판에서 패소했던 피해자들도 다시 제소했습니다. 이러한 사태에 야나이 슌지 주미 일본 대사는 "샌프란시스코강화조약[10] 제14조와 제19조에서 이미 해결된 사안으로 집단소송의 법적 근거가 없다"라는 주장을 펼쳤습니다.

2000년 9월과 12월의 샌프란시스코 연방 지방법원은 전 미군과 연합국 병사들이 제기한 소송을 "샌프란시스코강화조약에 따라 이미 매듭지어졌다"는 취지로 기각했습니다. 이 판결 후, 앞서 기술한 11월 10일

---

10. 일본과 연합국 간의 태평양전쟁 희생에 관한 배상을 상호 포기하고 새로운 국교를 회복한 조약.-옮긴이.

관부재판 항소심 제8차 구두 변론에서 일본 정부 측은 "한일기본조약
및 한일청구권협정에서 이미 해결됐다"는 법적 주장을 펼친 것입니다.
그리고 이후의 모든 전후 보상 재판에서 "한일기본조약 및 동 협정에
따라 법적으로 이미 해결됐다"는 주장으로 버티게 됩니다.

미국의 사법부 대리인은 "캘리포니아 주법 자체가 미합중국 헌법에
위반되며, 미국과 일본, 한국, 중국, 필리핀의 국제 관계를 파괴하는 것"
이라고 언급했습니다. 클린턴 정권의 정부 의견서에는 "샌프란시스코
강화조약은 중국과 한국의 배상 문제에 대해서는 양국 간 조약으로
해결하도록 요청했으며 일본은 그것을 완수했다", "이러한 각 조약의
틀이 붕괴될 경우, 일본과 미국 및 타국과의 관계에서 중대한 결과를
초래한다"라고 명기되어 있습니다.

2003년 1월 21일, 샌프란시스코 연방 고등법원은 "미합중국 헌법은
연방 정부에만 외교권을 부여하고, 헤이든법은 헌법 위반"으로 규정하
고 일본 기업에 대한 집단소송 28건을 모두 기각했습니다. 2006년 2월
21일, 미국 연방 대법원은 각하 의견으로 최종 판결을 내렸습니다.

결국, 미국 정부가 이 헤이든법에 대해 '미국 주도의 전후 동아시아
체제는 곧 샌프란시스코강화조약 체제'라는 것을 위협하는 것으로 인
식하고 폐기를 요구한 것입니다. 제2차세계대전이 끝난 후, 세계의 경
찰국가로서 그 어느 나라보다 많은 전쟁을 치러 온 미국에서는 국가
와 국가 간의 조약을 초월한, 피해자 개인의 배상 청구권을 인정하는
논의는 절대 불가능했던 것입니다.

그 후로 일본 정부는 그동안 "샌프란시스코강화조약, 그 후의 각국

과 맺은 양국 간 조약에서 개인 청구권은 소멸하지 않는다"라고 해 왔던 주장을 뒤집고, "한일기본조약, 중일공동성명에서의 개인 청구권도 법적으로 소멸했다"라고 전후 보상 재판에서 취했던 입장으로 되돌아갔으며, 이에 재판소도 정부 측 입장에 추종했던 것입니다. 2018년 한국의 대법원에서 강제징용 피해자에게 원고 승소 판결을 내린 것에 대해 아베 총리가 "국제법의 상식에 반한다"고 물고 늘어진 것도 '미국 재판이 곧 국제법'이라는 미국 추종의 근성을 여실히 보여 준 것입니다.

제2차 후지코시 투쟁 개시

제2차 후지코시 소송은 히로시마 고등재판소 판결로부터 2년 후인 2003년 4월 1일, 원고 23명의 제소로 시작됐습니다. 그 2년 동안, 원고 피해자들은 후지코시 도쿄 본사 빌딩과 도야마 공장에 면담을 요청하여 "제1차 재판 원고의 화해와 동등한 대응을 해 줄 것"을 요구했습니다.

후지코시는 헤이든법에 근거하여 진행된 재판이 샌프란시스코 연방지방법원에서 패소하자 태도가 돌변하여 화해로 통하는 문의 빗장을 닫아 버렸습니다.

2001년 10월 28일, 한국에서 박so 할머니와 김정주 할머니 등 6명이 김경석 씨와 함께 일본을 방문했습니다. 나도 그들과 동행하여 도쿄 시내 하마마쓰초에 위치한 본사를 찾아가 협상을 요청했으나 "이 문제는 도야마 쪽에서 취급합니다. 우리는 아무것도 듣지 못했습니다"

라는 말만 되풀이하며 차 대접은 고사하고 잠시 앉을 자리도 내주지 않았습니다.

이튿날, 도야마에 있는 후지코시 공장에 찾아가 미지급 임금 지급에 대한 협상을 요청했지만 정면 현관은 철책으로 방어벽이 쳐져 있었고, 그 뒤로 10여 명의 건장한 경비들이 무표정하게 가로막고 서 있었습니다.

"작년에 최고재판소에서 이미 해결했습니다."

경비 책임자는 이렇게 말하면서 들여보내 주지 않았습니다.

"작년에 화해한 건 7명뿐이고, 그 이외에 다시 46명이 한국에서 나섰소. 아직 해결되지 않았습니다."

후지코시 본사의 닫힌 정문 앞에서 전 직원임을 나타내는 서류를 보여 주며 항의하는 유찬이 할머니 (2002년 7월 8일).

우리는 이유를 설명하고 안으로 들어가려고 했지만 그들은 완강했습니다. 성미 드센 할머니들이 1.5미터쯤 되는 높은 철책을 기어 올라가 구내 진입을 시도하자 경비들이 무력으로 막았습니다. 그 틈을 타서 한 명 한 명 구내로 진입했습니다. 할머니들은 소리치며 경비들과 격렬하게 몸싸움을 벌였습니다.

"우리는 당신들 선배입니다. 당신들도 회사에서 임금을 받고 있지 않습니까! 우리는 미지급 임금을 달라고 만나러 왔는데 왜 방해를 하는 겁니까?"

그 와중에 문밖에서 목소리를 쥐어짜며 항의하던 박so 할머니는 낯빛이 창백해지더니 결국 과호흡으로 쓰러졌습니다. 구급차를 불러 병원으로 옮기려고 했지만, 할머니는 철책에 매달려 "분하다, 여기서 죽으련다. 여기서 죽겠다!"라고 소리치다가 끝내 정신을 잃고 말았습니다. 피해자들이 잇따라 힘에 부쳐 쓰러졌기 때문에 구급차를 불러 병원으로 옮겨야 했습니다.

몸싸움이 시작되고 1시간 남짓, 우리는 기진맥진해서 주저앉은 할머니들을 설득했습니다.

"이제 그만하시지요. 할머님들이 더는 상처받지 않으셨으면 좋겠습니다. 밖으로 나가서 기자들에게 호소해 보는 게 어떻겠습니까?"

김정주 할머니가 울분을 참지 못하고 눈물을 흘리며 고개를 끄덕였습니다.

할머니들은 취재 온 기자들에게 연이어 호소했습니다.

"우리는 56년 만에 후지코시에 왔습니다. 억울함과 희망, 그리고 불안을 안고 한국에서 도야마로 왔습니다. 사장을 만나서 미지급된 임금을 달라고 요구할 생각이었습니다. 사장이 바쁘다면 비서라도 만나고 싶었습니다. 우리의 희망은 산산이 부서졌습니다. 평화적으로 이야기할 수 있었다면 이런 소동은 일으키지 않았습니다. 왜 후지코시는 어린 소녀가 일한 임금을 주지 않는 것입니까?"

기자회견 도중, 김정주 할머니는 급기야 쓰러져서 구급차에 실려 병원으로 옮겨졌습니다.

할머니들은 일본 방문 일주일 만에 관부페리를 타고 한국으로 돌아갔습니다. 후지코시의 몰인정한 대응으로 심신에 상처 입었을 것을 생각하니 가슴이 저렸습니다. 돌이켜 보면, 정말 멋진 분들이었습니다. 새벽 5시에 일어나 배낭 가득 챙겨 온 김치와 반찬으로 손수 아침 식사를 챙기는가 하면, 구수한 입담으로 이야기를 풀어내거나 구성진 노랫가락을 뽑아내는 에너지 넘치는 분들이었습니다. 할머니들은 고된 여행을 소화하며 도쿄와 도야마에서 기업을 상대로 과감히 싸웠습니다. "미지급 임금을 돌려 달라"는 소박한 요구에는, 아마도 자신들이 해방 전에 겪은 배신과 해방 후에도 계속된 굴욕의 삶을 살아오는 동안 잃었던 자긍심을 회복하려는 간절함 바람도 담겼을 것입니다.

이후로 후지코시 공장이 있는 도야마시에서 시민들이 지원 체제를 강화하여 피해자들과 함께 후지코시 공장 규탄 투쟁을 계속해 나갔습니다. 한편으로는 20여 명의 대규모 변호인단을 꾸려 꼼꼼하고 열심히 사전 조사를 실시하고 마침내 2003년 4월 1일, 후지코시 주식회사와 일본 정부를 도야마 지방재판소에 제소합니다.

정부 측은 "한일청구권협정에서 이미 법적으로 해결되었다"는 주장으로 맞서는 상황이라, 어려운 싸움이 시작된 것입니다.

박so, 박su, 유찬이, 김정주, 나fa, 성su 원고가 의견 진술과 본인 신문을 위해 일본에 왔고, 후쿠오카, 히로시마의 각 지원모임과 교류회를 가졌습니다. 또한 함께 도야마 재판에 참석하여 자신들이 입은 피해를 주장하고, 후지코시 주식회사에 가서 항의하고, 주주총회에 참석하여 회사의 부당한 처사를 폭로하면서 사죄와 배상을 요구하는 활동을 해 왔습니다.

재판에서 연달아 패소 판결

마침내 2007년 9월 19일, 판결의 날이 왔습니다. 이날 재판 참석을 위해 일본에 온 원고는 23명 중 6명으로, 많은 분들이 고령으로 심신이 쇠약하여 참석하지 못했습니다.

재판에서는 다음과 같은 이유로 기각 판결이 내려졌습니다.

"원고들은 샌프란시스코강화조약과 한일청구권협정에 따라 재판을 제기할 권능을 소멸당했다. 즉 샌프란시스코강화조약은 일본과 연합국 48개국 간의 전쟁 상태를 종료시키고, 미래를 향해 흔들림 없는 우호 관계를 구축하기 위해 쌍방의 나라와 국민의 청구권을 포기하도록 했다. 이는 곧 강화조약의 목적 달성에 방해되는 피해자의 민사재판에 관한 권리 행사를 차단한 것이다. 한일조약도 이러한 틀 안에서 이뤄진 것으로, 실체적인 청구권을 소멸시켰다는 의미까지는 아니지만 재판상 청구할 권능이 소멸된 것이다."

한편, 사실 인정에서는 일본 국가와 후지코시강재주식회사의 불법 행위를 다음과 같이 인정했습니다.

"본건의 근로정신대들은 권유자의 위망(僞望) 또는 협박으로 근로정신대에 참여한 것이 인정되며 강제 연행됐다고 보아야 한다", "본건 공장에서의 노동은 동인(同人)들의 연령에 비해 가혹한 것이며, 이에 대한 임금이 지불되지 않았던 점, 기숙사에서의 생활도 전시 중이라고는 하나 충분한 식사가 제공되지 않았고, 위생 환경도 양호했다고는 볼 수 없으며, 외출이 제한되고, 편지도 검열당했다…… 이것은 강제 노동이었다고 봐야 한다".

실체적인 청구권이 있다는 것과 국가와 기업의 불법행위가 있었음을 인정하면서도 '심판할 수 없다'는, 재판소의 존재 의의마저 의심케 하는 판결이었습니다. 원고들의 분노는 하늘을 찔렀습니다. 기자회견이 끝난 후, 지원모임 회원들과 함께 후지코시 공장으로 몰려갔습니다. 경비원들의 저지를 뚫고 회사 본부를 향해 밀치락달치락하며 한 발 한 발 압박해 들어갔습니다. 날이 저물고 조명도 꺼졌습니다. 경비 담당자가 "경찰을 부르겠다"고 협박하자 원고들은 소리 높여 "여기 있는 월급 도둑을 잡게 해 달라"며 물러서지 않았습니다. 이런 교착 상태가 계속되자 결국 경찰이 개입했고, 밤에 집회가 예정되어 있어서 물러나기로 했습니다.

그 후 나고야 고등재판소 가나자와 지부 재판, 최고재판소 재판(2011년 10월 24일)에서 연이어 패소 판결이 났습니다. '한일청구권협정으로 이미 해결'론의 벽은 높았습니다.

한편, 2012년 5월 11일, 한국 대법원은 미쓰비시 강제징용 피해자 소송에서 원고 패소의 1심 2심 판결을 파기하고, 고등법원으로 환송해 획기적으로 원고 승소 판결을 내립니다. 2013년 2월 14일, 후지코시를 상대로 소송을 제기했던 원고들도 서울 지방법원에 제소하여 이듬해 2014년 10월 30일에 마침내 승소합니다. 일본 제소 후 무려 22년이나 지났습니다. 그리고 2019년 1월 18일, 서울 고등법원에서 승소하여 3월 26일에 한국 내 후지코시 자산을 압류하고, 5월 1일에는 한국 내 자산 매각 명령을 신청했습니다. 안타깝게도 원고 6명 중 박so 할머니, 성s 할머니, 유찬이 할머니, 박su 할머니는 한을 풀지 못한 채로 이미 돌아가셨습니다. 그동안 원고들과 많은 지원 활동가들이 상처받으며 눈물로 투쟁한 결과, 마침내 정의가 이뤄지려 하고 있는 것입니다. 특별히 재판과 후지코시를 상대로 투쟁하는 동안, 후지코시 기업이 위치해 있는 도야마 현지에서는 '후지코시 강제 연행·강제 노동 소송을 지원하는 호쿠리쿠 연락회' 시민들이 헌신적으로 지원해 줬습니다.

광주시에 있는 '근로정신대 할머니와 함께하는 시민모임'(2009년 결성)도 원고들의 재판을 지원했습니다. 이 단체는 일본을 방문하여 호쿠리쿠 연락회 시민들과 함께 제2차 후지코시 소송을 지원하고, 기업에 대한 처벌을 요구하는 투쟁 활동을 펼쳐 왔습니다.

2012년 3월에 동 시민모임의 활동으로 '광주시 일제강점기 여자근로정신대 피해자 지원 조례'가 의결되어, 같은 해 7월, 광주시 거주 18명의 피해자에게 생활비 지원과 의료 지원, 사망 시 장례비 등을 지원되게 되었습니다. 광주시에서 시작된 근로정신대 지원 조례는 전라남도, 서울시, 경기도, 인천시, 전라북도로 확산되어 나갔습니다. 관부재판 원고로 광주시에 거주하는 양금덕 할머니는 "이 조례가 생긴 후로 가 슴의 분노가 반은 사라졌어요. 소중한 사람으로 대우해 줘서 기쁘고 고맙습니다"라고 말했습니다(2017년 1월 10일자 《한겨레신문》).

이렇게 지자체의 지원 조례가 제정됨으로써, 해방 후 한국 사회에서 근로정신대였다는 사실을 숨기고 살아야 했던 원고들이 "숨기지 않아 도 된다"(동 《한겨레신문》)는 심리적 안정을 마침내 얻어 가고 있는 것입 니다.

3부

새로운 싸움

역사의 진실을 회피하지 않고
교훈으로 삼기 위해서

'여성을 위한 아시아평화 국민기금'과의 분쟁

1992년 한국을 방문한 미야자와 총리는 노태우 대통령에게 일본군 '위안부' 문제에 관한 진상 규명을 요청받고, 1993년 8월 4일 고노 관방장관의 담화를 발표합니다. 그 내용은 앞서 언급했듯이 관부재판 1심 판결의 요지에서 소개한 바와 같습니다.

이듬해인 1994년 6월, 장기 집권 중이던 자민당과 사회당이 연립내각을 구성하면서 사회당 대표인 무라야마 도미이치村山富市 씨가 총리가 됩니다. 평소 평화와 인권을 중시했던 무라야마 씨는 총리가 되기 전에는 전후 보상을 열심히 주장해 왔습니다. 하지만 정권을 잡기 위해서는 종래 일본 정부가 주장한 "전후 보상 문제는 양국 간에 체결한 한일기본조약에서 이미 해결됐다"는 입장을 답습해야 했습니다. 그러나 그 입장만을 고수한다면 문제가 해결되지 않음을 무라야마 총리는 잘 알고 있었습니다. 이에 민간에서 돈을 모금하여 피해자에게 전달하고 사죄하는, 이른바 민간 기금 구상을 8월 말에 내놓게 됩니다.

이 구상은 '여성을 위한 아시아평화국민기금'(이하 '국민기금')이란 명칭으로 1995년 7월, 재단 법인으로 발족되어 1년 동안 국민을 대상으로 모금 운동을 펼칩니다. 1996년 8월 13일부터 필리핀 피해자에게 민간에서 지급하는 '속죄금(쓰구나이킨償い金, '보상금'으로 번역할 수도 있다.-옮긴이)' 200만 엔과 정부에서 지급하는 의료 복지비 120만 엔, 총 320만 엔을 전달합니다. 이듬해엔 한국과 대만의 피해자에게 민간 '보상금'과 일본 정부가 지급하는 의료 복지비 300만 엔을 합한 총 500만 엔씩 지급했습니다.[11] 필리핀은 한국과 대만에 비해 물가가 낮기 때문에 낮게 책정되었습니다.

이에 대해 피해자는 물론 각국의 지원모임 회원들과 지원 단체는 맹렬히 반발했습니다. 이런 방식은 국가의 가해 책임을 애매하게 한다는 이유였습니다. 이 국민기금의 대상은 당시 피해 사실을 세상에 알린 한국과 대만, 필리핀 3개국 피해자들이며, 총 285명이 '속죄금(보상금)'과 일본 총리가 보낸 '사죄문'을 받았습니다. 중국과 북한 피해자들은 이 대상에 포함되지 않았습니다. 한국과 대만에서는 지원 단체가 자국 정부에 국민기금에 상당하는 돈을 피해자들에게 지급하도록 압력을 가하는 한편, 피해자들에게는 국민기금을 받지 않도록 설득했습

---

11. 피해자 가운데 희망자에게 지불되었으며, 한국에서는 60여 명이 받았다.

니다. 김대중 대통령은 "국민기금으로는 해결되지 않는다. 강제로 지급
하지 말라"고 일본 정부에 전했습니다. 그러나 '국민기금'은 한국과 대
만에 다음과 같이 신문 광고를 냈습니다.

"이것은 사죄하기 위한 돈입니다. 국민기금 사무소로 전화해 주십시
오. 당신에게 돈을 보내 드리겠습니다."

이처럼 피해자에게 직접 접근하는 방법으로 나왔지만, 피해자의 과
반수는 수령을 거부했습니다.

민간 기금에 대한 반대 결의

사실 민간 기금 구상이 나왔을 때, 관부재판을 지원하는 모임과 일
본 내 전후 보상을 지원하는 운동 단체들은 크게 흔들렸습니다. 우리
모두 '이 민간 기금 구상이 국가의 가해 책임을 애매하게 하는 것'임은
알고 있었습니다. 그러나 재판 시작 당시, 피해자들의 경제적 상황은
몹시 심각했습니다. 아파도 병원에 갈 돈이 없을 정도로 쪼들렸습니다.
그래서 우리는 일단 일본군 '위안부' 원고들이 최소한 병원에라도 다닐
수 있도록 모금 운동을 시작했습니다. 동시에 망설여지기도 했습니다.

'우리가 펼치는 운동으로 국민기금을 대체할 국가 배상을 실현시킬
수 있을까. 어쩌면 이 국민기금이 피해자들이 돈을 받을 수 있는 유일
한 기회일 수도 있는데…… 그렇다면 이 일을 반대하는 게 잘하는 일
일까?'

우리가 국민기금에 반대하기로 결정한 것은 원고들의 생각을 알고

있었기 때문입니다. 1994년 8월 19일자《아사히신문》1면에 "전 위안부에게 '위로금(미마이킨見舞金)', 민간 모금으로 기금 구상, 정부는 사무 비용만, 직접 보상을 피한다"라는 기사가 춤추었습니다. 이 기사 내용을 광주유족회 이금주 회장이 이순덕 할머니에게 전하자, 할머니는 얼굴이 벌게지더니 갑자기 일본어로 고성을 지르는 것이었습니다. 때마침 이순덕 할머니는 다음 재판의 본인 신문을 대비한 사전 회의차 일본에 와서 우리 집에 머물고 있었습니다.

"나는 거지가 아냐! 여기저기서 모금한 돈을 내가 왜 받아! 그런 거지 같은 돈은 안 받아! 일본 정부가 확실하게 사죄하고, 내 앞에 와서 돈을 받아 달라고 하면, 그땐 기꺼이 받지"라고 했습니다.

동정해서 주는 돈은 필요 없다는 서슬 퍼런 분노였습니다.

민간 기금 구상에 항의하는 행진(후쿠오카시 덴진, 1994년 9월 4일).

우리는 이금주 회장과 의논하여 이튿날 기자회견을 열기로 했습니다. 그 기자회견이 끝나고, 대기실에 나와 단둘이 있게 되자 이순덕 할머니는 중얼거리듯 말했습니다.

"허나, 살아 있을 때 돈이 필요하지. 죽고 나선 아무짝에도 소용없어."

그 후 관부재판 정례 모임에서 약 5시간의 격렬한 토론을 벌인 끝에 민간 기금에 반대하기로 결의했습니다. '민간 기금은 피해자들의 자존심을 회복시키기는커녕 다시금 상처를 준다'는 의견이 모아졌기 때문입니다. 9월 4일, 제6차 구두 변론의 의견 진술을 위해 재차 후쿠오카를 방문한 이순덕 할머니와 이금주 회장, 그리고 김문숙 회장과 함께 약 80여 명의 시민이 참여하여 무라야마 정권의 민간 기금 구상에 반대하는 시위를 벌였습니다.

일본군 '위안부'들이 세상으로 나온 두 가지 배경

그때부터 나는 '피해자들이 왜 이렇게 분노할까'라는 물음을 갖게 됐습니다. 그 답을 찾기 위해 성폭력을 당한 피해자들의 수기며 페미니즘 관련 도서를 찾아 읽었습니다. 그 책들을 읽으면서 피해자들에 대해 다시 생각해 봤습니다.

원고들이 재판에 참석하기 위해 일본에 올 때마다, 나는 되도록 할머니들을 우리 집과 공동대표의 교회로 모셔 숙박하도록 했습니다. 호텔에 묵을 금전적 여유도 없었을뿐더러 왠지 호텔에 숙박하면 무료하실 것 같다는 생각에서였습니다. 우리는 부부가 함께 재판 지원 활동을 하고 아이도 없기 때문에 원고들을 집에 모실 여건이 되었습니다. 재판은 대체로 3개월에 한 번씩 있었고, 그때마다 원고들이 일본에 옵니다. 원고들은 지원모임 회원들과 함께 식사를 하고 간단히 술도 마시며 노래와 춤으로 즐기다가 이튿날 또 함께 재판에 참석하곤 했습니다. 언젠가 함께 식사를 마치고 회원들이 다 돌아간 뒤에 할머니 한 분이 이렇게 중얼거리는 것이었습니다.

"전쟁 때는 참 고달팠지. 그런데 전쟁이 끝나고는 더 고달팠어."

"전쟁이 끝나고는 더 고달팠어"라는 말의 의미를, 나는 피해자들의 증언이 담긴 책을 읽으면서 그제야 이해하게 됐습니다. 그들은 한국에서도 필리핀에서도 '더러운 여자' '일본 군인의 성노리개였던 민족의 치욕스러운 여자'라고 경멸하는 분위기 속에서 살아왔던 것입니다. 필리핀 최초로 일본군 '위안부' 피해 사실을 세상에 알린 로사 헨슨 씨는 "내 자신이 수치스러워서 땅을 파고 그 속에 얼굴을 묻고 살아온 것 같은 반생이었다"고 고백합니다. 그들은 자신들이 일본군 '위안부'였다는 것을 수치스러워하며 오로지 숨기고만 살아왔던 것입니다. 결혼하지 못한 여성도 많습니다. 혹은 고국으로 돌아갈 수조차 없어서 중국 대륙에 눌러앉은 피해자도 있었습니다. 이런 일본군 '위안부' 피해자들이 자신이 당한 피해를 세상에 드러내게 된 데는 두 가지 배경이 있습니다.

1980년대의 한국은 민주화운동 과정에서 여성 인권을 중요시하고 차별을 철폐해 나가려는 다양한 시도와 기독교 여성 단체가 기생 관광에 반대하는 운동을 확산시켜 나가는 분위기였습니다. 더불어 윤정옥 선생의 정신대(일본군 '위안부') 연구에 자극받은 여성들이 일본 정부에 진상 규명과 사죄·배상·교육을 통해서 일본군 '위안부' 문제를 역사적 기억으로 전할 것을 요구했습니다. 그러나 일본 정부는 이런 요구에 "그것은 민간 업자가 끌고 가 생긴 일"이라는 주장을 펼치며 국가와 군의 책임을 은폐하기에 급급했습니다. 일본 정부의 대응에 한국의 여성 운동 단체는 크게 분노하며 강력하게 결집하여 정신대문제대책협의회(정대협)를 결성합니다. 이러한 움직임 속에서 김학순 할머니가 커밍아웃하자 잇따라 피해자들이 정대협과 유족회와 정부에 피해 신고를 하게 됩니다. "부끄러운 것은 가해국 일본 정부이지 당신들이 아니다. 피해 사실을 알리고 나와서 함께 싸우자!"라는 분위기가 확산되자 마침내 피해자들이 밖으로 나올 수 있었던 것입니다.

또 하나는, 해방 후 계속 고달픈 삶을 살아온 일본군 '위안부' 피해자들의 연령이 이미 70세 전후였고, 행상이나 가정부, 노점상 등의 일을 하기가 더는 힘들어졌던 것입니다. 게다가 노후를 의탁할 가족조차 만들 수 없었던 많은 피해자들은 빈곤과 고립 속에 방치되어 심각한 노후 불안에 시달리고 있었습니다. 우리는 이런 실상을 꿰뚫고 지원모임을 설립하여, 가장 먼저 병원 치료조차 받을 수 없는 빈곤한 원고들에게 의료 기부금을 전달했습니다.

이처럼 어려운 상황에 처한 피해자들이기에 비록 민간 기금일지라도 그 돈을 간절히 받고 싶었을 것입니다. 그러나 가해자인 일본 정부가 죄를 인정하고 진정한 사죄와 배상을 하지 않는다면, 피해자는 자신이 죄인 취급당해 온 과거에서 벗어나지 못하고, 자존감을 되찾을 수 없을 것입니다. 그것이 피해자들이 국민기금에 격렬히 반발했던 이유라고 생각합니다. 짓밟힌 자존감을 되찾고 싶다는 강한 의지의 표명인 것입니다.

민간 기금 구상에 대한 전국회의와 신문광고 게재

민간 기금 구상에 대해 어떻게 대응할 것인가. 그 문제를 논의하기 위한 전국회의가 10월에 도쿄에서 열렸습니다. 당시, 전후 보상 문제에 참여했던 전일본지자체노동조합(사회당의 지지 모체)과 '일본의 전쟁 책임을 확실히 하는 모임'이 민간 기금 구상을 지지하는 쪽으로 선회했습니다. '일본의 전쟁 책임을 확실히 하는 모임'은 구 일본군의 군인 군속과 그 유족, 전 일본군 '위안부' 등 총 40명이 원고인 '아시아태평양전쟁 한국인희생자보상청구권소송'을 지원하는 시민 단체입니다. 또 저명한 학자들이 국민기금을 추진하는 쪽으로 방향을 바꾸었습니다. 사회당 출신인 무라야마 정권의 제안을 거부하면 전후 보상 기회를 놓칠 수도 있다는 위구심이 강했던 것입니다. 나는 관부재판을 지원하는 모임 회원들의 전체 의사를 담아, 전국회의 참가자들에게 이순덕 할머니의 말을 전하면서 다음과 같이 반대 입장을 표명했습니다.

"민간 기금으로는 피해자의 자존감을 회복할 수 없다는 점을 분명히 해 두고 싶습니다. 그러나 빈곤 때문에 어쩔 수 없이 이 기금을 수령하는 피해자가 있을 것입니다. 혹여 그런 피해자들이 자신이 속한 사회에서 멸시당하는 사태가 발생하지 않을까 우려됩니다."

결국, 많은 전후 보상 관련 시민 단체들이 국민기금 구상에 대한 입장을 정하지 못한 채로 이날 회의를 마쳐야 했습니다.

이러다가 일본의 운동 단체는 혼란에 빠진 채 분열할 것이고, 그 경우 일본 정부에 유효한 반대 의사 표명도 하지 못한 채 국민기금을 상대하는 상황이 닥칠 수도 있다는 불안이 깊어졌습니다. 나는 관부재판을 지원하는 모임에 긴급회의를 소집하여 도쿄에서 있었던 회의 결과를 보고하고, 국민기금 구상에 반대하는 의견을 신문 광고에 낼 것

《마이니치신문每日新聞》에 게재한 국민기금의 반대 광고(1994년 11월 30일).

을 제안했습니다. 긴 논의 끝에 신문 광고를 내는 쪽으로 의견이 모아졌습니다. 《아사히신문》은 광고료가 1천만 엔 이상으로 비용이 만만찮았습니다. 다행히 《마이니치신문》 노동조합의 협조로 지면의 3분의 2 페이지에 600만 엔으로 전국지에 의견광고意見廣告를 내기로 했습니다. 광고비는 관부재판을 지원하는 모임에서 부담하고, 광고 문안은 도쿄의 전후 보상 관련 활동가가 정성껏 작성해 줬습니다. 그리하여 11월 28일부터 사흘간, 세 블록으로 나눈 일본 전역에 차례로 의견광고가 나갔습니다. "일본군이 범한 죄는 일본 정부가 속죄하기 바랍니다……우리는 '민간 기금'으로 주는 '위로금'이 아니라 일본 정부의 직접 사죄와 보상을 요구합니다……"라는 제목에 김학순 할머니와 이순덕 할머니 등 피해자들의 목소리를 담은 이 광고에, 전후 보상 관련 모든 시민운동 단체가 동참해 줬습니다(자료 1, 314~319쪽 참조).

그 후 후쿠오카와 시모노세키, 도쿄에서 민간 기금에 반대하는 서명운동과 시위, 집회를 진행했지만 일본 정부의 방침은 바뀌지 않았습니다. 결국 이듬해 1995년 7월에 '여성을 위한 아시아평화국민기금'이 설립되었습니다. 그리고 1년에 걸친 모금 활동을 끝내고 1996년 8월, 드디어 국민기금 지급이 개시되었습니다. 한국과 대만에서는 민간지원 단체의 압력이 자국 정부를 움직였으며, 국민기금에 대한 반대의 목소리가 전국적으로 확산되면서 결국 일본군 '위안부' 문제는 해결되지 못했습니다.

일본군 '위안부' 문제를
지워 버리려는
역사수정주의자들과의 싸움

"우리는 이와 같은 역사의 진실을 회
피하지 않고, 오히려 역사의 교훈으로 삼아 직시해 나가겠다. 우리는 역
사 연구와 역사 교육을 통해 이러한 문제를 영구히 기억시킬 것이며,
같은 과오를 결코 되풀이하지 않겠다는 굳은 결의를 다시금 표명한다."

1993년 발표된 고노 담화 중에서, 위와 같은 일본 정부의 자세를
수용하여 1995년도 고등학교 일본사 교과서에 '종군 위안부' 관련 기
술이 게재됩니다.

1996년 5월, 다음 연도에 사용될 중학교 교과서 검정에서 모든(7종)
역사 교과서가 '종군 위안부'에 대해 기술하여 통과한 사실을 알게 되
었습니다.

"조선 등의 젊은 여성들을 위안부로 삼아 전장에 연행했다"(A사),

"여성을 위안부로 삼아 종군시키고 가혹하게 다뤘다"(B사), "많은 조선인 여성도 종군 위안부로 전지로 보내졌다"(C사) 등의 기술이 모두 사실입니다.

이 일이 언론에 보도되자 일본의 침략 전쟁을 "자위를 위해 어쩔 수 없었다"고 주장하는 역사수정주의자와 보수파 정치인과 연구자들이 맹렬하게 반발합니다. 후지오카 노부가쓰藤岡信勝 도쿄대 교수는 '자유주의사관 연구회'를 창립하고 적극적으로 고노 담화를 비판하고 나섭니다.

또한 1997년에는 일본의 총리였던 아베 신조 씨 등이 중심이 되어 '일본의 전도前途와 역사 교육을 생각하는 젊은 의원 모임'을 결성하고, 고노 담화를 비판하는 공부 모임을 시작합니다.

〈신 고마니즘 선언〉에서 '위안부' 문제를 왜곡

그러한 움직임을 배경으로, 후쿠오카 출신 만화가 고바야시 요시노리小林よしのり 씨가 잡지 《SAPIO》(쇼각칸小学館에서 발행)에 연재 중인 〈신 고마니즘 선언〉[12]에서 1996년 8월부터 일본군 '위안부' 문제에 대해 이야기하기 시작합니다. 그는 이 만화에서 다음과 같은 주장을 펼칩니다.

• 위안소는 민간 업자가 경영했다. 일본군과 경찰은 허가해 주는 정

---

12. 고바야시 요시노리가 일본어로 고만(오만傲慢)이라는 말에 이즘ism(주의)을 덧붙여 만든 말이다. '거만하게 남을 깔보는 주의'라는 의미이다.-옮긴이.

도로만 관여했을 뿐이다.

→ 실제로는 1937년 중일전쟁이 시작되자 일본 육군은 〈야전주보
규정野戰酒保規定〉을 개정하고 "위안 시설을 만들 수 있음"이라는 문
구를 추가하여, 군 위안소 설치와 운영·감독·성병 검진, 업자 선
정을 실시했습니다. 이것으로 보아 군이 주체였으며 업자는 종속
적인 존재였음을 알 수 있습니다.

• 일본군이 강제동원한 적은 없었다. 업자가 가난한 농촌 소녀를 돈
으로 산 것이다. 본인은 속았다고 생각하지만 부모가 팔았다는 것
을 몰랐을 뿐이다.

→ 식민지 조선과 대만에서는 일본이 도입한 공창제도 속에서 알
선 업자들이 인신매매와 주로 "좋은 일자리가 있다"는 감언으로
유괴한 경우이기 때문에, 본인의 뜻에 반한 강제동원이었음은 틀
림없습니다. 전지戰地·점령지였던 중국과 필리핀, 인도네시아 등지
에서는 일본군이 폭력적으로 납치한 경우가 많았습니다.

• 종군 위안부는 상행위였으며 수입은 일반 병사의 백 배, 전문적으
로 2~3년 일하면 고향에 집을 지을 수 있었다.

→ 1942년부터 패전까지 미얀마에서 3년간 일본군 '위안부'로 일
했던 문옥주 할머니의 2만 6,145엔에 대한 이야기입니다(전 우정
성 구마모토 저금 사무센터에 보관된 '군사우편저금 원부 조서'에서). 하
타 이쿠히코秦郁彦 씨는 《위안부와 전장의 성慰安婦と戰場の性》(신초사新

潮社, 1999년)에서 "지금으로 치면 1억 엔 안팎의 거금이다"라고 썼습니다. 1943년 당시의 육군 대장 연봉이 6,600엔이니 그보다 나으면 나았지 못하지 않은 수입을 올린 것처럼 보입니다. 그러나 실태는 당시 전장에서는 군표가 사용되고 있었고, 일본군의 패전이 확실시됐던 전쟁 말기 미얀마와 필리핀에서는 군표에 대한 신용이 추락하여 극단적인 인플레가 진행되고 있었으며, 문옥주 할머니도 1945년 4월~5월에 1만 엔 단위로 군표를 저금했습니다.

미얀마에서는 1941년 당시에 비해 2,000배나 되는 인플레이션(《전시 중 금융 통계 요람》, 일본은행통계국 편)으로 군표는 거의 휴지조각이나 다름없었습니다. 당시 문옥주 씨는 노래와 춤을 잘 추었기 때문에 장교들의 연회에 자주 불려 다녔고, 장교가 인심 쓰듯 팁으로 준 휴지조각이나 마찬가지인 군표를 저금했던 것입니다. 전직 대장성 관료이자 역사학자인 하타 이쿠히코 씨가 이런 역사적 사정에 무지할 리 없을 텐데도, 역사수정주의자들을 부추기기 위해 《위안부와 전장의 성》에 "하물며 중장의 연봉도 5,800엔이었으니, 문옥주급 정도면 미얀마에 있던 일본군 최고 지휘관보다 많이 벌었을 것이다"라고 주장했을 것으로 추측됩니다(관부재판 원고들은 한 푼도 받지 못한 채로 버려졌습니다).

- 위안소는 전시에 병사들이 민간 여성을 강간하는 것을 막는 유일한 수단이었다. 그런데도 위안소가 없었던 편이 좋다고 말할 수 있는가?
  → 서구의 군은 장기간의 종군을 피하기 위한 휴가 제도가 있었

으므로 가족과 연인을 만나 편안한 휴식을 취할 수가 있었습니다. 그러나 일본의 군에는 그런 휴가 제도가 없었기 때문에 병사들은 보급품도 불충분한 상황에서 언제 끝날지 모르는 장기간의 종군에 엄청난 스트레스가 쌓여 갔던 것입니다. 무모한 침략 전쟁을 강요당한 병사들의 불만을 잠재우기 위해 군 위안소가 설치된 것입니다. 또한 강간은 군 형법으로 "부녀자를 강간했을 때는 무기 또는 7년(후에 3년) 이상의 징역에 처한다"는 조항이 있었지만 현장의 상관들은 보고도 못 본 척하면서 엄한 법 적용을 하지 않았습니다.

• 전후 보상은 국가 간에 이미 해결했기 때문에 일본 정부에 보상을 요구하는 것은 번지수가 틀린 처사다.

→ 전쟁이 끝난 뒤 원폭 피해자들과 시베리아 억류 피해자들이 배상을 포기한 일본 정부에 거듭 보상을 요구했습니다. 그러나 일본 정부는 "국가 간에 이미 해결했다는 것은, 국민이 제기한 피해 보상 청구에 대해 정부가 상대국과 협상하는 외교 보호권을 포기했다는 것이지, 국민의 청구권이 소멸됐다는 것은 아니다"라고 주장하면서 이를 기각하고, 가해국에 가서 재판으로 청구하라면서 피해자들의 요구를 줄곧 묵살했습니다.

• 만주에서 소련군에게 강간당한 일본 여성은 아무 일도 없었던 듯이 입 다물고 있었다. 그런 여성을 자랑스럽게 여긴다.

→ 부끄러운 줄도 모르고 여성을 멸시하는 가부장적 의식을 드러내고 있습니다. 게다가 소련군이 침공했을 때, 국민을 지켜야 할 만주군 수뇌부가 가장 먼저 도망침으로써 수많은 피해자가 발생했던 사실은 언급도 하지 않고 있습니다. 당시 일본 사회에 만연했던, 혼전에는 순결을, 결혼 후에는 정절을 요구한 가부장적인 여성 차별 풍조가 만주 개척민을 비롯한 수많은 피해 여성에게 침묵을 강요한 것입니다. 따라서 그런 사회적 배경 때문에 침묵할 수밖에 없었던 여성들의 굴욕과 분노가 어떠할지 전혀 생각하지 않는다는 것은, 정말이지 끔찍하리만큼 상상력이 결여됐다고 볼 수밖에 없습니다. 고바야시 요시노리 식의 편협한 남성 논리가 여성에게 침묵을 강요하고, 더구나 '그것을 자랑스럽게 여긴다'라고 자만하는 추악함을 드러내고 있는 것입니다.

이 만화에는 일본군 '위안부' 문제를 부정하는 연구자들로 구성된 '자유주의사관 연구회'의 주장이 거의 그대로 소개됩니다. 《SAPIO》 자체가 역사수정주의·보수적 경향의 잡지로, 구매자가 14만 명이나 됩니다. 《신 고마니즘 선언》이 단행본으로 출간되자 20만~30만 명이나 되는 젊은이가 책을 구입했습니다. 더욱이 '종군 위안부' 연재란에는 독자들의 의견이 쇄도했고, 그중 80퍼센트가 "잘 썼다"며 지지했고, 반대는 20퍼센트밖에 안 되는 상황이었습니다. 이에 후쿠오카의 여성 시민운동 활동가들이 "2차 강간이다"라고 분노의 목소리를 터뜨렸고, 우리 관부재판을 지원하는 모임도 항의 운동에 동참했습니다. 후쿠오카를 중심으로 전국에서 항의 운동에 동참하겠다는 의사가 쇄도하여, 43개 단체와 개인 52명의 이름으로 고바야시 씨와 《SAPIO》의 발행처 쇼각칸에 항의서를 보냈습니다. 이 일은 언론에도 보도되었습니다.

자신이 사는 후쿠오카 시민들에게 항의를 받은 고바야시 씨와 《SAPIO》 측은 가만히 있지 않았습니다. 만화를 통해 조소하는 방식으로 대응했습니다. 이런 사태를 TV아사히テレビ朝日가 눈여겨봤던지, 〈이의 있음!〉이라는 심야 프로에서 대결의 장을 펼치라며 양쪽에 출연을 제의했습니다. 당시는, 중학교 수업에서 일본군 '위안부' 문제를 다루는 것에 반대하여 갑자기 역사수정주의가 대두됐던 시기입니다. 그와 같은 사회 분위기를 묵과할 수 없었으므로 주변의 걱정에도 개의치 않고 일단 TV아사히의 출연 제안을 받아들였습니다. 그리고 1997년 1월 11일, 우리 관부재판을 지원하는 모임 회원을 포함한 4명이 함께 〈이의 있음!〉이라는 40분짜리 프로에 출연했습니다.

방송 출연 전, 우리는 다음과 같은 목표를 세웠습니다.

일본군 '위안부' 제도는 군이 주체가 되어 만들어졌다는 점과 관부재판 원고 3명은 모두 당시 조선에서 업자에 의해 취업 사기로 강제 동원됐다는 점을 중점적으로 주장하고, 피해 여성의 아픔에 대한 배려가 결여된 '위안소는 필요하다'라는 고바야시 요시노리 씨의 인식에 엄중한 비판을 가하기로 했습니다.

그러나 TV 방송 출연 경험이 전혀 없었던 우리가 제한된 짧은 시간에 애초 계획했던 목표를 이룬다는 것은 어불성설이었습니다. 방송이 나간 뒤 256건의 시청자 소감 중, 108건이 고바야시 씨의 주장에 찬성한 것이고, 우리의 주장에 찬성한 것은 60건이었습니다. 나중에 안 사실이지만 고바야시 씨는 미리 연재 중인 잡지에 우리와의 TV 대결을 예고하여 젊은 독자 팬들에게 응원을 호소했다고 합니다. 게다가 심야 프로의 주요 시청 연령층을 감안한다면 받아들일 수밖에 없는 결과였습니다.

시청자 의견 중 많았던 내용은 "위안부는 상행위였지 않은가", "자국 역사에 긍지를", "당시의 시점과 가치관으로", "위안소 제도 덕분에 많은 여성이 피해를 입지 않았다"가 차지했습니다. 다만 "피해자 증언은 신뢰할 수 없다"는 고바야시 씨의 주장에는 비판 의견이 많았던 점으로 보아, 전 일본군 '위안부' 피해자의 호소에 귀 기울이는 사람이 많았음을 알 수 있었습니다.

'새로운 역사 교과서를 만드는 모임'과의 투쟁

1996년에 '자유주의사관 연구회' 학자들을 중심으로 '새로운 역사 교과서를 만드는 모임'(약칭 '새역모', 일본에서의 약칭은 '만드는 모임'.─옮긴이)이 결성됩니다. 이듬해 1997년, 이들은 취지문에서 다음과 같이 주장합니다.

"전후 일본의 역사 교육은 일본인이 이어받아야 할 문화와 전통을 잊고, 일본인의 긍지를 잃게 하는 것이었다. 특히 근현대사는 일본인을 자자손손 계속 사죄하도록 운명 지어진 죄인처럼 취급한다. 냉전 종식 후에는 자학적 경향이 강해져, 현행 역사 교과서는 종군 위안부 같은 구 적국의 프로파간다를 사실로 기술하고 있다.

'새역모'는 (중략) 조상의 활약에 가슴 뛰게 하고, 실패의 역사에도 눈을 돌려 그 고락을 추체험할 수 있는, 일본인의 이야기를 하는 교과서를 만든다. 어린이들이 일본인으로서 자신감과 책임감을 가지고 세계 평화와 번영에 헌신할 수 있게 한다."

이렇게 '새역모'가 교과서 만들기에 나섰던 배경에는 다음과 같은 사정이 있었습니다. 1982년 6월 26일, 일본의 신문들이 일제히 일본 국내 교과서 검정에 대해 보도합니다. 보도 내용은 쇼와기昭和期의 일본에 대한 기술로, "일본군이 중국 화베이華北에 '침략'"이었던 표현이 문부성 검정 과정에서 "화베이로 '진출'"로 바뀌었다는 것입니다. 이 보도를 접한 한국과 중국이 일본 정부를 혹독하게 비판하면서 외교 문제로 발전하게 됩니다. 그 결과, 일본 정부는 교과서 검정 조사에 "인접한 여러 국가들과의 우호 친선에 마음을 써야 한다"라는 항목을 추가하는 것으로 이 논란을 매듭지었습니다. 이후로, 강제동원과 난징 대학살 등의 식민지 지배와 침략 전쟁에 대한 가해 기술이 증가합니다.

거기에 '종군 위안부'가 첨가되는 것에 반발하는 연구자와 문화인, 일본 신도계의 신사를 모체로 하는 일본회의日本会議13가 결속하여 중고등학교 역사 교과서에서 '강제 연행' '종군 위안부' '난징 대학살'과 같

---

13. 일본의 역사나 전통을 지키는 것을 목적으로 주로 일본신사본청 등의 보수적인 종교 단체에서 만든 '일본을 지키는 회'와 보수계 재계인, 문화인, 구 일본군 관계자를 중심으로 한 '일본을 지키는 국민회의'를 통합해서 1997년 설립된 단체이다. '새로운 역사 교과서를 만드는 모임'을 돕는 최대 지원 단체이기도 하다. 교과서 채택 운동에 참가하고 있다.

은 기술을 삭제할 것을 일본 정부에 요구하고, 지방의회에서 의견서가 채택되도록 활동하는 동시에 새로운 교과서 만들기에 뛰어든 것입니다.

'새역모'는 1997년 4월 29일, 후쿠오카시에서 처음으로 그 얼굴을 드러냈습니다. 후쿠오카 교육연맹이 "새로운 역사 교육의 창조를 향해서"라는 주제로 주최한 심포지엄이, 후쿠오카 시내 한복판에 위치한 700명 수용 가능한 회관에서 열렸습니다. 참고로 후쿠오카 교육연맹은 후쿠오카현 내 고등학교 교직원조합에서 분열되어 만들어진 보수 성향의 제2조합입니다. 이 심포지엄에 패널로 참여한 것은 후지오카 노부가쓰, 니시오 간지西尾幹二, 다카하시 시로高橋史朗 등의 대학교수와 후쿠오카 출신 고바야시 요시노리 씨였습니다. 심포지엄은 주최 측의 다음과 같은 인사말로 시작됐습니다.

"우리 후쿠오카 교육연맹은 25년 전, 교사의 파업, 편향교육, 직장투쟁에서 아이들을 지키기 위해 뜻있는 교사 200명이 조합을 결성하여 현재 조합원이 2천 명에 이르며, 이는 후쿠오카 고등학교 교사의 30퍼센트에 달합니다. 이 자리에 참석한 여러분 700명과 함께 규슈의 교육계를 바꿔 나갑시다."

각 패널들은 고바야시 요시노리 씨가 만화에서 주장했던 내용을 좀 더 상세하게 다뤘고, 장내는 열기로 가득했습니다.

우리는 이 집회에 대항해, 40일 후에 같은 장소에서 "교과서에서 빼지 않겠다! 아이들에게 알리고 싶은 여성들"이란 주제로 집회를 하기로 계획했습니다. 그리고 '새역모' 집회가 열리고 있는 행사장 입구에서 관련 내용이 담긴 전단지를 배포했습니다. 때마침 전날 있었던 재판에 참석하기 위해 일본에 와 있던 부산 정대협의 김문숙 회장과 원고들도 전단지를 돌리는 데 동참해 줬습니다. 전단지 배포를 끝내고 우리는 시찰 삼아 집회장 안으로 들어가 봤습니다. 그러나 우리의 질문은 원천 봉쇄당했고, 그들의 거짓 주장에 반론한 김 회장은 "돌아가!" "닥쳐!"라는 거친 고성을 들어야 했습니다.

우리가 주최한 6월 8일 집회에는 약 500여 명의 시민과 교사, 재일한국인·재일조선인 젊은이들이 참석했습니다. 조직도 없는 작은 시민운동 단체가 주최한 집회로는 이례적일 정도로 많은 이들이 함께했습니다. '새역모'의 행보에 위기의식이 고조됐던 것입니다.

김문숙 회장은 지난번 '새역모' 심포지엄에서 당했던 모욕에 격분하며, "그들의 일본군 '위안부' 박해가 가장 위험한 내셔널리즘이며, 일본의 명예에 상처를 입히는 행위입니다"라고 비판했습니다.

우에스기 사토시上杉聰(일본의 전쟁 책임 자료센터 사무국장) 씨는 이렇게 보고했습니다.

"새로운 역사 교과서를 만드는 모임에 호응하여, 일본회의 산하 단체가 지방의회에 '위안부 기술을 삭제하라'는 진정서를 내고 있습니다. 그러한 움직임에 반대하는 우리의 운동은 현재 성공했다고 볼 수 있습니다."

집회에 참석하지 못한 일본군 '위안부' 피해자 이귀분 할머니(부산 거주)는 자신의 일본군 '위안부' 체험을 글로 적어 보내면서 호소했습니다.

"피해자인 내가 아직도 이렇게 살아 있는데, 어째서 일본군 '위안부'

공격에 미쳐 날뛰는지, 그 진의를 듣고 싶군요. 당신들의 선동을 용서할 수 없소. 전 세계가 용서하지 않을 것입니다."

일본회의는 1997년 5월, 당시 우파의 양대 조직이던 '일본을 지키는 회'와 '일본을 지키는 국민회의'가 통합하는 형태로 발족했습니다. 현재 회원은 약 3만 8천 명으로, 일본회의에 연대하는 '일본회의 국회의원 간담회'에 이름을 올린 중의원과 참의원이 280여 명에 이르며, 조직의 임원에는 저명한 문화인, 학자, 재계 인사들의 이름이 올라 있습니다. 이들의 특징은 전후에 만들어진 일본국 헌법을 적대시하고, 전쟁 이전의 일본으로 돌아가기를 요구하며, 국민 주권 부정, 인권 경시, 천황 중심주의와 자민족 우월주의를 내세우는 것입니다.

이런 일본회의가 총력을 기울여 온 문제가 바로 일본국 헌법 개정 운동입니다. 그들은 현행 헌법은 혐오하고 경멸해야 할 전후 체제의 상징이므로 같은 뜻을 품은 아베 정권 시기가 바로 개헌의 최상의 기회임을 주장하며 개헌을 촉구했는가 하면, 한편으로는 프런트 조직인 '아름다운 일본의 헌법을 만드는 국민 모임'을 결성하여 1천만 명을 목표로 개헌 서명운동을 펼치고 있습니다. 헌법 개정을 요구하는 이들의 집회에는 1~2만 명 정도가 모입니다.

전후 보상 운동은 이러한 우파 성향 연구자와 정치인, 그리고 일본회의의 중심적 구성단체인 우익적 종교 통일전선, 나중에 등장한 넷우익들(인터넷을 기반으로 하는, 외국인을 혐오하고 국수주의 성향을 띠는 이용자들을 지칭.-옮긴이)과 우리 중 어느 쪽이 일본 국민의 공감을 얻느냐의 싸움입니다.

그 후로도 후쿠오카시와 후쿠오카현 의회에 위안부 관련 기술을 교과서에서 삭제할 것을 요구하는 청원이 여러 번 등장했지만, 그때마다 우리는 일본군 '위안부' 문제에 대해 깊이 이해하는 의원들과 함께 막아 왔습니다. 일본군 '위안부' 문제를 둘러싼 역사 인식 공방이 전국적으로 확산되는 분위기 속에서도, 일본이 가한 식민 지배와 침략 전쟁으로 아시아 여러 나라 국민이 입은 피해를 규명하기 위해 노력했습니다. 아울러 전후 보상 운동을 하는 시민들과 정치인들이 뜻을 같이하여 국가가 소장한 역사 자료의 공개 요구 운동도 펼쳐 나갔습니다.

전쟁 가해에 대한 진상 규명을 요구하는 입법 운동

일본 각지의 시민들은 중학교 교과서에서 일본군 '위안부' 문제와 난징 대학살 관련 기술을 삭제할 것을 요구하는 청원에 맞서 반대 운동을 펼쳐온 각지의 시민들이 1997년 7월과 9월, 두 번에 걸쳐 합숙하면서 다음과 같이 의견을 통일했습니다.

① 아시아의 전쟁 피해자가 벌이는 전후 보상 운동이 국내에서 큰 공감을 얻는 것에 반발하여 '새로운 역사 교과서를 만드는 모임'과 같은 사실을 부정하는 단체가 증가하면서 국론이 양분되는 상황이 야기되고 있다. 이는 아시아의 인접 국가들에게 강한 불신과 반감을 불러일으키고 있어, 국내외적으로 과거의 전쟁 가해에 대한 역사의식의 명확화가 제일 중요한 정치적 과제가 되었다.

② 강력한 권한을 가진 공적 조사 기구를 설치하여, 지금까지 민간에서 연구, 조사해 온 자료 외에 새로운 자료를 공개해야 한다. 정치인들과 국민 전체가 가해의 역사에 대한 인식을 공유하며 피해자의 아픔과 원통함도 이해할 수 있을 것이다. 이는 결과적으로 사죄와 배상법을 실현시키는 정치적 상황을 이끌게 될 것이다.

③ 입법화는 전후 보상 운동에 매진해 온 변호사와 시민 단체만으로는 역량이 부족하다. 교과서 공격에 맞서 싸우는 각지의 운동 단체를 비롯해 학자와 정치인들의 협력을 모아 '진상 규명'을 실현하는 폭넓은 통일 행동이 필요하다.

④ 연내에 '전쟁 피해 조사 기구법을 실현하는 시민 회의'를 설립하고, 법안 작성, 국회의원에 대한 요청, 지방의회에 대한 청원 활동, 중의원과 참의원 양원 의장에게 보내기 위한 서명운동을 시작한다.

이듬해 2월, 후쿠오카현의 대학교수와 지식인 20명이 청원인이 되어, 현 내 모든 지방의회에 '아시아의 전쟁 피해 진상 규명을 촉구하는 의회 결의'를 일본 정부에 요구하라는 청원서를 제출했습니다. 또한 요청이 있을 경우, 지원모임 회원이 지방의회에 출석하여 진상 규명법을 만들 필요성을 호소하기도 했습니다. 그 결과, 이즈카飯塚시, 오무타大牟田시, 다가와田川시 외에도 5개의 지방의회에서 청원이 가결되는 쾌거를 이루었습니다. 5개 지방의회는 지쿠호筑豊와 오무타시의 구 탄광 지대로, 전쟁 중 조선인과 중국인이 강제 노동을 했던 지역입니다. 시민들이 제출한 이 진상 규명법을 만들 청원이 의원 전원 일치로 가결된 지자체가 많은 가운데, 보수적인 색체가 강한 지역의 의회에서도 잘 결의해 준 것으로 보입니다.

지역 의회뿐만 아니라 지역 국회의원을 상대로도 여야 구분 없이 팀을 짜서 전쟁 가해에 대한 진상 규명을 요청하는 활동을 전개했습니다.

한편 정치인으로는 전 민주당 대표 하토야마 유키오鳩山由紀夫 의원이 열심히 뛰었고, 중심에 서서 분주하게 뛰어 주었던 것은 다나카 고田中甲 중의원 의원이었습니다. 다나카 의원은 1995년 6월 13일, 태평양 무루로아 환초環礁에서 재개되는 프랑스의 핵실험에 항의하기 위해 5개국 국회의원 9명과 함께 배로 출입금지 구역인 핵 실험장에 들어가, 체포당하면서까지 핵실험 반대 항의문을 건넸던 인물입니다. 이듬해 7월에도 중국을 방문하여 장쩌민 주석과 회담하는 자리에서 중국의 핵실험 금지를 요청합니다. 이에 장쩌민 주석은 엄숙한 표정으로 "과거 아시아의 역사를 배우시기 바랍니다. 중국이 어떤 역사를 보내 왔는지. 중국에 핵억지력核抑止力은 필요합니다"라고 말합니다.

"지금까지 나는 전쟁에서 원폭 피해를 당한 유일한 나라, 일본은 피해국이라는 의식이 강했고, 일본이 아시아에 피해를 끼친 가해국이라는 사실 인식이 희박했다. 그야말로 '눈에서 비늘이 떨어진' 기분이었다. 전전, 전시, 전후, 그리고 금세기에 걸쳐 일본이 끼친 피해를 밝혀 다음 세대에 알려야 할 필요가 있음을 통절히 느꼈다"(《2045발째의 핵－프랑스 핵실험 재개에 항의한 어느 일본인의 기록2045発目の核－仏核実験再開に抗議したある日本人の記録》, 다나카 고, 우사미 노보루宇佐美豊, PHP연구소, 1996년).

김대중 대통령의 일본 방문을 한 주 앞둔 1998년 9월 30일, 중의원

회관에서 '항구 평화를 위한 진상 규명법 제정을 목적으로 하는 의원 연맹' 설립 총회가 열렸습니다. 이 자리에는 구지라오카 효스케^{鯨岡兵輔}(자민당), 하토야마 유키오(민주당), 하마요쓰 도시코^{浜四津敏子}(공명당), 도이 다카코^{土井たか子}(사민당), 다케무라 마사요시^{武村正義}(사키가케) 이 다섯 의원의 호소로 33명의 국회의원이 참석했고, 20여 명의 대리 출석자가 있었으며 이 뉴스는 전국으로 나갔습니다. 그리고 10월에는 101명의 의원이 이 연맹에 가입하게 됩니다.

더구나 시민운동 단체와 함께 진상 규명을 위한 의원 입법 활동을 위해 분주히 뛰었던 다나카 고 의원이 '의원연맹'의 사무국장에 취임했습니다. 다나카 의원이 작성한 '국립국회도서관법 일부를 개정하는 법률 요강'도 제안되었습니다. 그 후로 각 당의 의원들과 심의를 거쳐 완성된 법안은 다음과 같습니다.

국립국회도서관법 일부를 개정하는 법률안(일부 발췌)

국립국회도서관법 제6장 뒤에 1장을 추가한다.

제6장의 2 항구평화조사국

지난 대전^{大戰} 및 이에 앞선 금세기 일정한 시기에 발생한 참화의 실태를 밝혀, 우리 국민에게 그 이해의 폭을 넓히고, 이를 다음 세대에 전하는 동시에 아시아를 비롯한 세계 여러 나라 국민과 우리 국민의 신뢰 관계 조성에 힘씀으로써, 일본이 국제사회에서 명예로운 지위 유지와 항구적 평화 실현에 이바지하도록 국립국회도서관에 항구평화조사국을 둔다. 항구평화조사국은 다음에 열거하는 사항들을 조사한다.

1. 지난 전쟁에 이르는 과정에서 일본의 사회·경제 정세의 변화, 국제 정세의 변화 및 정부와 구 육해군의 검토 상황, 기타 지난 대전의 원인 해명에 이바지할 것.

2. 노동자 확보를 위해 실시된 강제 연행 실태.

3. 전쟁 전·전쟁 중에 구 육해군이 직접 또는 간접적으로 관여해 여성에게 조직적이고 지속적인 강제 성적 행위로 끼친 피해 실정, 그 밖의 성적 강요 실태에 관한 사항.

4. 전쟁 전·전쟁 중 구 육해군이 직접 또는 간접적으로 관여해 생물 무기와 화학 무기를 개발, 실험, 생산, 저장, 배치, 유기, 폐기 및 사용한 실태에 관한 사항.

5. 앞의 3항에서 든 것 이외에 전쟁 전·전쟁 중에 정부 또는 구 육해군이 직접 또는 간접적으로 관여해 비인도적인 행위로 생명 또는 재산에 끼친 손해 실태에 관한 사항.

6. 제2항부터 제5항까지 든 것 이외에, 전쟁의 결과 전쟁 전·전쟁 중에 생명, 신체, 또는 재산에 발생한 손해 실태에 관한 사항.

관장은 각 항에 열거한 사항에 대해 조사를 마치면 결과 보고서를 작성하고 중의원·참의원 양원 의장에게 제출해야 한다.

관장은 매년 조사 결과를 의회에 보고할 것.

관장은 전문가, 경험자(국외에 있는 관계자를 포함)에게 필요한 협력을 의뢰할 수 있다.

제1항의 자료 제출 요구를 받을 경우 관련 행정기관의 장 또는 지방

공공단체의 장은 해당 자료를 제출해야 한다.

이 법안은 1999년 8월 10일, 118명 의원의 찬성을 얻어 민주당, 사키가케, 공산당 3당 대표 3인이 중의원에 상정했습니다.

후쿠오카에서는 우리 관부재판을 지원하는 모임이 다른 시민 단체에 호소하여 '전쟁피해조사회법戰爭被害調査会法을 실현하는 시민회의·후쿠오카'를 결성하고, 6월 27일 27명의 회원이 후쿠오카 번화가 덴진에서 이 법을 알리는 전단지 1,500장을 시민들에게 배포하고 150명에게서 서명을 받았습니다. 이 활동을 여러 방송국과 신문사가 취재해 사진과 함께 보도하였습니다. 그 후로 매월, 거리 홍보와 서명운동을 하면서 여론 환기에 힘썼습니다. 한편, 법안 제정의 열쇠가 자민당과 연립내각을 구성하는 공명당의 역할에 있기 때문에, 후쿠오카현의 공명

진상 규명법 입법 운동 거리 홍보와 서명 활동(후쿠오카시 덴진, 1999년 7월 25일).

당 의원을 열심히 설득하는 동시에 친밀한 관계를 맺어 나갔습니다.

그러나 이 법안은 중의원 의원 운영위원회에서 계속심의繼續審議 취급 (심의하지 않고 다루지 않는다 - 이른바 '매달아 두는' 상태로 두는 것) 당하다가 이듬해 6월, 중의원 해산으로 결국 자동 폐기되고 말았습니다.

국회의 과반수 의원을 차지하는 여당 자민당 내, 특히 '일본의 전도와 역사 교육을 생각하는 의원 모임'에서는 '일본인의 피해 조사는?' '자학적인 것', '배상 문제가 재연된다'는 이유로 반대 의견이 거셌으며, "이런 법안이 통과되어, 과거의 전쟁 실태가 밝혀지면 일본이란 나라의 근간이 흔들린다"라고 반응하는 의원도 있었습니다.

그 후, 이 법안은 여러 번 상정과 폐기를 거듭했고, 특히 자민당이 이끄는 정권에서는 심의조차 오르지 못할 때가 많았습니다. 2009년 9월, 드디어 자민당이 몰락하고 민주당 중심의 하토야마 유키오 연립 정권이 탄생하면서 이 법안의 제정에 기대감이 높아졌습니다.

그러나 일본의 과거 극복과 평화를 지향하는 '동아시아 공동체 구상', '오키나와 미군 기지의 현 외 이설'을 추진하려던 히토야마 정권을 동아시아 지배 체제에서 일탈한다는 미국의 의혹을 받으면서 일본의 관료와 언론의 뭇매를 맞고 퇴진하는 상황에 내몰립니다.

전후 보상 운동을 함께 추진해 온 우리 시민운동 단체가 가장 기대했던 하토야마 정권이었지만, 결국 진상 규명법과 일본군 '위안부' 문제의 입법 해결은 실질적으로 요원해지고 말았습니다. 이후에 이어진 민주당 간 나오토菅直人 정권, 노다 요시히코野田佳彦 정권은 관료 지배 정치로 퇴보하면서 단명으로 끝납니다.

대신, 과거 극복에 반대하고, 전쟁을 포기하는 헌법 9조의 개헌에 정치 생명을 거는 역사수정주의자 아베 정권의 재탄생을 초래하고 말았습니다. 아베 정권의 핵심 지지자는 헌법 개정을 목표로 하는 우익적 종교 통일전선의 '일본회의', 혐한 감정으로 맺어진 넷 우익들로, 차별적이고 우익적인 내셔널리즘을 정권과 공유하고 있습니다. 전후 일본인이 무엇보다도 소중히 여겨 온 '평화'가 지금 위기를 맞고 있습니다.

이런 상황을 맞게 된 배경에는 처참한 전쟁 체험과 전후의 평화와 민주주의의 혜택을 누려 온 세대 대부분이 사회 일선에서 물러나 점차 고령자나 사망에 이르는 사정이 있습니다. 입법 운동 과정에서 많은 자민당 정치인을 만나 입법 요청을 했습니다. 헌법 9조 개정을 주장하여 우익 인사로 치부했던 여당 정치인 중에 "일본을 지키는 자위의 군비는 필요합니다. 그러나 다시 바다를 건너가 전쟁을 하는 것은 반대합니다"라는 분이 의외로 많아서 놀랐던 기억이 있습니다. 그 세대의 정치인들이 지금은 정계에서 퇴장해 버렸습니다. 그들은 전후 고도 성장기에 '대국의식'의 자아를 형성해 온 세대가 중심적인 아베 정권의 안보 정책에 위기감을 느끼고 있습니다. 그 세대의 정치인들이 지금은 정계에서 퇴장해 버렸습니다.

그래도 당시 아베 정권의 헌법 9조 개정에 대해 찬성보다 반대하는 국민이 많다는 여론조사 결과가 나왔습니다. 전후의 일본인은 자신이 입은 전쟁 피해 경험에서 벗어나지 못하는 한계는 있지만, 아직 무엇보다 평화가 소중하다는 의식을 유지하고 있습니다. 그러나 아베 정권은 이러한 의식을 바꾸기 위해 북한의 일본인 납치 문제, 핵 개발과 미사일 발사에 대한 위기감을 부추겨 왔습니다. 그리고 한국의 강제징용 피해자 판결에 반발하여 반도체를 비롯하여 한국 기업에 대한 부품 수출 규제를 강화함으로써 문재인 정권과 대립각을 세우면서 일본 국민의 내셔널리즘을 끊임없이 부추겼습니다.

조선인
강제동원 노동자의
유골 조사 진행

2004년에 말에 열린 한일 정상회담
에서, 노무현 대통령은 고이즈미 준이치로小泉純一郎 총리에게 일본에 있
는 조선인 강제동원 노동자의 유골 조사와 반환에 협력을 요청하고,
일본 정부는 이를 수락합니다. 당시는 자민당 고이즈미 정권의 높은
인기로 일본군 '위안부' 문제와 진상 규명 입법화 움직임이 주춤하던
시기였습니다. 그리고 일본 내에서 조선인 강제동원이 가장 많았던 후
쿠오카현의 지쿠호 지대는 후쿠오카시와 인접한 지역으로, 우리 지역
의 전후 책임을 묻는 문제로서 좌시할 수 없었습니다.

3년여 간 지쿠호 지대에서 유골 조사에 임했던 경험은 종래의 강제
동원에 관한 우리의 역사 인식을 뿌리째 흔들어 놓았습니다. 그 후, 우
리는 일본군 '위안부' 문제에 대한 역사 인식을 스스로 검증해 보게 되

었습니다. 먼저 그때의 경험을 풀어놓겠습니다.

강제동원 진상 규명 전국 네트워크 결성

2002년, 히로시마시에서 후쿠오카시로 옮겨 온 후쿠도메 노리아키[編留範昭] 씨가 관부재판을 지원하는 모임에 참석했습니다. 후쿠도메 씨는 규슈대학을 졸업하고 한국으로 건너가 샤먼 연구를 하면서 대구의 계명대에서 일본어 강사를 하여 한국어에 능통했습니다. 귀국 후에는 히로시마 소재의 대학에서 교직 생활을 하면서, 히로시마현 교직원조합과 부락해방동맹 히로시마현 연합회가 1994년부터 개최해 온 일본군 '위안부' 증언 집회에서 피해자들의 증언을 통역하고 돌보았습니다. 또한 서울의 태평양전쟁희생자유족회 대표 이희자 씨와 연락을 담당하고, 많은 일본군 '위안부' 피해자들의 사정을 귀담아들었습니다.

2001년, 한국에서 '일제강점하강제동원피해진상규명등에관한특별법' 제정 운동이 본격적으로 시작되자 후쿠도메 씨는 피해자 단체에서 개최하는 관련 행사와 회의에 적극적으로 참석해 그 소식을 일본 시민 단체에 전해 주었습니다. 유난히 붙임성이 좋아서 할머니들에게 사랑을 받았던 그는 전후 보상 문제 해결에 굉장한 열정을 가진 분이었습니다.

2004년 3월, 한국 국회에서 '일제강점하강제동원피해진상규명등에관한특별법'이 제정되면서 앞서 기술한 것처럼 2004년 말에 개최된 한일 정상회담에서 일본 정부가 조선인 강제동원 노동자의 유골 조사와 반환에 협력하기로 한 것입니다. 한국 내 이러한 움직임을 좇아온 후쿠도메 씨는 다음의 의견을 내놓았습니다.

"유골 조사와 반환을 일본 정부에만 맡기는 것은 염려스럽습니다. 전국의 시민 단체도 협력 체제를 만들어야 합니다."

이에 우리도 동감하여 함께하기로 했습니다.

1990년대에 '조선인·중국인 강제 연행·강제 노동을 생각하는 전국 교류 집회'의 총무였던 고베의 시다 유이치飛田雄一 씨와 상의하여 일단 홋카이도, 도쿄, 오사카, 후쿠오카의 회원이 모여 준비 회의를 하고, 드디어 2005년 7월, 도쿄에서 '강제동원 진상 규명 전국 네트워크' 결성 총회를 열었습니다. 이 총회에는 전국에서 강제 연행의 진상 규명과 전후 보상 운동에 힘써 온 활동가 140명이 참석했고, 후쿠도메 씨가 사무국장을 맡게 되었습니다. 이런 움직임에 호응해, 우리는 일본 제일의 탄광 지대가 있는 후쿠오카현에서 오랜 세월 조선인 강제동원 조사를 실시해 온 연구자들과 함께 2005년 9월에 '강제동원 진상 규명 후쿠오카현 네트워크'를 결성하고, 지쿠호 지대를 중심으로 유골 조사에 착수했습니다.

연구자인 재일한국인 김광열 씨는, 1943년에 일본으로 건너와 55년에 리쓰메이칸대학을 졸업했습니다. 그 후, 재일1세 동포들의 사라져 가는 역사를 조사하고 발굴하기로 결의를 다지고 1969년부터 30년 넘는 세월을 지쿠호 지대의 사찰을 찾아다니며 유골 조사를 실시했습니다. 과거장過去帳(절에서 죽은 신도들의 속명, 법명, 죽은 날짜 따위를 기록하여 두는 장부.-옮긴이)에 기록된 조선인의 기록을 조사하고, 사찰의

주지와 기업을 찾아다니며 관련 증언을 듣는 데 전념해 왔습니다. 김광열 씨는 자료 수집에 대한 강한 집념과 역사적 사실 입증에 매우 엄격했으며, 조선 민족에 대해 자긍심이 높았지만 조금의 과장이나 애매함도 허용하지 않는 분이었습니다. 저서로는 《발로 본 지쿠호^{足で見た筑豊}》(아카시쇼텐^{明石書店}, 2004년), 《바람아, 전해 다오^{風よ、伝えよ}》(산이치쇼보^{三一書房}, 2007년), 《'내선융화', 미담의 진실^{'內鮮融和'、美談の真実}》(료쿠인쇼보^{綠陰書房}, 2013년)이 있습니다. 2015년 9월에 세상을 떠났습니다. 김광열 씨가 수집한 모든 자료와 저작은 한국의 국가기록원에 보관되어 있으며, 2019년 한국에서 국민훈장 동백장을 수훈했습니다.

요코가와 데루오^{橫川輝雄} 씨는 지쿠호에서 고교 사회과 교사로 있으면서 지쿠호 지대의 탄광에서 일했던 피차별부락[14] 주민과 조선인 광부들을 조명하는 교육을 펼쳐 왔습니다. 한편으로 현립 도서관에 묻혀 있던 강제동원된 조선인 노동자 자료를 조사하고 발굴하여 패전 직후 '후쿠오카현 지사 인계서'에서 후쿠오카현에 강제동원된 조선인이 총 17만여 명이었다는 사실을 밝혀냈습니다. 또한 1944년 1월 시점 후쿠오카현 내 조선인 강제동원 실태인 기업별 동원 인원 수, 귀국자 수, 도주자 수, 사망자 수 등이 기록된 후쿠오카현 특별고등경찰(이하 '특고')의 극비 자료(자료2, 320~323쪽 참조)를 발굴해 냈습니다. 요코가와 씨도 역사적 사실을 특정하는 데 엄격한 입증 과정을 거칩니다. 한 사례를 특정하기 위해 5명의 이야기를 들어 보고 3명이 같은 사실

---

14. 한국의 백정 차별처럼 봉건적 신분제도에 기초한 차별의 대상이 된 지역이나 집단.

을 언급하면 비로소 사실로 인정했습니다. 저서로 《폐석산이 보이는 교육ボタヤマが見える教育》(헤키텐샤碧天舍, 2002년)이 있습니다. 후쿠오카현의 네트워크 활동은 요코가와 씨를 빼놓고 이야기할 수 없습니다.

다케마쓰 데루오武松輝男 씨는 1947년에 오무타시에 위치한 미쓰이三井 미이케三池 탄광에 입사해, 전후 일본 노동쟁의 승패의 분기점이었던 미이케 탄광 투쟁 등의 조합 활동을 했습니다. 동시에 회사 측의 혹독한 탄압에도 굴하지 않고 전쟁 전의 수인囚人 노동과 강제동원된 조선인·중국인에 관한 사내 자료를 수집하고, 증언을 들으면서 은밀히 조사를 계속해 왔습니다. 1990년대에 후쿠오카 지방재판소에 제소된 미이케 탄광 전 중국인 광부들의 재판에 증인으로 출석해 장렬한 강제 노동 실태를 증언하기도 했습니다. 저서로 《수인 번호 70번 갱부囚徒番号七十号坑夫》(소시샤衆판創思社出版, 1982년), 《갱내의 말과 마부와 여갱부—땅속의 기록—저주坑内馬と馬夫と女坑夫—地底の記録—呪咀》(소시샤衆판創思社出版, 1982년)가 있습니다.

나가사키현 오무라시에 거주하는 모리야 요시히코守屋敬彦 씨는 홋카이도 소재 대학에 교수로 있으면서 스미토모 고노마이住友 鴻之舞와 홋카이도 탄광기선北海道 炭鉱汽船의 기업 자료를 수집하고 연구해 왔습니다. 기업이 기록한 조선인 강제동원 실태에 관한 자료는 지금까지 실시해 온 청취 조사와 조선총독부 등의 자료에 더하여 기업 쪽으로 새롭게 조명할 수 있는 귀중한 연구입니다. 모리야 교수는 지금까지 많은 논문을 발표했습니다.

이 네 명의 연구자들과 함께 후쿠오카현의 조선인 강제동원 노동자

실태를 탐구할 수 있었던 것은 행운이었습니다. 그들과 함께 연구하면서 많이 배웠고, 새롭게 역사 인식을 다지는 매우 귀중한 경험이었습니다.

후쿠오카현 네트워크, 유골 조사 진행

지쿠호 지역은 후쿠오카시 동쪽에 위치한 탄광 지대입니다. 메이지 이후, 아소^{麻生} 탄광(1871년), 가이지마^{貝島} 탄광(1885년), 야스카와^{安川} 탄광(1889년) 등 그 지방 고유의 산업이 탄생하였고, 이에 더해 중앙의 대자본인 미쓰비시(1889년), 스미토모(1894년), 후루카와^{古川}(1896년)가 진출하여 대규모 탄광 지대가 되었습니다.

그동안 지쿠호 지역의 사원에 안치되어 있던 유골은 대부분 재일본 대한민국민단(민단) 후쿠오카현 본부와 대한기독교 교회 목사, 또는 지역 NGO 등에 의해 한국 '망향의 동산'으로 보내졌습니다. 또한 기타규슈와 지쿠호에 세워진 공양탑 등으로 옮겨진 경우도 있습니다. 이들 유골 명부를 수집하여 분석한 결과, 강제동원 시기의 성인 남자로 특정되는 유골은 극히 일부인 것으로 판명되었습니다.

한편, 강제동원된 조선인 노동자의 시신을 어떻게 처리했는지 조사하기 위해, 지쿠호 지역 각 지자체에 1939년~1945년의 강제동원 기간이 포함된 조선인의 매장·화장 허가증 정보 공개를 요구했습니다. 지금까지는 개인의 프라이버시를 보호하기 위해 친족 외의 제3자에게는 정보가 공개되지 않았지만, 일본 정부가 한국 정부에 유골 조사·반환에 협력하면서 매장·화장 허가증이 보존된 지자체는 과감하게 공개하고 있었습니다(이들 자료의 보존 기간은 10년 안팎이므로 이미 폐기한 지자체도 많았음). 매장·화장 허가증은 이즈카시, 미야타초 등 6개 지자체가, 그 밖에도 사망자 정보가 기록된 호적 접수장은 2개 지자체가 공개해 주었습니다.

지쿠호 지대에서 정보 보존이 확인되고 공개된 지자체는 다음과 같습니다.

매장 · 화장 허가증	1개 시市	5개 마치町 [시초손市町村 통합 전의 지자체명]
이즈카시飯塚市	403위位	1937년~1945년(9년간)
미야타초宮田町	407위	1935년~1955년(21년간)
호나미마치穂波町	303위	1941년~1945년(5년간)
고다케초小竹町	226위	1931년~1945년(15년간)
쇼나이마치庄内町	49위	1945년~1956년(12년간)
가이타마치穎田町	11위	1945년~1951년(7년간)
호적 접수장	**1개 시**	**1개 마치**
야마다시山田市	140위	1945년(1년간)
이토다마치糸田町	20위	1941년~1957년(17년간)

이상, 총 1,600명 가까운 명부가 공개됐습니다.

사망자 정보가 많은 이즈카시의 매장·화장 허가증에는 다음과 같은 항목이 기록되어 있습니다.

이름, 생년월일	
본적지	유족을 찾을 수 있다.
호주 이름과 친족 관계, 직종	탄갱 노동자로 인정이 가능하다.
현주소	탄광 주택의 소재지명으로 취업한 기업명을 판명할 수 있다.
▲ 병명(지움)	유족이 신청하면 검게 칠해진 부분도 볼 수 있다.
발병 연월일	발병 5일 이내 사망한 경우는 사고 가능성이 높고,
▲ 사망 연월일	10일 이내인 경우도 사고 가능성이 있는 것으로 추측할 수 있다.
사망 장소	탄갱 내인 경우는 즉사로 판명할 수 있다.
화장장 또는 매장 장소	0세부터 1세까지 영유아 약 절반이 매장되었다. 2세 이상은 거의 화장되었으며, 예외적으로 노인이 매장된 예가 있다.

병명은 프라이버시 보호(유족을 찾을 수 있다)로 칠해진 상태였지만, 매장·화장 허가증의 기록만(탄갱 노동자로 인정이 가능하다) 사고사 여부를 추측할 수 있는 경우가 많았습니다. 이는 지쿠호 지역 강제동원 노동자 사망의 90퍼센트 이상을 차지하는 탄갱 내 사인을 해명하는 데 큰 도움이 됐습니다. 위의 8개 시와 마치町(오늘날의 '초'를 의미함.-옮긴이) 중, 전쟁 중에 기록된 매장·화장 허가증을 비교적 오래 보관한 이즈카시, 미야타초, 호나미마치, 고다케초의 4개 지자체 명부를 분석(자료 3, 324~325쪽 참조)한 결과 다음과 같은 점이 판명됐습니다.

① 어린이(특히 영유아) 사망자가 많았다(1945년까지의 통계).

4개 지자체 어린이(15세 이하)   사망자 합계 624명(약 80퍼센트는 1세 이하 영유아)

성인(16세 이상)   사망자 합계 670명

사망자 중 절반 가까이가 어린이들이었습니다. 명부 일람표 작성에 참여했던 회원은 이런 사실을 알고 몹시 마음 아파했습니다. 영양 부족과 밀집된 탄광 주택의 열악한 환경으로 전염병 같은 피해에 집중적으로 노출됐을 것으로 추측됩니다.

② 3개 지자체의 어린이 매장 건수는 총 250건(4개 지자체 중 호나미마치는 매장·화장 구분이 없으므로 알 수 없음), 화장도 거의 같은 수.

청년과 장년은 예외 없이 화장되었고, 고령의 노인을 매장한 예는 두세 건밖에 없었습니다. 영유아 매장 장소는 현지 일본인 공동묘지 주변이나 산기슭이었으며, 묘비 대신 돌이 띄엄띄엄 박혀 있었습니다.

③ 강제동원기 1939년~1943년, 약 4년 동안 4개 지자체 탄광 노동자 사망자 180명. 1944년~1945년, 1년 8개월 동안 4개 지자체 탄광 노동자 사망자 205명.

1944년~1945년에 사망자가 급증한 것을 알 수 있습니다.[15]

특고 자료 〈노무 동원 계획에 따른 이입 노무자 사업장별 조사표, 쇼와 19년(1944년) 1월 말 후쿠오카현〉에 따르면, 후쿠오카현의 1943년

---

15. 1944년 3월 22일, 미쓰비시 이즈카 탄광에서 발생한 사상 최대의 사고로 일시에 33명의 사망자가 나온다. 이런 까닭에 1944년~1945년의 사망자 수가 대폭 증가한 점을 고려하면, 지쿠호 지대 전체적으로는 1943년까지의 사망자 수와 그 이후 패전까지의 사망자 수는 거의 비슷하다.

말까지의 강제동원 조선인 사망자 수는 711명입니다. 패전 때까지 강제동원 기업에서 발생한 사망자는 약 두 배인 1,400~1,450명 안팎일 것으로 추산됩니다.

이 특고 자료의 기록을 보면, 후쿠오카현 내의 탄광 등에 강제동원된 조선인 중 절반 이상이 도망자입니다. 후쿠오카현이 홋카이도를 비롯한 타 지역과 비교하여 도망자 비율이 월등히 높았던 원인은 지쿠호 지대에서 찾을 수 있지 않을까 싶습니다. 지쿠호 지대는 탄광 밀집 지역으로 조선인 이주 노동자가 많아서 도망을 안내하고 은닉해 주거나, 다른 직장으로 알선하는 네트워크가 비교적 잘 형성돼 있었을 것으로 추측됩니다. 탄광 내 사고의 공포와 식사에 대한 불만, 혹은 가혹한 노동에서 벗어나기 위해 도망친 사람들은 알음알음으로 간사이關西 방면으로 가거나 현지의 토목 공사 현장을 전전했지만, 도망자 중 일부는 강제동원 사실조차 파악할 수 없는 중소 탄광에서 일하다가 사고로 사망했을 가능성도 있습니다.

후쿠오카현 내의 조선인 유골 반환 경위

후쿠오카현의 조선인 강제동원 노동자 수는 1945년 6월 말 시점에서 17만 1천 명(1945년 10월 '후쿠오카현 지사 인계서'), 그중 지쿠호는 약 15만 명입니다. 앞서 기술한 것처럼 후쿠오카현의 강제동원 조선인 사망자 수는 1,400~1,450명 안팎입니다.

1973년경, 고 최창화 목사(기타규슈시 소재 대한기독교회 고쿠라교회)

가 지쿠호 지대의 사찰을 돌며 수습한 유골 81위를 모지門司 시영 묘지 일각에 자리 잡은 납골당 '에이세이엔永生園'에 봉안했습니다. 그 가운데 강제동원기의 성인 남성으로 추측되는 유골은 14위이며, 그중 8위는 구라테초에 있는 사찰 신쿄지真教寺에 있던 유골입니다. 당시 구라테초에는 강제동원이 이루어진 대규모 탄광은 없었으며 대신 소규모 탄광이 많았습니다. 그렇다면 강제동원되었던 기업에서 도망쳐 나온 노동자가 소규모 탄광에서 일하다가 사망하였고, 그 유골이 사찰에 맡겨진 채 지금까지 보관되어 있었다고 볼 수 있습니다.

민단 후쿠오카현 본부는 1982년부터 몇 차례에 걸쳐 현 내에서 수습한 300위 가까운 유골을 한국의 '망향의 동산'에 봉안했습니다. 그런데 민단으로부터 제공받은 유골 명부 중, 강제동원기의 성인 남성으로 확정할 수 있는 유골은 3위뿐이었습니다.

2000년 무렵에는 시민 단체 '무궁화회無窮花の会'가 지쿠호 일대의 사찰에서 수합한 약 32위의 유골을 무궁화당無窮花堂(후쿠오카현 이즈카시에 있는 조선인 납골당.—옮긴이)에 봉안했습니다.

강제동원된 조선인 노동자 유골 반환 실태

매장·화장 허가증 등에 기록된 사망자의 유골이 유족에게 반환되었는지의 여부도 조사했습니다.

유족과 연락이 닿은 유골은 전부 반환되었음을 이 조사를 통해 알게 됐습니다.

미쓰비시 이즈카 탄갱	1944년 3월 22일 가스 탄진 대폭발 희생자 유골	10위
아소 탄갱		1위
조센지淨善寺	과거장 유골	4위
일본탄업(주)	가미야마 탄광上山炭鉱	
(이상은 한국의 진상규명위원회 유골 조사관의 협력을 얻어 조사)		
메이지 히라야마 탄갱	피해자 유골(요코가와 씨 조사)	2위
일본탄업(주)	가미야마 탄광의 유족을 방문(후쿠도메 씨와 요코가와 씨 조사)	3위
	합계	21위

연구자 모리야 요시히코 씨가 제공한 기업 내 자료에서는 유골 반환에 관해 다음과 같이 기술하고 있습니다.

스미토모 고노마이 광산 〈반도 노동자 통리統理 요강〉

제12장 제3절 유골 송환 방법

1. 유골 송환은 가급적 신속을 요하나, 가까운 시일 내에 그 기회가 있을 경우는 그 기회를 기다린다.

2. 반도(당시, 조선을 차별적으로 의미한 호칭.-옮긴이) 사정에 정통한 사람에게 맡겨 정성을 다해 조문할 것이며, 동시에 조선 내 군수와 면장과도 충분히 연락하여 광산의 사망자와 유족에게 성심성의껏 조의한다.

또한 홋카이도 탄광기선주식회사의 내부 자료에는, "사망 통지와 유골 반환을 정중히 하지 않아서 조선의 유족과 주민에게 큰 반발을 초래하여 계속하던 연행이 불가능했다"는 사례가 기록되어 있었습니다 [홋카이도대학 도서관 북방자료실에 소장된 호쿠탄北炭(홋카이도 탄광기선주식회사의 약어.-옮긴이) 자료〈부산 왕복釜山往復〉, 1944년].

한국의 일제강점하강제동원피해진상규명위원회의 위원들이 조사를 위해 여러 번 후쿠오카를 방문했습니다. 그들은 조사를 통해 알게 된 사실을 들려주었습니다.[16]

"피해 신고 분석과 청취 조사를 실시한 결과, 관부연락선이 운항되던 1944년까지는, 대기업의 경우 강제동원된 희생자의 유골을 돌려주었다는 것을 알 수 있었습니다."

위의 사실로 후쿠오카현에 있는 강제동원된 조선인 유골은 기업에 의해 거의 반환된 것으로 보입니다.

강제동원된 조선인 유골에 대한 지쿠호 지역의 역사 인식

지쿠호 지역의 다가와시에 있는 사찰 호코지法光寺에는 조선인 탄광 희생자를 기리는 합동 위령비 '쟛코寂光'가 있습니다. 그 안에는 강제동원 시작 이전부터 일본에 와서 일했던 노동자를 포함한 조선인 유골 약 30여 위가 봉안되어 있다고 합니다.[17] 위령비 옆에는 1997년에 시민

---

16. 1945년 이후부터 패전 때까지의 사망자 유골은 패전 후, 동향인이 유족에게 반환했을 것으로 보인다.
17. 당시의 주지가 바뀌어 자세한 사항은 알 수 없음.

단체가 세운 안내판이 있는데, 이런 설명이 있습니다.

"이 지쿠호에 석탄 채굴 노동력으로 약 15만 명의 조선인이 강제로 연행돼 왔다. 이후 1945년까지 강제 노동과 열악한 환경에서 약 2만 명이 갱내 사고와 질병으로 사망했다."

우리가 조사한 것보다 사망자 수가 10배 이상 많습니다. 이 안내판을 세운 시민 단체는 지금까지, "일본 기업은 강제 연행한 조선인 유골을 유족 곁으로 돌려보내지 않고 산야에 그대로 방치해 두고 있다"라는 입장으로 지쿠호에서 오랫동안 필드 워크를 해 왔습니다. 한국에서도 많은 이들이 이 필드 워크에 참여하고 있고, 그들의 역사 인식에 영향을 받고 있습니다.

이 안내판을 세운 시민 단체는 필드 워크의 상징적인 장소로 휴가^{日向} 묘지[18]로 안내합니다. 그리고 "이 근처 후루카와 오미네 탄광에 강제동원된 조선인 유골 37구가 매장돼 있다. 그러나 지금은 그 위에 개와 고양이의 반려 동물 무덤과 표식이 세워져 있다"고 설명해 왔습니다. 지쿠호는 '죽어서까지 조선인은 개와 고양이보다 못한 취급을 당하는' 차별의 상징으로 한국과 일본 각지에서 필드 워크에 오는 사람들의 분노를 유발하는 곳인 셈입니다. 그 밖에도 이즈카시에 있는 "스미토모 다다쿠마 탄광 폐석산(탄광에서 선탄^{選炭}을 한 후에 남은 돌이나 불량탄을 쌓아 둔 더미로 시간이 흐르며 작은 산이 되었다.-옮긴이)의 풀숲에 강제 동원된 조선인 시신 50구가 묻혀 있으며, 묘비 대신 폐광석이 놓여 있

---

18. 후쿠오카현 다가와군 소에다초^{添田町}에 있는 휴가 집안의 묘지.

다"고 설명하며 안내합니다. 마찬가지로 "이즈카시 아이타相田에서 탄광 터를 조성하던 중에 발견된 유골을 모아 공사 관계자가 건립한 로진바카旅人墓(묘지)도 구 일본철도 다카오高雄 탄광에 강제동원된 조선인의 비극을 이야기하는 상징적인 유물이다"라고 설명합니다.

이와 같은 인식의 배경에는 박경식 씨의 책《조선인 강제 연행의 기록朝鮮人強制連行の記錄》(미라이샤未來社, 1965년)이 있습니다. 이 책은 초판 발행 이후 거듭 재쇄를 찍고 있는 베스트셀러로 이른바 조선인 강제동원 연구의 바이블과도 같습니다. 그런데 이 책 〈사상자 상황과 유골 문제〉 항목을 보면, 공적 기록인 1942년의 '이입 조선인 노동자 이동 조사'를 토대로 강제동원된 조선인 사망자 수를 계산하고 있습니다. 후쿠오카, 조반常磐, 삿포로 등의 탄광 지대에 동원된 조선인 '사망률 0.9퍼센트'와 '기타 5.5퍼센트'를 합한 '6.4퍼센트'를 조선인 사망률로 보고, 강제동원된 조선인 '100만×사망률 0.064=6만 4천 명'이라고 계산합니다. '기타 5.5퍼센트'를 조선인 사망자에 포함시킨 것은 "행방불명자로 추측되며 사망자가 다수 포함되어 있다고 볼 수 있다"라는 설명을 덧붙입니다. 지쿠호의 시민 단체는 박경식 씨의 이런 주장을 더욱 과장하여 지쿠호 지대에 강제동원된 15만 명 중 2만 명이 죽었다고 안내판에 기록한 것입니다.

앞서 기술한 후쿠오카현의 〈노무 동원 계획에 따른 이입 노무자 사업장별 조사표〉에는 '기타 귀선자帰鮮者 수'라고 나오는데, 이는 "질병과 가족 사망, 본인 결혼, 가족을 불러들이기 위한 가재家財 정리 등으로 약 1개월의 일시 귀국을 기업이 허락해 그대로 돌아오지 않은 사람

수"입니다(《계간 전쟁책임연구》 제55호, 모리야 요시히코, 〈조선인 강제 연행 사망자 유골·유족 부조료^{扶助料}〉). 박경식 씨도 나중에 '기타 5.5퍼센트'를 사망자에 포함시킨 것이 오류였음을 알고, '사망률 6.4퍼센트'라는 주장을 철회합니다.

김광열 씨는 저서 《바람아, 전해 다오》에서 이렇게 전제하고 있습니다. "필자가 지난 20년 동안 지쿠호 일대 사찰을 조사하여 파악한 조선인 전체 사망자 수(남녀노소, 식민지 지배의 모든 시기)는 약 2,200명이며, 이는 엄청난 희생자 수이다. 그러나 2만 명에는 훨씬 못 미친다."

그리고 이어서 다음과 같이 밝히고 있습니다.

"안내판을 세운 사람은 '희생자 숫자가 많으면 많을수록 좋다'고 말한다. '약 2,200명'은 필자가 확인한 가장 신뢰할 수 있는 숫자이며, 자의적으로 계산한 가공의 '2만 명'과 비교해 참고하기 바라는 마음으로 여기에서 다루는 것이다. 무엇보다 날조는 역사를 오도하는 크나큰 범죄이다…… 날조된 안내판을 제거하고 사죄해야 한다고 주장하는 바이다."

김광열 씨는 같은 책에서 '휴가 묘지의 사실'에 대해서도 언급합니다. 휴가 묘지에 강제동원된 조선인 유골 37구가 매장되어 있다는 이야기의 출처는 호코지의 안내판을 만든 T 씨입니다. 처음에 T 씨는 이 묘지 근처에 사는, 후루카와 오미네 탄광 광부였던 김기동 씨에게서 다음의 증언을 들었다고 했습니다.

"이 묘지에 조선인이 묻혀 있다. 휴가 집안의 묘지라 함부로 매장할 수 없어서 어둠을 틈타 시신을 묻고, 묘비도 자신만 알아볼 수 있게 작은 돌이나 우유병, 막대기를 땅에 꽂아 두었다."

이 증언에 '강제동원된 조선인'이라는 말은 없습니다. 게다가 김광열 씨는 김기동 씨와 잘 아는 사이지만 그런 증언을 들은 적이 없다고 합니다. 다른 사람들도 그와 같은 증언을 들은 적이 없습니다. 이 이야기는 T 씨에 의해 "여기에 조선인 2명을 생매장했다", "조선인에게 쓰는 머큐로크롬이 아까워서 빈사 상태의 중상을 당한 조선인을 그대로 생매장했다", "강제동원된 조선인 37명이 묻혀 있다"라는 식으로 점점 과장되어 갑니다. 김광열 씨는 또 책에서 "언론마저 검증도 하지 않고 따라가는 행태에는 기가 막힌다"라고, 언론까지 가담해 이 같은 일이 확산되는 것을 우려합니다.

김광열 씨는 영유아의 무덤에 대해서는 다음과 같이 쓰고 있습니다. "유교적 사고에서 보면 '부모보다 앞서 죽는 것은 불효자'이다", "'효도도 하지 않고 죽은 사람은 아무 데나 버려라'는 사고에서 비롯된 것이 일본의 공동묘지 주변에 매장된 어린이 무덤이다. 묘석은 있지만 묘비명이 없는 것이 당연하다", "'휴가 묘지에 조선인의 무덤이 있다'면 어른이라기보다 거의 어린아이의 무덤일 것이다. (중략) 휴가 고개 일대와 후루카와 오미네 탄광 주변 여기저기서 셋방이나 가난한 판잣집에 살았고, 이름도 없는 통칭 '조선료朝鮮寮'라고 불린 기숙사의 '조선인 함바[飯場](노동자 숙소)'에 기숙하며 탄광 일을 했던 가난한 사람들의 자식들로 생각된다".

매장·화장 허가증 정보를 흔쾌히 공개해 준 미야타초의 직원이 "매장·화장 허가증 기록에 있는 영유아 매장지로 안내하겠습니다"라면서 나와 요코가와 씨를 일본인 공동묘지로 안내해 준 적이 있습니다. 산

밑에 조성된 일본인 묘지 주변에 묘석 대신 자연석이 띄엄띄엄 박혀 있었습니다. 김광열 씨의 주장이 사실임이 느껴졌습니다. T 씨가 말한 '37명의 강제동원된 조선인' 표식이라는 것이, '거기에 폐광석이 37개 있다'는 것뿐 다른 근거가 없었기 때문입니다.

마찬가지로 T 씨가 속한 단체가 이야기한 "이즈카시에 있는 스미토모 다다쿠마 탄광의 폐석산 풀숲에 강제동원된 조선인 유골 50구가 묻혀 있으며, 묘비 대신 돌이 박혀 있다"라는 말도 폐광석이 있다는 것 말고는 아무런 근거가 없었습니다.

로진바카[旅人墓]는 지쿠호 지역 곳곳에서 볼 수 있었습니다. 메이지 이후 전국의 탄광을 떠돌아다녔던 일본인 광부가 사고나 병으로 사망하여 그 시신을 인수할 사람이 없을 때에 탄광의 공동묘지나 로진바카[旅人墓]에 안장했습니다. 강제동원된 조선인처럼 본적지가 있고, 기다리는 유족이 있는 사람들이 매장되는 곳이 아니었습니다.

앞서 언급했던 미야타초의 직원은 당시의 자료를 보여 주며 말했습니다.

"지쿠호는 콜레라와 장티푸스 같은 전염병이 탄광 주택들을 중심으로 유행했는데, 메이지 후기에 그 대책의 일환으로 장례법을 매장에서 화장으로 전면적으로 바꿨습니다. 그 때문에 지자체와 대규모 탄광에서 화장장을 만들었죠."

앞서 기술했던 매장·화장 허가증에서는 사망자 대부분이 화장된 것으로 기록되어 있었습니다. 예외적으로 영유아와 약간의 노인이 매장됐을 뿐입니다.

T 씨가 속한 시민 단체는 골프장을 조성할 때 발굴된 유골은 전부 '강제동원된 조선인의 유골'로 간주하고 기자회견을 해 왔습니다. 그러나 강제동원기에 사망한 노동자는 전부 화장되었으므로 매장된 유골처럼 원형을 유지하고 있지 않습니다. 필시 지쿠호 지역에서 전면적으로 화장법이 도입되기 이전에 매장된 떠돌이 일본인 광부의 유골이거나, 아니면 매장된 영유아의 유골일 것입니다.

강제동원된 조선인 노동자의 투쟁(특고경찰 자료에서)

확실한 증거가 없음에도 강제동원과 관련해서 왜 이런 역사 인식이 생성된 것일까요?

전쟁 기간 중에 조선인은 '일본인'으로서 강제동원되어 가혹하고 위험한 노동에 내몰렸는가 하면, 군인·군속으로 남태평양제도의 격전지에 동원되어 사망하거나 부상을 당했습니다. 그러나 전쟁이 끝나자 '외국인'으로서 '군인·군속 유족 보호법(군인은급)', '상이군인·전사자 유족 원호법' 등의 전후 보상 등에서 배제되어 왔습니다. 재일한국인·재일조선인은 전쟁이 끝난 뒤에도 취업이나 사회보장제도에서도 차별받아 왔습니다. 따라서 식민지 지배에 대한 반성 없이 여전히 차별을 계속하는 일본의 정치와 사회에 큰 상처를 받고 분노를 품어 왔을 것입니다. 가해자 측에서 반성의 모습을 보이지 않을 때, 피해자 측은 큰소리로 혹은 과장되게 피해를 호소하고 분노를 드러내며 반성을 촉구하기 마련입니다.

그 심리는 충분히 이해가 됩니다. 그런데 한편으로는 전시 상황에 강제동원된 조선인 노동자들이 차별 대우에 맞서 맹렬히 투쟁하고 부조리한 처우를 용납하지 않았던 역사를 우리는 제대로 알지 못했던 것은 아닐까요.

연구자 요코가와 데루오 씨는《특고월보》[19]에 기술된 후쿠오카현 내 탄광의 조선인 노동자 동향을 조사하여, 2007년 후쿠오카현 네트워크 학습회에서 발표했습니다. 그 발표를 통해, 강제동원기 내내 조선인 노동자들이 기업 측이 강제한 가혹한 노동과 부당한 처우에 맞서 도주 또는 집단행동으로 저항하였고 인간의 존엄을 요구하며 뜨겁게 투쟁했다는 사실을 알 수 있었습니다.

이《특고월보》는 특고경찰이 치안 유지를 위해 작성한 '극비' 자료였으므로 거기에 기록된 내용은 대부분 사실일 것입니다. 몇 가지 특징적 내용을 요코가와 씨가 작성한 조사보고서를 통해 살펴보겠습니다.

'모집'이라는 명칭으로 강제동원이 시작되다(《특고월보》 1939년 11월, 12월 기사에서)

"모집으로 오게 된 조선인은 불평불만이 있을 경우, 늘 집단행동으로 나오는 경향이 있는데 특히 사업주나 내지인에 대해 이러한 경향이 두드러지며…… 이들 모집으로 온 조선인 노동자 중에서 치안 또

19. 구 내무성 직속 특별고등경찰이 1930년 3월부터 1944년 11월까지 '극비'로 발간. 「복각판 특고월보復刻版 特高月報」(세이케이슛판사政経出版社, 1973년)에서.

는 협화사업協和事業(조선인을 일본인으로 동화시키는 정책)에 중대한 해가 되거나, 내지인과 일본에 거주하는 조선인에 악영향을 미칠 우려가 있거나…… 각종 분쟁紛爭의 주모자로 그 정상情狀이 무거운 사람 등은…… 그 이유를 설명하고 본적지로 송환하는 조치를 강구하고 있는 상황이다."

위 기록을 통해 경찰이 쟁의 행위에 대해 매우 우려했다는 것을 엿볼 수 있습니다.

"이번 모집에 따른 조선인 노동자는, 선내鮮內[20]의 경찰서 또는 읍면사무소가 비교적 소질이 양호한 산업 전사로서 조선을 대표할 만한 사람을 선발하였고 이들의 수송에도 상당히 주의를 기울이고 있지만, 그럼에도 피모집자가 아닌 사람이 상당수 섞여 들어오고 있는 상황이다." 이렇듯 '자유 모집'이라고 하면서도 경찰과 마을 관리들의 '선발'이라고 한 점, 단체 수송이었다는 점에서 '강제성'을 엿볼 수 있습니다.

"모집에 따른 이주 조선인 노동자에 대해서는 선내 출발에 즈음하여 관할 경찰서장이나 그 대리자가, 또한 도래渡來한 후에는 취업지 관할 경찰서장이나 그 대리자가 각각 후방의 산업 전사라는 마음가짐에 관해 자상하고 친절히 일깨워 주는데도, 도래 후 또는 오는 도중에 도주하여 행방불명된 사람의 수가 492명에 달할 정도로 많은 상황이다. 그 원인을 생각해 보건대, 대강 다음과 같다.

1. 처음부터 내지 도항 수단으로서 응모한 자.

—

20. 당시 조선을 멸시하던 말.

2. 응모 후, 내지에 거주하는 지인에게서 도항 후 도주해 오도록 통신을 받은 자.

3. 취업지에 이르는 도중, 타인에게 탄광·광산의 작업은 위험하니 더 나은 직업으로 알선해 주겠다는 말에 유괴당한 자.

4. 탄광·광산 작업에 공포를 느꼈던 자.

5. 탄광·광산 작업의 과로를 혐오했던 자.

6. 모집 때의 노동 조건과 실제가 상이하다고 판단한 자."

이상과 같이 자신의 생명과 생활을 지키기 위해 조선인 노동자 다수가 도주했으며, 후쿠오카현의 경우 사업장에서 도주한 노동자가 50퍼센트 이상에 이릅니다. 이 또한 저항과 투쟁의 또 다른 형태라고 할 수 있습니다.

노무 담당자 경질

"온가군遠賀郡 미즈마키마치水巻町의 닛산화학공업소 다카마쓰日産化学工業所 高松 탄광에서 조선인 노동자 400명 중 200명이 참여한 분쟁이다. 노무 담당자가 무단 외출하려는 조선인 노동자 2명을 제지하며 구타하자, 이 소식을 들은 동료 조선인들이 노무 담당자 대기소로 몰려들었다. 노무 담당자는 커다란 창칼을 들고 허세를 부렸지만 사태는 험악해졌다. 이에 관할서가 개입하여, 노무 담당자의 언어불통으로 초래된 오해 때문에 분쟁화된 것이라고 설득하여, 노무 담당자를 경질하는 것으로 원만히 해결됐다."

장시간 노동에 항의한 태업

"온가군 가쓰키마치香月町의 가나마루 오쿠마金丸 大隈 탄광에서 발생한 조선인 노동자 54명 중 23명이 참여한 쟁의이다. 회사 측에서 1월에 8일간의 출탄보국주간出炭報國週刊21을 실시하고 12~15시간 동안 일을 시키자(모집 계약에는 12시간), 조선인 노동자들이 불만을 제기했다. 그러나 종료 후 1월 21일, 회사가 임금 지불 명세서에 대해 설명하고 본적지 송금과 저금을 도모하자, 조선인 노동자들이 현금 지불을 주장하며 양보하지 않아 일단 교부交付시켰다. 그 후로 많은 사람들의 의견으로 51명이 회사의 저지를 무시하고 영화 관람이라는 명목으로 대거 외출하는 행동을 보인다. 또한 취사 담당자의 기상이 늦은 것을 계기로 23명이 일제히 태업한다. 이는 경찰과 회사의 설득으로 해결됐다. 그 후 관할서에서 조사한 결과, 3명의 선동자가 개입된 것이 판명됐으므로 송환 예정이다."

하루 노동 시간이 계약할 때부터 이미 '12시간'이었다는 것, 더욱이 노동 현장에서는 15시간의 장시간 노동을 강요한 것이 드러났습니다. 또한 임금을 '저금'시켰다는 것도 알 수 있습니다. 설 명절이었으니 현금이 필요했을 것이고, 투쟁을 통해 받게 됐지만 '주모자'들은 송환당했습니다.

이 외에도 각 취업처에서 훈련 완화, 자유 외출 승인, 현장 지도원의 태도 시정 등 다양한 요구를 하며 투쟁합니다.

---

21. 국가에 보답하기 위해 석탄을 더 많이 파내는 기간.

배고파서 투쟁(《특고월보》 1940년 6월 기사에서)

이 무렵부터 이미 '미곡 규칙'이라는 미명 아래 '식품 통제'가 시작되었고, 조선인 노동자들은 '배고픔' 해결을 위해 계속 투쟁을 합니다. 이달의 월보에는 후쿠오카현에서만 11건이 보고되었습니다. 그중에 다음과 같이 기술된 부분이 있습니다.

"가호군嘉穂郡 우스이마치碓井町에 있는 메이지광업 히라야마明治鉱業 平山 탄광 제2갱에서 6월 1일부터 미곡 할당 배급 실시에 따라, 1인당 4홉 남짓한 급식을 배급했다. 이에 부족한 양은 대용식으로 보충했지만 6월 3일, 주간조로 입갱할 조선인 노동자 37명이 배고픔을 이유로 작업을 거부하고 파업했다."

관 알선 방식으로 강제동원된 상황에서의 투쟁(《특고월보》 1942년 4월 기사에서)

'고쿠라시小倉市의 고쿠라 육군 조병창造兵廠에는, 노무 충족을 위해 작년 10월 이후 조선군 사령부와 조선총독부의 알선으로 수차례에 걸쳐 조선인 공원 528명이 집단 이입됐다. 그런데 다수의 도망자와 사고 송환자가 발생하여 당국에서도 잔류 공원의 지도에 매우 주의하고 있으나 여전히 가동이 잘되지 않고 있다. 작업을 피하거나 근무에 태만한 경우가 잇따랐으므로, 일할 전망이 없어 보이는 19명은 해고하고, 본적지로 송환시키기도 하여 잔류자는 198명으로 감소하였다. 또한 잔류자 중에도 귀국을 희망하며 태업 태세로 나와 해고를 요하는 자가 상당히 있는 모양이다."

참으로 처참한 강제동원의 참상이며, 이 경우는 군을 상대로 했던 투쟁입니다.

1942년부터 1943년까지, 후쿠오카현에서 발생한 분쟁의紛爭議만 해도 매월 6~8건에 달했습니다.

다수의 노동쟁의가 발생(《특고월보》 1944년 4월 기사에서)

아시아태평양전쟁이 급박해지자 숙련 노동자 부족, 자재의 열화劣化, 배고픔 등의 악조건에서 노동쟁의가 속출합니다.

"이입 조선인 노동자의 노동쟁의가 속출하고 있으며, 본년 1월 이후 87건(전국)의 다수 분쟁의가 발생하는 실정이니 그 동향에 매우 유의해야 한다."

이 무렵이 되면 '노동자'가 차별적인 표현인 '노무자'로 바뀝니다. 또한 《특고월보》에는 조선인에 관해 차별적인 표현이 있지만 그럼에도 불구하고 본문을 그대로 옮기는 것을 양해를 바랍니다.

그리고 군이 출동할 정도로 대규모 쟁의가 지쿠호 지역에서 발생합니다.

"다가와군田川郡 가와사키마치川崎町의 후루카와 오미네 탄광 제2갱에서, 3월 13일 오전 6시에 이 갱의 지도원 5명이 이입 조선인의 입갱 전 검진 시, 절도와 도주 용의가 있는 스모야마 고린李山興麟(35세)을 발견하고 대기소로 연행하여 구타한 일로 동인은 오후 1시 30분에 사망했다. 본 사건의 발생에 탄광 측이 심히 당황하여 검찰 당국에 곧바로 연락하지 않고 전후 처치를 고심하던 중, 일찌감치 그 사실을 들은 동료 조선인 45명은 반장들의 선동도 있었던 터라 극도로 분개했다. 이에 저마다 곤봉을 들고 동일 오후 5시 20분경에 피해자가 안치된 동 탄광 부속병원과 지도원 대기소에 습격하여, 지도원 4명에게 중경상을 입히고 유리창 131장을 파손했다. 또한 동갱 기숙사에 있던 조선인 노무자 270명도 부화뇌동하여 동요는 극에 달했다.

더욱이 갱내 작업 중이던 이입 조선인 노무자 약 40명도 이 사실을 전해 듣고 승갱昇坑하여, 저마다 곤봉을 들고 부도덕한 행동으로 나섰는데, 그제야 탄광 측은 관할 경찰서에 통보했다.

관할 다가와서署는 특별 경비 계획에 입각하여 서원署員을 비상소집하고, 40명의 경관을 동원하여 탄광에 긴급 출동시켜 사건 관계자인 지도원 10명, 집단 폭행 사건과 관련된 이입 조선인 45명을 검거하고, 그 밖의 사람에 대해서는 진무鎭撫에 힘쓴 결과 동일 오후 7시 30분경 완전히 평정되었으므로 그 후 경계와 입갱 독려에 임했다.

그러나 본건에서 주목되는 점은, 탄광 측이 사건의 발생을 다가와 소에다마치添田町에 있는 지쿠호 광산 지대 특별 경비 부대인 서부 6799부대(상비 편성 장교 3명, 하사관 2명, 병사 2명, 필요에 따라 재향군인 소집)에도 보고해 동 부대가 대장 이하 13인의 무장병을 출동시켰다는 것이다. (중략) 약 1시간 만에 탄광에서 철수했다. 이튿날 오전 4시 20분경, 동 부대의 준위 이하 10명이 계속 현장에 와서 '군은 독자적인 입장에서 경계 임무에 임하고 있다'라고 말하며 착검하고 기숙사 내 요소要所에서 보초 경계를 섰으며, 동일 오후에 철수했다……"

이때의 조선인 노동자들의 투쟁은 탄광 측에서 군 출동을 요청했을 정도로 굉장했음을 알 수 있습니다.

징용기(《특고월보》 1944년 11월 기사에서)

드디어 일본 측에 중대한 국면이 기술되고 있습니다.

"이입 조선인 노무자 취로就勞 상황은 대체로 양호하지만, 일부에서는 여전히 각종 분쟁이 일어나고 있다. 당월 11월 중에 발생한 건수는 24건으로 참여 인원이 2,429명이며, 금년 1월부터 당월 말까지의 누계로는 전국에서 303건 발생, 참여 인원이 15,230명인 다수에 달한다."

징용 방식인 연행(강제동원)에 대해서는 다음과 같은 기사가 있습니다.

"조선인 노무자 이입 계획에서 긴급 충원을 목적으로…… 징용으로 노무자를 공출하고 있으나 최근 조선인 노무자 중에는 중학교 이상 학력을 지닌 지식 계급과 유식적有識的 직업에 종사하는 자가 상당 수 있어서, 오카야마현 미쓰이·다마노 조선소三井·玉野造船所 외 두 곳 사업장의 이입 조선인 노무자를 보면, 3,253명 중 467명으로 14퍼센트를 차지하는 상황이다. 그리고 민족의식이 농후한 자가 있어, 사소한 것을 문제 삼아 회사 측이나 내지內地 공원工員과 대립하도록 선동하는데, 민족적인 주장을 하거나 근로 의욕 결여로 노무 관리에 현저한 장애를 끼치는 것은 주목할 만하다. 또한 징용에 응한 자応徴者 중에는 불건전 자가 다수 혼입되었다. 전기前記한 오카야마현의 상황을 봐도 재진再診 결과, 흉부 질환, 정신 분열, 성 질환 등으로 근로 전망이 없어서 징용을 해제하고 본적지로 송환한 자가 81명이나 되었다. 조선 내에서 공출 노무자의 질적 심사가 철저하지 못했음을 알 수 있다.

더욱이 이들 조선인 노무자 중에는 혹한을 앞둔 내지 도항임에도 입을 의류조차 지참하지 않은 자가 많아, 이입 후 사업주 측에 그 대책이 충족되지 않았을 경우의 동향이 우려된다."

지식 계급이 증가하고 더욱이 육체노동자를 구하기 어렵게 되자, 징용 방식이었던 연행(강제동원) 자체도 불가능했다는 것, 조선 노동자들이 옷도 가져오지 않았으며 일본 측에서도 그것을 충족해 줄 능력이 없어졌다는 것은, 패전 직전의 말기 현상을 잘 보여 주는 대목입니다.

강제동원기의 조선인은 인간으로서의 자긍심에 상처받고 부조리하게 취급당하는 것을 결코 용납하거나 참지 않았기 때문에 그 기간 내내 저항하고 투쟁했던 것입니다. 일본의 기업이나 경찰도 조선인이 그처럼 작업에 태만할 경우, 군수 물자 생산에 차질을 빚으므로, 조선인 탄광 노동자들에게 좀 더 유연한 노무 관리와 사망 통지, 유골 반환을 가급적 정중히 할 수밖에 없었을 것입니다(요코가와 씨가 작성한 학습회용 자료에서).

한편, 관부재판 원고들인 여자근로정신대는 국민학교 6학년부터 졸업 후 1~2년 정도 된 어린 소녀들이기 때문에, 불합리한 회사 측의 계약 위반과 고된 노동, 임금 미지급에도 저항하지 못한 채 질병과 부상을 당한 경우에만 잠시 쉴 수 있었습니다. 도주에 성공한 소녀도 있었지만 강덕경 씨처럼 헌병에 붙잡혀 마쓰시로 대본영松代 大本営 공사 현장에 설치된 위안소로 보내진 끔찍한 예도 있었습니다.

1992년부터 30년 가까운 세월 동안, 동료들의 죽음까지도 감내하며 싸워 온 원고들의 분노에는 근로정신대 시절 '저항조차 못 했던 원통함'도 담겨 있음을 이제야 깨닫게 됩니다.

일본군 '위안부' 문제의
입법 해결을 위해

2003년 3월, 관부재판과 재일 전 일본군 '위안부' 재판에서 최고재판소의 기각 결정이 나왔습니다. 그해 연말에는 필리핀 일본군 '위안부' 재판에서도 마찬가지로 기각 결정이 나옵니다.

우리는 '재판에서 이기지 못했다'는 분한 마음으로 입법 운동을 시작했습니다. 같은 해 11월 22일, '종군 위안부 문제와 씨름하는 규슈 기독교인 모임'과 공동 주최로 도쿄에서 아리미쓰 겐有光健 씨와 양징자 씨를 초청해 일본군 '위안부' 문제의 입법 해결을 모색하는 집회를 가졌습니다.

아리미쓰 씨는, 국회에서 최초로 일본군 '위안부' 문제 해결을 촉구해 온 모토오카 쇼지本岡昭次 참의원 등이 작성한 '전시성적강제피해자

문제의 해결촉진에 관한 법안'을 2001년 이후로 계속 참의원에 의원 입법으로 제출해 온 경과를 들려주었습니다. 이 법안 내용은, "만주사변, 중일전쟁, 태평양전쟁 시기 구 일본의 육해군에게 조직적·계속적인 성적 강제로 희생된 식민지와 점령지 여성들에 대해, 일본 정부가 진상 규명과 사죄·배상을 통하여 피해자의 명예 회복을 도모하고 피해 당사국과 협의와 양해로 해결을 시도한다"는 것입니다.

이 법안에 일본인 위안부는 대상에서 제외되어 있었기 때문에, 그에 대해 의문을 제기하는 목소리가 높았습니다. 신문에서 집회 안내를 보고 전화를 걸어온 전직 군인은, 후쿠오카시의 피차별부락에서 군의 간호사가 된다는 말에 속아 일본군 '위안부'가 된(이미 세상을 떠났음) 사람들이 있다는 사실을 증언했습니다. 그리고 왜 일본인 위안부는 대상에서 제외됐는지 추궁했습니다. 일본인 위안부들이 자신들의 피해 사실을 드러내지 못하고 살 수밖에 없었던, 위안부를 바라보는 우리 사회의 인식과 시민운동의 문제점에 대한 추궁으로 들렸습니다.

우리는 향후, '전시성적강제피해자문제의 해결촉진에 관한 법안'의 조기 제정을 목표로 함과 동시에 일본인 '위안부' 문제도 생각해 나가기로 했습니다. 그리고 이날 집회에서, 도쿄와 연락을 취하면서 후쿠오카에서 할 수 있는 일을 하자고 호소하면서 '빨리 만들자! 위안부 문제 해결법·네트 후쿠오카'를 발족시켰습니다.

'빨리 만들자! 위안부 문제 해결법·네트 후쿠오카'의 활동

연말연시를 맞아 지역구로 돌아오는 국회의원을 직접 만나 '전시성적강제피해자문제의 해결촉진에 관한 법안'의 조기 제정에 협력해 줄 것을 요청하기로 했습니다. 그리고 후쿠오카현 지역구 국회의원 24명 전원에게 면담 의뢰서를 보냈습니다. 총선거 직후의 연말연시였으므로 의원들 스케줄이 매우 빡빡했지만 중의원 나라자키 긴야^{楢崎欣弥} 의원, 후지타 가즈에^{藤田一枝} 의원, 마쓰모토 류^{松本龍} 의원의 비서와 만날 수 있었습니다. 이듬해 2004년 3월에는 가미모토 미에코^{神本美惠子} 참의원 의원과 만남을 가졌습니다. 의원과의 면담에서는 피해자의 생각과 초조감, 피해자들이 고령인 까닭에 점점 사망에 이르고 있는 현실, 국민기금으로는 해결되지 않는다는 점, 최고재판소에서 세 재판 모두 상고 기각된 점들을 알렸습니다. 그리고 다음과 같이 호소했습니다.

"'전시성적강제피해자문제의 해결촉진에 관한 법안'이 참의원에서 여러 번 제출되고, 집중 심의까지 되었으니 이 법안이 꼭 제정되도록 협력해 주시기 바랍니다."

세 명의 의원은 우리의 요청을 흔쾌히 받아들였고, 국회에서 이 문제에 대해 질문해 주기로 했습니다.

2004년 3월 1일, 후지타 의원은 중의원 예산위원회에서 가와구치 요리코^{川口順子} 외무대신에게 '여성을 위한 아시아평화국민기금'에 대해 질문했습니다. 아시아여성기금이 주는 '속죄금'의 국가별 수령자 숫자가 공표되지 않은 점, 인도네시아의 경우는 일본군 '위안부' 피해자에 대한 보상이 아닌 '고령자 복지 사업'을 위한 거출금據出金(인도적 지원금.-옮긴이)으로 바뀐 문제점들을 추궁했습니다. 그리고 "본래 국가가 해야 할 일을 국민기금에 전가한 것이 무리가 아닌가?"라며 일본군 '위안부' 문제의 조기 해결을 위해 국가의 방침을 전환할 것을 촉구했습니다. 답변에 나선 니시노미야 신이치西宮信一 참사관(아시아대양주 담당)의 얼굴에 곤혹스러워하는 모습이 역력했습니다. 3년 만에 중의원 질의에서 다뤄진 일본군 '위안부' 문제였습니다. 나는 이 감동적인 장면을 인터넷 생중계로 지켜보면서 만감이 교차했습니다.

같은 해 3월 3일, '전시성적강제피해자문제의 해결촉진에 관한 법안'의 조기 제정을 촉구하기 위해 열린 긴급 원내 회의에는, 의원 11명(중의원 5명, 참의원 6명), 비서 약 10명이 참석하여 좌석이 부족할 정도였습니다. 회의에 참석한 후쿠오카에 기반을 둔 후지타, 나라자키, 가미모토 의원은 각자 상황 보고와 결의를 표명했습니다. 그 후 국회에서 나라자키 의원이 전후 보상의 필요성에 대해, 가미모토 의원이 일본군 '위안부' 문제를 교육 현장에서 가르치는 것의 중요성에 대해 질문하고, 국가의 책임을 추궁했습니다.

북한과의 갈등과 혐한 내셔널리즘의 확산

우리는 후쿠오카시의 번화가 덴진에서 '진상 규명 법안'과 일본군 '위안부' 문제를 입법적으로 해결해야 하는 필요성을 알리는 거리 홍보를 계속해 왔습니다.

그러나 2002년, 고이즈미 총리의 북한 방문으로 일본인 납치 문제가 표면화되면서, 일본 사회에 급속도로 북한에 대한 비난 여론이 높아지기 시작했습니다. 일본 사회는 '북한의 주권 침해·일본인 피해론'을 분출시키면서 일본의 가해 책임론을 덮어 버렸습니다. 더불어 이 문제에 대해 언론까지 과잉 보도를 쏟아 내자 '새로운 역사 교과서를 만드는 모임'과 '북한에 납치된 피해자를 구하는 모임'들이 내세우는 편협한 내셔널리즘이 여론을 장악해 나갔습니다. 게다가 2003년 1월, 북한이 핵 재개발과 NPT(핵확산금지조약) 탈퇴 입장을 표명하고, 미국 부시 정권은 북한을 거세게 압박합니다. 일본 내에서는 '북한 위협론'이 가속화되면서 공격적으로 북한 때리기가 횡행하는 이상한 상황이 되어 버렸습니다. 사회적으로 리버럴한 논조가 와르르 붕괴되면서 대중의 인기를 노린 노골적인 차별 발언이 횡행하였고, 재일한국인·조선인에 대한 민족적 편견과 협박이 끊이지 않았습니다. 이런 분위기에서 전후 보상 운동, 평화 운동, 인권 옹호 운동들이 수세에 몰리게 됐고, 부득이 전략적 후퇴를 해야 했습니다.

　　이러한 여론을 등에 업은 일본 정부는 미국 정부와 함께 북한에 대해 '압박' 외교로 전환하였고, 납치 피해자 가족 모임과 '북한에 납치된 일본인을 구하기 위한 전국 협의회'(약칭 '구하는 모임')는 한층 더 강력한 경제 제재를 요구하며 여론 환기에 박차를 가했습니다. 미국 정부의 북한 핵시설 무조건 폐기를 요구하는 강력한 압박 외교와 핵시설을 무기로 체제 보장 협상을 요구하는 북한의 '벼랑 끝 외교'가 무력 충돌 위기를 안은 채 불안하게 대립했습니다. "말로 해서 알아듣는 상대가 아니다"라고 주장하며 김정일 체제 타도를 위한 압박 외교를 촉구하는 여론이 높아져 갔습니다. 10여 년간 전후 보상 운동에 매진해 왔건만, 원고들의 바람이 실현되기는커녕 다시금 전쟁 피해자가 나올 수도 있는 상황이 된 것입니다.

우리는 어떻게든 이러한 사태를 타개하겠다는 생각으로, 한일 관계를 평화적으로 해결하기 위해 활동을 개시했습니다. 9월 2일, 당시 국제정치학계에서 북한 핵 문제의 1인자로 꼽히는 이종원 릿쿄대학 교수를 초청하여 '우리가 사는 동북아시아를 전쟁터로 만들지 않기 위해 북일 관계의 평화적 극복을 지향하는 강연회'를 개최했습니다. 일본 사회를 뒤덮은 이해할 수 없는 납치 보도 속에서 초조함과 답답함이 쌓여 가던 200명의 시민이 집회 장소를 가득 메웠습니다. 함께 생각하고 의견을 말할 수 있는 장을 모두가 얼마나 기다리고 바랐는지를 엿볼 수 있었습니다. 이종원 교수는 "6자 협의나 한국과 중국의 미국 정부에 대한 적극적인 활동, 미국 정부의 북한 정책이 압박 일변도의 네오콘주의에서 국제 협조주의로 바뀌고 있으며, 압박 일변도의 일본 정부의 무책無策이 국제적으로 드러나고 있다"고 이야기했습니다. 집회가 끝나고 거리 행진과 거리 홍보를 하며 시민들에게 "2002년의 북일 평양 선언에 따라 북일 국교 회복을 실현해 나가면서 납치 문제를 평화적 해결!"이라고 호소했습니다. 그러나 2001년부터 2006년까지 이어진 고이즈미 정권은 이라크에 자위대를 파병하는 등 미일동맹을 강고히 하는 한편, 북한에 대해서는 압박 외교를 계속해 왔습니다.

고이즈미 정권은 일본 내에 신자유주의 경제 정책을 추진하며 정규

직을 해고하고 불안정한 저임금 비정규직을 양산했습니다. 게다가 그들의 분노를 '자기 책임론'으로 억누르고, 한편으로는 그 책임을 정치적·사회적 약자인 재일외국인과 생활 보호 수급자들에게로 전가하면서 차별과 배외주의排外主義로 유도해 나갔습니다. 그러한 사회 분위기는 리버럴한 중간 계층이 줄어들고 내셔널리즘이 고조되는 결과를 초래했고, 일본군 '위안부' 문제와 진상 규명을 위한 입법 해결 활동도 위축될 수밖에 없었습니다. 그 시기에 나는 매년 한국을 방문하여 재판 원고 할머니들을 만나면서 밝은 전망을 전해 드리지 못해 몹시 죄송하고 괴로웠습니다.

이 기간 동안, 우리는 앞서 기술했던 강제동원된 조선인의 유골 조사 활동에도 참여했습니다. 그 활동을 통해 우리는 조선인 강제 연행에 관한 기존의 역사 인식이 얼마나 근거 없는 주장에서 비롯되었는지를 절실히 깨닫게 되었습니다. 이 경험은 우리에게 일본군 '위안부' 문제에 대한 역사 인식을 새롭게 검증하도록 했습니다. 일본 사회의 배외주의적인 내셔널리즘의 핵심에는, 요시다 세이지吉田淸治 씨의 '위안부 사냥'으로 상징되는 "증거 없는 역사 인식이 일본을 필요 이상으로 깎아내리고 있다"는 반발이 있었습니다. 이러한 부분적인 오류를 문제 삼아, 일본군 '위안부' 문제에 대해 군과 나라의 책임까지 부정하는 역사수정주의가 리버럴한 층에까지 확산되는 결과를 초래했으며, 잡지와 책, 만화, 인터넷을 통해 혐한 감정이 넘쳐 나는 상황으로 번지게 된 것입니다.

고이즈미 정권에 이어 등장한 제1차 아베 신조 정권은 연금 관리를 허술하게 한 관료의 문제점이 드러나면서 관료 지배 정치에 대한 국민의 불신이 고조됩니다. 이 여파로 2007년 7월 29일 실시된 참의원 선거에서 자민당은 대패했고, '관료 지배 정치로부터의 전환'을 호소했던 민주당이 제1당이 되었습니다. 전후 최초로 본격적인 여당과 야당의 교체가 이뤄진 것입니다. 머지않아 진상 규명 법안과 일본군 '위안부' 문제의 입법 해결에 힘써 온 민주당이 정권을 창출할 것이라는 예감이 들었습니다.

우리는 향후 국회에서 있을 일본군 '위안부' 문제 입법 해결에 대비하여 역사 인식에 대한 정확한 검증의 필요성을 통감해, 그 작업을 진행해 나가기로 했습니다. 의회 안팎에서 증거가 불충분한 주장이 역사적 사실로 인식되는 상황이었으므로, 혹여 법안 심의 중 일본군 '위안부' 문제에 관한 국가 책임을 부정하는 측의 비난에 직면할까 우려했기 때문입니다.

우리는 이 문제에 대비하여 2008년 3월부터 1년에 걸쳐서, 일본군 '위안부' 문제에 대한 국가 책임을 부정하는 논객 하타 이쿠히코 씨의 저서 《위안부와 전장의 성》을 비판적으로 검증하는 스터디를 치열하게 했습니다.

일본군 '위안부' 문제에 대한 역사 인식 검증

한일 양국 언론과 시민운동 단체가 일본군 '위안부' 문제에 대한 역사를 인식한 데는, 다음 몇 권의 책이 지대한 영향을 미쳤습니다.

바로, 센다 가코의 《종군 위안부》(후타바샤双葉社, 1973년), 김일면金一勉의 《천황의 군대와 조선인 위안부天皇の軍隊と朝鮮慰安婦》(산이치쇼보, 1976년), 요시다 세이지의 《나의 전쟁 범죄私の戰爭犯罪》(산이치쇼보, 1983년), 니시구치 가쓰미西口克己의 소설 《유곽廓》(3부작, 산이치쇼보, 1956~1958년)입니다.

그러나 이들 도서는 일본군 '위안부' 피해자들의 커밍아웃 이전에 출간된 것으로, 연구자가 아닌 전직 신문 기자와 작가들이 전해 듣거나 추측에 근거하여 쓴 것입니다. 더욱이 이 책들은 많이 팔겠다는 상업적인 목적으로 자극적이고 심하게 과장한 탓에 정확성도 매우 떨어졌습니다.

한편 1990년대 중반 이후로 '새로운 역사 교과서를 만드는 모임'의 학자와 언론인이 중심이 되어 위 책들의 오류를 비판하게 됩니다. 이들은 일본군 '위안부' 문제에 대한 군과 국가의 책임을 전면 부정하는 주장을 펼쳐 오고 있으며, 그런 주장을 담은 책과 잡지가 대량으로 출간되고 팔리는 상황입니다.

또한 일본군 '위안부' 문제에 대한 한일 양국 사회의 대립된 역사 인식이 내셔널리즘의 악순환을 초래하며 가볍게 넘길 수 없는 상황을 조성해 왔습니다.

그럼에도 일본군 '위안부' 문제 해결을 바라는 한일 두 나라 운동단체에서는 이같은 상황에 대한 인식과 위기감을 충분히 공유하지 못하고 있었습니다. 이에 우리는 가해국 일본 정부에 입법적 해결을 촉구하고, 시민에게 홍보를 하는 과정에서 역사수정주의자들에게 트집 잡히지 않기 위해 특별히 주의해야만 했습니다. 이를 위해서는 공적인 논의가 필요한 일본군 '위안부' 문제를 정확히 인식하여 역사적 사실을 과장하지 않아야 했습니다.

일본군 '위안부'와 정신대의 차이

이 문제에 관해서는 앞에서 이미 기술했습니다. 전시 상황에서 군수 공장에 동원된 여자정신대의 수는 일본인 47만 2,573명(《노동 행정사》 제1권 〈종전 시의 노무 동원 상황〉에서), 조선인은 2천 명 남짓이었습니다.

식민지 지배의 조선에서는 전쟁 중인 1944년부터 학교와 지역에서 여자근로정신대 동원이 시작되었고, 이때 이미 정신대가 군인의 성 상대를 한다는 소문이 퍼져 있었습니다. 1944년 7월에 각의 결정된 조선총독부 설명 자료에는, 미혼 여성의 동원을 두고 "그중에는 이들을 위안부로 만든다는, 근거 없는 황당무계한 소문이 항간에 떠돈다"라고 기술한 부분이 있습니다. 한국 사회에서는 이러한 인식이 해방 후에도 바뀌지 않았습니다.

1946년 5월의 《서울신문》 기사를 보면 이렇게 쓰고 있습니다.

"아가씨들을 여자정신대 또는 위안부대라는 미명으로 일본은 물론 멀리 중국과 남태평양 등지에 강제적으로, 혹은 속여서 보낸 사실을 지적할 수 있을 것이다. 이러한 이가 갈리는 사실을 우리는 아직도 기억하고 있다. 이 윤락의 구렁텅이에서 방황했던 그 여인들은 광복 후 어떻게 됐을까?"(번역-한국 거주, 언어심리학자 요시카타 베키).

이후로도 한국의 신문, 잡지, 소설 등은 일본군 '위안부' 피해자를

'정신대'라는 표현으로 써 왔습니다.

한편 '위안부'라는 표현은, 1950~1980년대 한국 신문에서는 주로 미국인 병사를 상대로 성 산업에 종사하는 여성이라는 의미로 쓰여 왔습니다('위안부 문제를 생각한다—정신대와의 혼동, 한국 거주, 언어심리학자 요시카타 베키 씨에게 듣다', 《아사히신문》 디지털, 2016년 3월 18일).

일본군 '위안부' 피해자 총수는?

센다 가코 씨의 저작 《종군 위안부》에는 "1943년~1945년까지 정신대라는 이름으로 젊은 조선인 약 20만 명이 동원되었으며, 그중 5~7만 명이 일본군 '위안부'가 되었다", "중일전쟁 당초부터 계산하면 그 수는 10만 명이 훨씬 넘을 것이다"라는 내용이 있습니다. 일본군 '위안부'가 대량으로 동원된 시기는 중일전쟁이 시작된 후인 1938년~1939년과, 태평양전쟁 돌입 후인 1942년~1943년입니다. 그러나 이 책의 저자는 '위안부=정신대'라는 설에 얽매여, 주로 1943년 말부터 1945년 사이에 동원이 이뤄졌다고 착각하고 있습니다.

김일면 씨의 《천황의 군대와 조선인 위안부》에서는, 센다 가코 씨의 책에서 정신대로 동원된 조선 여성 모두를 멋대로 일본군 '위안부'로 간주하고, "이렇게 끌려온 조선의 부녀자 수는 17만~20만 명으로 추정하고 있다"고 그 수를 더욱 부풀립니다. 더욱이 "일본 군대의 원활한 위안을 위해 '니쿠이치(29:1)'를 목표로 한다. 즉 장병 29명에 여자 1명의 비율을 이상적으로 삼는다"라면서 "위안부 20만 명 중 8~9할이 조선인"이라는 설을 주장합니다.

부산의 일본 영사관 앞에 평화의 소녀상을 설치한 사람들이 "일본 군인의 성노예가 된 조선인 소녀 20만 명"이라고 설명하는 것으로 보아 한국에서는 김일면 씨의 설이 일반 사회뿐 아니라 운동 단체와 연구자들 사이에서도 공유되고 있는 것 같습니다.

일본군 '위안부' 문제 연구의 1인자로 알려진 요시미 요시아키吉見義明 씨는 1995년에 이와나미쇼텐岩波書店에서 출간된 자신의 저서 《일본군 군대 위안부從軍慰安婦》(이규태 옮김, 소화, 2006년)에서 다음과 같이 주장합니다.

"군 자료에서 병사 100명에 위안부 1명을 목표로 삼은 점에서, 아시아 태평양 전쟁기에 위안소에 다닐 수 있었던 병사 300만 명÷100명=3만 명, 여기에 계약 기간이 만료된 은퇴자와 위안소에서의 사망자, 자살자, 도망자, 질병 등으로 교체된 일본군 '위안부' 비율을 1.5로 잡으면 4.5만 명 정도, 전선前線의 소부대가 자기 부담으로 조달한 일본군 '위안부'를 더하면 '5만 명'이다."

그러나 김일면 씨와 운동 단체에 대한 배려 차원인지 "병사 30명에 위안부 1명으로 추계하면 300만 명÷30명=10만 명, 교체 비율을 2로 잡으면 20만 명이라고 추측할 수도 있다"고 덧붙입니다.

한국 사회와 운동 단체는 피해가 큰 '20만 명 설'을 선택하여 "일본의 양심적 학자도 20만 명이라고 말한다"고 주장해 왔습니다. 그러나 요시미 씨는 민주당 정권으로 교체된 직후(2010년)에 이와나미쇼텐에서 출판된 《일본군 '위안부' 그 역사의 진실日本軍 '慰安婦' 制度とは何か》(남상구 옮김, 역사공간, 2013년)에서는 '20만 명 설'은 언급하지 않고 "적게

잡아도 5만 명 이상은 된다"라고 했습니다.

한편 일본군 '위안부' 부정파가 지주로 삼는 연구자 하타 이쿠히코 씨는 《위안부와 전장의 성》에서 모수母數가 되는 병사 수는 250만 명[22]이라고 주장합니다. 그리고 병사 150명에 위안부 1명으로 계산하면 250만 명÷150명=1.6만 명이며, 만주와 중국은 1.5 교대, 동남아시아는 교대가 없는 것으로 상정해서 '2만 명' 안팎, '군민 공용' 위안소까지 넣어도 2만 몇천 명이라고 주장합니다.

나는 이 문제를 병사들이 위안소에 다니는 횟수로 접근하여 검토해 봤습니다. 난징 대학살 연구로 유명한 가사하라 도쿠시笠原十九司 씨와 전 일본군 장교 오노다 히로오小野田寛郎 씨[23]는 "병사들이 위안소에 다닐 수 있었던 것은 한 달에 한 번이나 기껏해야 두 번"이라고 추측하고 회상합니다.

패전 당시, 즉 1945년의 군인 급여는 가장 낮은 계급인 갑종 합격한 이등병의 경우 9엔, 을종 합격이면 6엔이었고, 일등병 9엔, 상등병 10엔 50전, 병장이 15엔이었습니다. 여기까지가 일반 병사이며, 그 위로는 하사관으로 32엔부터 70엔까지였습니다. 일본군 대다수는 징병된 일반 병사들이었고, 중일전쟁이 시작된 1937년 무렵이면 이들의 급여는

---

22. 1944년 말이면 동남아시아에서는 전군 패퇴기에 돌입, 수개월 전부터 만주, 중국, 일본 국내에서 보낸 증원 부대의 경우, 도착하자마자 바로 결전장에 투입되어 위안소에 다닐 여유가 없었기 때문에 모수 300만 명은 너무 많다고 주장함.

23. 제2차세계대전이 끝나고 29년이 지난 뒤에야 필리핀 루방섬에서 일본으로 귀환한 일본군 소위.

더 줄어듭니다.

장교들은 제일 낮은 계급인 소위가 70엔, 제일 높은 대장이 550엔으로 을종 이등병과 비교하면 100배 가까운 차이가 나는 엄청난 계급 사회였습니다.

이 기본급에, 전지에 보내진 병사들에게는 '전지 가산戰地 加算'이 추가되어 갑종 이등병의 경우 10엔, 베트남이나 인도네시아 전지에 보내진 경우에는 11엔, 더욱이 미얀마 등의 격전지에서는 기본급에 12엔이나 추가되었습니다. 그러나 대다수 병사들은 돈벌이할 사람이 빠져나가 형편이 어려운 집에 급여를 송금했으므로 수중에 남는 것은 고작 우동이나 술을 사 마실 정도의 푼돈뿐이었습니다. 이런 상태였기 때문에 위안소 방문이 한 달에 한 번이나 고작 두 번이었다는 주장은 사실일 것입니다.

전쟁 말기 아시아 각지에 있던 일본군 수는 약 300만 명으로, 병사가 월 평균 1.5회 위안소에 다닌 것으로 가정하면 총 450만 명, 하루로 계산하면 약 15만 명 안팎의 병사가 위안소에 다닌 것이 됩니다. 요시미 씨의 주장에 따라 이 시기의 일본군 '위안부'를 3만 명으로 잡으면 15만 명÷3만 명, 결론적으로 1명의 위안부가 하루에 상대하는 병사들은 평균 5명으로, 피해자들이 증언한 평균적인 숫자보다 약간 적어집니다.

그럼 한국 사회에 퍼져 있는 일본군 '위안부' 20만 명 주장을 검토해 보겠습니다. 요시미 씨뿐만 아니라 하타 씨도 교체율을 1.5로 계산하면 20만 명÷1.5=약 13만 명이 되며, 이 수치가 패전 직전 일본군이 가장 많았던 시기의 일본군 '위안부' 수입니다. 이 시기, 위안소에 다닌 병사 수가 1일 약 15만 명이었으므로, 군인 15만 명÷위안부 13만 명 =1.15로 위안부 1명이 하루에 상대한 병사 수는 약 1명이 됩니다. 지금 까지 일본군 '위안부' 피해자가 증언했던 "평일 10명 이내, 일요일에는 몇십 명이나 상대해야 했다"라는 병사 수와도 차이가 너무 큽니다.

조선인 일본군 '위안부' 수에 대해서도 한국에서는 "일본군 '위안부' 의 8할이 조선인"이라고 주장합니다. 이 역시 김일면 씨 책에 나오는 "위안부의 8~9할이 조선인이다"라는 내용에 근거한 것이라고 봅니다. 김일면 씨는, 아소 데쓰오麻生徹男 군의관이 군인의 성병 예방에 대한 제 언으로 집필한 〈화류병의 적극적 예방법花柳病の積極的豫防法〉(1939년 6월 작성)을 참고한 것으로 보입니다.[24]

이 아소 군의관의 제언 중에서, 1938년 1월 상하이에서 새로 일본 군 '위안부'가 될 여성 100명(조선인 80명, 일본인 20명)의 성병 검사를 했다는 부분을 참고한 것이 아닌가 싶습니다. 그러나 이때 검사한 여 성 100명 중 우연히 조선인 여성이 80명, 즉 8할이었을 뿐입니다. 아 소 군의관이 전체 일본군 '위안부' 중에서 조선인의 비율이라고 쓴 것 이 아닙니다. 하물며 이때는 중일전쟁이 시작된 직후였으므로 중국인 여성과 1941년 말에 시작된 태평양전쟁 시기에 일본군 '위안부'가 된

---

24. 아소 데쓰오는 중일전쟁 직전에 군에 소집된 군의관으로, 딸 아마코 구니天児都는 생전의 아버지 글을 모아 《상하이에서 상하이로上海から上海へ》(후쿠오카에 있는 세 키후샤石風社, 1993년)를 출간한다. 아마코 구니는 후기에서 "아버지 아소 데쓰오 가⋯⋯ 센다 가코 씨와 김일면 씨, 요시다 세이지 씨와도 알고 지냈다"고 쓰고 있다.

동남아시아 여성들은 시야에 없습니다.

총괄적인 통계 자료는 존재하지 않지만 일본군이 점령했던 각지의 피해 상황으로 보아 조선인 일본군 '위안부'가 많긴 했으나 일본인 위안부와 점령지의 여성도 많았다고 나는 생각합니다. 실제 조선인 일본군 '위안부'는 2만 명 안팎이 아니었을까요.

그동안 일본군 '위안부' 수에 대해 문제를 제기하면 "피해자 수가 많고 적은 게 문제가 아니다. 비록 적을지라도 용서할 수 없는 범죄다", "일본군 '위안부' 한 명이 병사 몇 명을 상대했는가, 여성으로서 차마 이런 문제를 놓고 논의할 수 없다!"라고 분통을 터뜨리거나 비판하는 사람들이 있어서 냉정한 논의가 이루어지지 못했습니다. 역사수정주의자들이 일본군 '위안부' 수를 가능한 한 적게 주장하면서 일본군과 국가의 책임을 축소시키거나 부정하는 것에 대한 반발과 분노 때문일 것입니다. 그러나 이러한 비판을 하는 활동가와 연구자들이 권위 있는 운동 단체의 발언을 무조건 따르면서 스스로 검증해 보지 않는 점은 유감입니다.

일본군 '위안부'가 20만 명이 아닌 5만 명이라고 해도 일본이 저지른 범죄와 책임이 줄어들지는 않습니다. 피해자 한 사람 한 사람의 존엄과 소중한 삶이 훼손당한 아픔이 달라지는 것도 아닙니다. 다만 지나치게 사실과 동떨어진 주장은, 역사수정주의자들에게 공격의 빌미를 줄 뿐 아니라, 나아가 일본의 혐한 내셔널리즘 확산의 원인이 됩니다. 이 점을 나는 깊이 우려하는 것입니다.

일본군 '위안부' 피해자는 '강제동원'이며 '성노예'

1983년, 요시다 세이지 씨는 자신의 경험을 바탕으로 쓴 《나의 전쟁 범죄》를 출간합니다. 요시다 씨는 이 책에서 "1942년, 노무보국회勞務報國會 시모노세키 지부의 동원부장이 되어 군의 명령으로, 제주도에서 군인들과 함께 노예사냥 하듯 여성 200명을 폭력적으로 강제 연행하여 위안부로 삼았다"고 고백하는데, 이 내용은 일본 사회에 엄청난 충격을 주었습니다. 이 책은 한국에서도 출판되었습니다(《나는 조선 사람을 이렇게 잡아갔다—나의 전쟁 범죄 고백》, 현대사연구실 옮김, 청계연구소, 1989년). 요시다 씨는 1992년 8월 13일에 김학순 할머니를 만나 무릎 꿇고 사죄하는가 하면, '망향의 동산'에 사죄비를 세우는 퍼포먼스로 한일 두 나라에 많이 알려졌습니다.

'위안부 사냥'의 무대가 된 제주도의 《제주신문》 허영선 기자는, 1989년 8월 17일자 기사에 제주도 성산포에 사는 85세 여성의 증언을 소개합니다.

"250호 남짓한 가구가 있는 이 마을에서 15명이나 강제동원되었다면 큰 사건인데, 당시에 그런 사실은 없었다."

또 같은 기사의 인터뷰에서, 제주도의 향토사가 김봉옥 씨도 "이 책이 일본어판으로 출판된 1983년부터 몇 년 동안 추적 조사해 온 결과, 사실이 아님을 확인했다. 이 책은 일본인의 악덕 상술을 보여 주는 경박한 상혼의 산물이다"라고 말하고 있습니다.

하타 이쿠히코 씨도 제주도를 찾아가 사실 여부를 조사하고 그 결

과를 월간지 《세이론正論》(1992년 6월호)에 〈종군 위안부들의 춘추從軍慰安婦たちの春秋〉라는 제목으로 발표합니다. 《산케이신문》도 조사한 요점을 보도했습니다.

《아사히신문》은 2014년 8월 5일자 기사에서 "'제주도에서 연행했다는 증언'을 입증할 수 없어 허위라고 판단"했다면서 과거 요시다 세이지 증언과 관련된 기사 16건을 삭제하고, "같은 해 4월부터 5월에 걸쳐 제주도에 사는 70대 후반부터 90대까지, 40명에게 확인을 해 봤지만 강제동원했다는 요시다의 기술을 뒷받침할 만한 증언은 얻지 못했다"고 발표했습니다.

1992년에 하타 이쿠히코 씨가 신문과 잡지에 요시다 씨의 증언을 부정한 이후로 "군이 주도한 강제동원은 없었다"는 내용을 담은 보수적이고 우익적인 잡지와 책이 양산되기 시작했으며, 1996년도의 중학교 역사 교과서에서 위안부 기술을 삭제해야 한다는 운동이 활기를 띠게 됩니다.

관부재판의 일본군 '위안부' 원고 3명은 일본인과 조선인 알선자의 "돈벌이를 할 수 있다", "일본 공장에 가서 일하지 않겠는가", "옷도 사 입을 수 있고, 배불리 먹을 수 있다"는 감언에 속아 중국과 대만에 끌려가 일본군 '위안부'가 되었습니다. 취업 사기와 유괴 수법에 당했던 것입니다. 자세한 증언을 들어 보면, 부모가 팔았거나 부모도 속아서 취업 사기를 당했을 가능성이 있습니다. 그러나 중요한 것은 어쨌든 본인의 의사에 반해 강제동원됐다는 것이며, 당시의 형법 224조에 비춰 봐도 '미성년자 약취·유괴죄'에 해당하는 명백한 강제동원인 것입니다.

한편, 일본군 점령지에서는 군의 위협과 납치로 위안소와 군 숙박소에 감금당한, 글자 그대로 노예사냥과도 같은 강제동원이 자행됐습니다.

일본에서는 메이지 이전부터 인신매매로 유곽 등에서 강제 매춘이 이뤄지고 있었지만 메이지 시대에 들어서면서 외국인에게 '노예제'라는 비판을 받자, 공창제도를 도입하여 '본인의 의지에 따라 전차금前借金을 받고 유곽에서 일하는' 체제로 만들어 '노예제'라는 비판을 피해 왔습니다. 그러나 실질적으로는 이 공창제도도, 빈곤 가정의 여성들이 가족을 먹여 살리기 위해 빚을 다 갚을 때까지 강제 매춘을 강요당하는 '성노예' 제도였습니다. 그러한 의미에서는 유곽에서 옮겨 간 많은 일본인 위안부들도 군위안제도 아래에서 계속 성노예 생활을 강요당했던 피해자라고 할 수 있습니다.

당시 조선은 일본으로부터 공창제도가 도입되어 시행되고 있었으므로 군이 주도한 노예사냥적인 강제동원은 이뤄지지 않았을 것으로 보입니다. 그보다는 오히려 생활이 곤궁한 부모가 일본군의 요청을 받은 알선업자와 위안소 경영자에게 딸을 팔거나, 취업 사기의 감언에 속아 딸을 넘겨 일본군 '위안부'가 된 예가 많았습니다. 2~3년 만에 빚을 다 갚고 일본군 '위안부' 생활을 끝낸 예도 있는 모양이지만, 관부재판 원고들 3명은 5년에서 8년 동안 일본군 '위안부' 생활을 강요당했음에도 돈 한 푼 받지 못했습니다. 그리고 해방 후에도 위안소에서 받은 심신의 상처를 그대로 짊어진 채 사회의 따가운 시선 때문에 제대로 된 결혼도 못 하고, 박두리 할머니가 엉겁결에 털어놓은 것처럼, "전쟁 때도 고달팠지만 해방 후에는 더 고달팠다"는 어쩔 수 없는 삶을 살아왔던 것입니다.

일본 정부는 '성노예제'도 부정합니다. 그리고 일본군 '위안부' 제도를 용인하는 사람들은 당시에는 공창제도가 합법이었다고 주장합니다.

그러나 전전戰前의 일본에서도 기독교인 여성들과 여성 운동가들이 "공창제도는 인신매매와 자유를 구속하는 2대 죄악을 구성하는 것으로서, 사실상 노예제도이다"라고 주장하며 공창제도 금지 운동을 활발히 전개했습니다. 그 결과, 군마현을 비롯한 15개 현에서 공창제도가 폐지되었으며, 22개 현에서 공창 폐지가 결의되는 등 사회적으로 공창제도 폐지 분위기가 무르익어 갔습니다. 전전에 이미 '합법화'된 공창제도 속에서 일해야 했던 여성들은 성노예제 피해자로 간주되었던 것입니다. 그러나 중일전쟁 시작과 함께 군과 국가에 의해 위안부 제도가 도입되면서 인권운동은 억압받기 시작합니다.

또한 앞서 기술했던 관부재판 1심 판결문에 "위안소 개설 목적과 위안부들의 일상을 감안하면 그야말로 성노예로서의 위안부였음이 여실히 드러난다"라고 적시된 것에서 알 수 있듯이 재판관들은 '위안부=성노예'라고 판단했던 것입니다.

일본군 '위안부'는 패전 시 살해되었는가?

몇 년 전에 만들어진, 일본군 '위안부'를 주인공으로 내세운 한국 영화 〈귀향〉(2016년 개봉)과 〈눈길〉(2017년 개봉)에서는 마지막에 일본군 '위안부'들이 일본군에게 모두 죽임을 당합니다. 이러한 역사 인식이 자리 잡은 배경에는 1956년~1958년에 걸쳐 3부작으로 출간된 일본 소설 니시구치 가쓰미의 《유곽》이 있습니다. 교토에서 유곽을 경영하는 가정에서 태어난 작가 니시구치 가쓰미는, 전시 중이던 도쿄대학 재학 시절 공산주의 운동에 가담했다가 체포되자 고문에 굴복하고 전향합니다. 그러나 전쟁이 끝나자 다시금 공산당共産黨에 입당하고, 1959년에 교토시의회 의원이 됩니다.

이 소설에는, 남태평양 트럭섬에서 미군의 공습이 시작되자 미군 상륙을 예측한 일본 군인이 동굴에 피신해 있던 일본군 '위안부' 60~70명을 기관총으로 모두 쏴 죽이는 장면이 있습니다. 일본군 '위안부'를 끌고 다닌 사실이 적군에게 발각되면 군의 위신에 흠집이 난다는 이유였습니다. 그리고 "이러한 참상은 패전 당시에 일본군이 있던 모든 전장에서 일어난 일이다"라고 쓰고 있습니다. 김일면 씨는 바로 이 부분을 인용하여 《천황의 군대와 조선인 위안부》의 1992년판에서, "트럭섬에서 발생한 위안부의 비극은 결코 이 섬만의 일이 아니다. 도처의 섬에 있던 여자들이 이와 비슷한 일을 당했던 것은 확실하다"라고 쓴 것입니다.

이 두 권의 영향으로 한국 사회에서는 "패전 당시, '조선인 일본군 '위안부' 대부분이 살해당했다"라는 역사 인식이 자리 잡게 된 것입니다. 정신대문제연구소가 2002년에 일본에서 번역 출판한 《쉽게 알 수 있는 한국의 '위안부' 문제》에도 트럭섬의 학살이 인용되어 있습니다. 그리고 "10만에서 20만 명의 여성들 중…… 피해 사실을 드러내고 나선 피해자는 고작 201명입니다", "상당수의 피해자들은 현지에서 죽었을 것으로 추측할 수 있습니다"라고 주장합니다.

그러나 《유곽》은 소설이지 논픽션이 아닙니다. 작가 니시구치 가쓰미의 부모가 교토에서 유곽을 경영했던 점, 그리고 유곽 경영자 중에는 중국이나 남태평양으로 옮겨 가 위안소를 경영한 예도 있다는 점에서 역사적 사실을 그린 것처럼 받아들여졌을 것입니다. 그러나 소설에 쓴 내용을 구체적 증거도 제시하지 않고 역사적 사실로 못 박아 버린다는 것은 연구자로서 취할 자세가 아닙니다. 2017년, 한국의 연구팀이 미국 국립고문서기록관리청에서 발견한 미군 전투 일지에는, 트럭섬에서 26명의 조선인 일본군 '위안부'가 일본을 경유하여 조선으로 돌아간 기록이 있습니다.

작가는 대학 시절에 고문을 받아 전향할 수밖에 없었던 원한과 좌익으로서 천황의 군대를 증오하는 마음으로 이 같은 픽션을 쓴 것이 아닐까 추측해 봅니다.

'쿠마라스와미 보고서'의 문제

문제는 이처럼 사실을 지나치게 과장하거나, 일본군 '위안부'에 대한 잘못된 역사 인식이 통칭 '쿠마라스와미 보고서'를 통해 유엔에 형성되면서 전 세계로 퍼져 나갔다는 점입니다. 1994년 3월 4일, 유엔인권위원회는 '여성에 대한 폭력과 그 원인 및 결과에 관한 보고서' 작성을 결의하고, 스리랑카 출신 라디카 쿠마라스와미Radhika Coomaraswamy 씨를 특별 보고자로 임명합니다. 그리고 2년 후인 1996년 1월, 여성이 당하는 폭력에 관한 부속 문서로서 〈대한민국과 북한 및 일본을 방문 조사하여 작성한 전시 군사적 성노예 제도에 관한 보고서〉가 발표되자, 유엔인권위원회는 그 작업을 '환영'하며 그 내용을 '유의^{留意}한다'는 결의로 채택했습니다.

쿠마라스와미 씨는 요시다 세이지 씨와 김일면 씨의 저작에 근거한 내용이 많이 담긴 조지 힉스^{George Hicks}의 저서 《성의 노예 종군위안부 The Comfort Women: Sex Slaves of the Japanese Imperial Forces》(산이치쇼보, 1995년)를 읽고 조사에 임한 것으로 알려졌습니다. 유감스럽게도 이 보고서는 증거가 부족하고, 과장과 오류가 많은 내용으로 채워져 있습니다. 예컨대, 조선 반도에서 발생했던 폭력을 빈번히 인용하거나, 정신대와 일본군 '위안부'의 혼동, 퇴각 중 혹은 패전 시에 일본군이 일본군 '위안부'를 살해하고 유기했다는 주장 등입니다.

다음은 쿠마라스와미 보고서의 일부입니다. 참고로, 여기에는 극도로 과장된 역사 인식을 드러내는 '증언'도 있습니다.

21. (단락~이하 생략) 많은 사람이 퇴각 중인 일본군에게 살해되거나 유기됐다. 미크로네시아에서는 하룻밤에 70명이 일본군에게 살해당했다.

28. 1942년 이전, 수년간은 조선 경찰이 마을에 와서 '여자정신대'를 모집했다. 만약 '정신대'로 추천받은 소녀가 그것을 거절할 경우에는 헌병대 또는 군 경찰이 그 이유를 조사했다.

30. 마을에서 모집된 소녀들은 매우 어린 나이로, 대부분 14세에서

18세 사이였다. 소녀들을 데려가기 위해서 학교 조직이 이용되었다. 윤정옥 교수는 그러한 방식으로 성병에 걸리지 않은 취학 연령의 처녀가 징용된 사실을 증언한다.

증언-전옥순(북한의 피해자)

54. 현재 74세인 전옥순의 증언은, 일본의 육군 병사들에게 성폭력과 매일 강간을 당한 것에 더해, 특히 이들 여성이 견뎌야 했던 잔혹하고 가혹한 처사를 반영하고 있다.

"나는 1920년 12월 28일, 조선 반도 북부에 위치한 함경남도 풍산군 화발리에서 태어났습니다. 열세 살 때인 6월 어느 날, 밭에서 일하고 계신 부모님의 점심을 준비하기 위해 마을 우물에 물을 길러 갔습니다. 거기에서 한 일본인 수비병이 나를 갑자기 덮치더니 끌고 갔습니다. 부모님은 딸에게 무슨 일이 일어났는지 몰랐습니다. 나는 트럭에 실려 경찰서로 끌려가서 몇 명의 경찰에게 강간당했습니다. 내가 소리치자 그들은 입에 양말을 쑤셔 넣고 계속 강간을 했습니다. 내가 울자 경찰서장은 내 왼쪽 눈을 때렸습니다. 그날 왼쪽 눈의 시력을 잃었습니다.

열흘쯤 지나 중국 해이산시^市 일본 육군 수비대 병영으로 끌려갔습니다. 나와 함께 어린 조선 소녀들이 400명 있었고, 우리는 성노예로 매일 5천 명이 넘는 일본 병사를 상대해야 했습니다…… 하루에 40명이나 말입니다.

나는 그때마다 항의했고, 그들은 나를 때리고 입에 걸레 같은 것으로 막거나 했습니다. 어떤 자는 내가 저항을 멈출 때까지 성냥개비로

음부를 찔렀습니다. 내 음부는 피투성이가 되었습니다.

함께 있던 한 조선 소녀가 '왜 하루에 40명이나 되는 많은 사람을 상대해야 하냐'고 물었던 적이 있었습니다. 일본 중대장 야마모토는 질문한 것을 벌하기 위해 그 소녀를 못으로 치라고 명령했습니다. 그들은 우리가 보는 앞에서 소녀의 옷을 벗기고 손발을 묶어, 못이 나온 판자 위에 올려놓고 못이 피와 살로 뒤덮일 때까지 굴렸습니다. 마지막에는 그 소녀의 목을 잘랐습니다. 다른 일본인 야마모토는 '너희를 다 죽이는 건 간단하다. 개를 죽이는 것보다 훨씬 간단하다'고 말했습니다. 그는 또 '이 조선인 소녀들이 먹을 게 없다고 우니까, 이 인육을 삶아서 먹여 줘'라고 말했습니다.

어느 조선인 소녀는 빈번하게 강간을 당해서 성병에 걸렸고, 그 때문에 50명이 넘는 일본 병사가 병이 옮았습니다. 그들은 질병이 퍼지는 것을 방지하고, 그 조선인 소녀를 '무균화'하기 위해 불에 달군 쇠막대기로 소녀의 음부를 찔러 댔습니다.

어느 날, 그들은 우리 중 40명을 트럭에 태워 멀리 떨어진 물웅덩이로 데려갔습니다. 물웅덩이에는 물과 뱀이 가득했습니다. 병사들은 몇 명의 소녀를 물웅덩이에 밀어뜨리고 계속 흙을 덮어 생매장했습니다.

수비대의 병영에 있던 소녀들이 절반 넘게 살해당했다고 생각합니다. 두 번 도망을 시도했지만 두 번 다 며칠 만에 붙잡혔습니다. 우리는 더욱 모진 고문을 당했고, 나는 머리를 너무 많이 맞아서 그 흉터가 아직도 다 남아 있습니다. 그들은 또한 내 입술 안쪽과 가슴, 배, 몸에 문신을 했습니다. 나는 기절했습니다. 정신이 들어 보니, 나는 시체로 버려졌던지 산 밑에 있었습니다. 나와 함께 2명의 소녀가 있었는데, 나와 구하애만 살아남았습니다. 산속에 살고 있던 쉰 살의 남자가 우리를 발견하고 옷과 먹을 것을 주었습니다. 또한 조선에 돌아올 수 있게 도움을 주었습니다. 나는 일본인을 위해 강제로 성노예 노릇을 하고 아이를 낳을 수 없는 만신창이가 된 몸을 이끌고 말로 다 할 수 없는 몰골로 열여덟 살에 귀국했습니다"('쿠마라스와미 보고서' IV증언에서).

이 증언과 관부재판 원고인 이순덕 할머니가 '평화의 우리집'에서 유언처럼 말해 준 이야기와 비교해 보시기 바랍니다.

이순덕 할머니의 이야기

"기차로 15명이 함께 상하이까지 가서, 트럭으로 위안소에 끌려가 셋이 죽고, 돌아올 때는 따로따로 차를 타고 왔어…… 죽은 한 명은 술 취한 병사가 '나 말고 손님은 받지 말라고 했는데, 다른 남자를 들여!'라고 하면서 칼을 뽑아 베어 죽였어. 피가 많이 솟구쳤지. 그 병사는 헌병에 잡혀가 형을 받았어. 그 여자는 옷에 싸여 묻혔어. 나머지 둘은 병이 나자 밥을 못 먹어서 죽었어. 나는 병이 나지 않았기 때문에 지금까지 살아올 수 있었고.

병사가 처음 들어왔을 때 옷을 벗더니 나에게도 벗으라고 말했어. 내가 무서워서 굳은 채로 안간힘을 쓰면서 버티고 있으니까 병사가 칼을 뽑아 옷을 베었지. 그때 피가 많이 났어. 어린애였기 때문에, 몸집이 작았기 때문에 베여서 아팠어. 아픈 것을 헤아려 주면 좋으련만 마구 함부로……

게타를 신고 기모노를 입었어. 오비(기모노에 매는 허리띠.-옮긴이)도 맸지. 노래도 불렀어.

그런데 배가 너무 고팠어.

한번은 밥을 들고 오다가 발이 미끄러져 엎었는데 헌병이 양쪽 뺨을 찰싹찰싹 때렸어. 나는 외동딸이라 부모님에게도 맞은 적이 없었는데……

(나를) 좋아했던 병사가 "결혼하자'라고 했지만, '본처가 있지요? 본처가 있으면 싫어요'라고 말했어.

밥이 적어서 정말로 배가 고팠어. 중국 사람에게서 족발을 샀는데 얼마나 맛있던지 힘이 났어. 병사에게 조금 나눠 줬더니 맛있다고 하더군.

(해방 후) 시골로 돌아갔더니 언니(친언니는 없었으니 이웃 사람일지도 모름)가 '좋은 사람이 있으니 결혼해'라고 말하는 거야.

나는 남자가 싫어서 절대로 결혼하지 않겠다고 했지만 언니가 몇 번이나 결혼하라고 했어. 어머니는 '언제까지 젊은 거 아니다. 내가 죽으면 의지할 사람이 아무도 없어. 결혼해라'라면서 쌀쌀하게 대했지.

결국 결혼하기로 했어. 남편에게는 본처 사이에서 난 세 살배기 여자애가 있어서 내가 그 딸을 키우고, 학교에도 보냈어. 당신들은 그 딸을 알지?(우리가 집으로 찾아뵈었을 때 만났던 적이 있습니다)……이하 생략……"(《관부재판 뉴스》 제56호에서).

이순덕 할머니의 증언 내용도 참혹합니다. 그러나 북한의 일본군 '위안부' 피해자 증언 내용은 너무나 끔찍합니다. 한국의 많은 일본군 '위안부' 피해자의 증언을 듣고 읽어 왔지만 북한 피해자의 증언 내용은 몹시 이질적입니다. 북한 정부의 역사 인식을 고스란히 드러낸 것은 아닌가 싶어 위구스럽습니다.

'쿠마라스와미 보고서'는 유엔이 보증한 역사적 사실로서 유엔인권위원회의 '맥도걸 보고서', 2007년 미국 하원에서의 위안부 결의, 2011년의 한국 헌법재판소 결정에도 영향을 끼쳤습니다.

일본의 침략 전쟁과 식민 지배를 미화하고 가해의 역사에 반성하지 않는 역사수정주의자들과 아베 정권은 일본군 '위안부' 제도를 '강제동원', 피해자를 '성노예'로 표현하는 것에 강한 거부 반응을 드러냈습니다. 물론 본질적인 문제는 그들이 여성에 대한 인권의식을 결여한 것입니다. 그에 더해, 요시다 세이지 씨의 증언과 '쿠마라스와미 보고서'로 일본의 명예가 지나치게 실추됐다는 불신감이 있을 것입니다.

앞서 기술한 〈귀향〉과 〈눈길〉, 〈허스토리〉 영화에 여자정신대로 끌려가 일본군 '위안부'가 되거나, 총을 든 군인에게 강제동원되거나, 종국에는 군인에게 모두 살해당하는 장면은 1990년대 초기의 역사 인식을 바탕으로 그려진 것입니다. 이들 영화는 한국에서 상영되어 많은 사람이 관람했지만, 일본에서 상영된다면 리버럴한 지식인들조차 눈살을 찌푸릴 것입니다. 게다가 역사수정주의자들에게 혐한 내셔널리즘을 부채질하는 결과를 초래할 것입니다.

더 이상 일본군 '위안부' 문제로 내셔널리즘을 부추기고, 이웃 나라를 혐오하는 재료로 이용하는 것은 한일 양국 모두 경계해야 합니다.

일본군 '위안부' 문제 입법 해결을 목표로

2009년에 들어서면서 정권 교체에 대한 기대감이 높아졌습니다. 그래서 정부에 보내는 '의견서'가 지방의회에서 채택되도록 열심히 활동했습니다.

후쿠오카시 의회에서 일본군 '위안부' 문제 해결을 촉구하는 의견서 가결

교직원조합(교사 및 교육공무원 교원 노조로, 일본의 처음이자 가장 오래된 노동조합. 흔히 일교조日教組로 줄여 쓴다.-옮긴이) 출신으로 일본군 '위안부' 문제 해결에 열심인 여성 의원과 함께, 야당 쪽 각 회파會派(원내에서 활동을 함께하는 의원 그룹.-옮긴이) 의원들과 학습회를 여는가 하면, 공명당 의원을 설득하는 활동을 펼쳤습니다. 그 결과, 의원이 제안한 〈일본군 '위안부' 문제에서 국가의 성실한 대응을 촉구하는 의견서〉가 후쿠오카시 의회에서 가결되었습니다. 그 내용은 다음 세 가지 항목입니다.

1. 피해자가 출석하여 국회에서 공청회를 열 것.
2. 정부는 일본군 '위안부' 문제의 책임을 인정하고 공식 사죄할 것.
3. 일본군 '위안부' 문제 해결을 위해 피해자의 명예 회복을 도모할 것.

첫 번째 항목은, 재판 지원을 시작한 뒤 줄곧 내가 바라고 꿈꿔 왔던 일입니다. 언젠가는 반드시 피해자가 국회에 초대되어 공청회가 열리길 소망합니다. 그 장면이 TV로 일본 전역에 생중계되는 가운데 국회의원과 국민이 피해자의 증언과 호소에 귀 기울이고, 총리가 피해자의 손을 잡고 용서를 구하는 역사적인 화해의 날이 오기를…….

국회의원 선거운동에 매진

앞서 말한, 일본군 '위안부' 문제 해결에 열심인 후쿠오카 3구의 중의원 의원 후지타 가즈에 후보를 다시 국회로 진출시키기 위해, 우리 지원모임 회원들은 적극적으로 선거 활동을 펼쳤습니다. 8월 30일의 선거 승리를 목표로, 무더위에도 한 집 한 집 유권자를 찾아다니며 홍보 전단을 돌렸고, 또한 후지타 후보에게 투표를 호소하는 전화 선거운동도 목이 쉴 정도로 열심히 했습니다.

고이즈미 총리 이후로 아베 신조, 후쿠다 야스오福田康夫, 아소 다로麻生太郎 총리가 1년에 한 번씩 교체되고, 신자유주의 경제 정책으로 국민 생활이 피폐해지면서 자민당 정권에 대한 국민의 신뢰는 한없이 추락했습니다. 이러한 분위기에서 실시된 총선거에서 민주당이 승리하여 드디어 정권 교체가 이뤄졌습니다. 후지타 후보도 당선되었습니다.

하토야마 유키오 정권 출범

2009년 9월 16일, 민주당 중심의 하토야마 연립정권이 출범했습니다. 10월 9일, 하토야마 총리는 첫 방문국인 한국에서 다음과 같이 호소했습니다.

"한국과 일본 사이에는 여러 가지 현안이 있지만 새 정권은 역사를 정직하게 직시할 용기가 있습니다. 다만 모든 것을 해결할 수 있는 것은 아니며, 시간적인 유예가 필요합니다."

이어 11월 15일 APEC(아시아태평양경제협력체) 회의 참석 차 싱가포르를 방문한 하토야마 총리는 아시아 정책 강연에서, "일본과 다른 아시아, 태평양 국가 사이에 우애의 연대를 만들 수 없을까를 줄곧 생각해 왔습니다", "일본이 많은 나라, 특히 아시아의 여러 나라 사람들에게 크나큰 피해와 고통을 준 지 60년이 지난 지금도, 진정한 화해가 이뤄졌다고 할 수 없기 때문입니다"라고 발언했습니다.

12월 10일에는 오자와 이치로 小沢一郎 민주당 간사장이 143명의 민주당 의원, 일반 참석자를 포함하여 약 600여 명과 함께 중국을 방문하여 후진타오 주석과 중일 우호 촉진에 합의했습니다.

하토야마 정권은 출범 2개월 만에, "양국 간 조약으로 이미 해결되었다"고 주장하며 과거의 가해 역사를 직시하지 않았던 종래의 자민당 정권과 역사 인식 차이를 분명하게 드러내면서, 동시에 역사 문제 해결이 쉽지 않은 국내 정치 현실도 보여 준 것입니다.

생각해 보니 1998년 5월 14일(일본군 '위안부' 피해자에 대한 배상법 제정을 촉구한 획기적인 시모노세키 재판 직후), '전쟁 피해자 진상 규명법' 제정을 목표로 열린 원내 집회에서 나의 판결보고에 대한 응답으로 당시 하토야마 유키오 의원이 이런 말을 했습니다.

"야마구치 지방재판소 시모노세키 지부에서 내린 판결은, 국회의 책임을 명확히 한 것이라고 하겠습니다. 진상 규명을 위해서도 국회에서 전력을 다하지 않으면 안 됩니다……."

그날로부터 헤아려도 11년, 피해자들 중 절반이 넘게 이미 세상을 떠났을 정도로 기나긴 시간이 지난 뒤에야 마침내, 우리는 전후 보상에 열정을 가진 정치인을 이 나라 총리로 맞게 되었던 것입니다.

그러나 일본군 '위안부' 문제를 비롯한 전후 보상에 대한 입법적 해결은 국론을 둘로 분열시키는 정책 과제라는 이유로, 정권을 잡은 여당에서도 반대 의견이 나오는 형국이었습니다.

민주당은 지난 총선거에서 "국민 생활이 우선"이라는 슬로건을 내걸고 육아·교육·고용 등을 재정립하는 데 전력을 다하겠다는 공약으로 정권을 잡았습니다. 그러나 미증유의 경제 불황으로 세수가 줄면서 민주당 정권이 고전을 면치 못하는 상황으로 이어졌습니다.

민주당의 정책 서약서인 매니페스토에는 전후 보상 관련 정책은 올라가지 못했습니다. 대신 〈정책집 INDEX 2009〉에 "국회도서관에 항구평화조사국을 설치한다(진상 규명 법안), 시베리아 억류 피해자에 대한 미지급 임금 문제, 위안부 문제 등"이라고 기술했지만 우선순위가 높은 것도 아니고, 국회의원의 관심도 점차 희미해지는 실정이었습니다. 고이즈미 총리 이후로 자민당 정권 아래에서 소외당해 온 약자들의 생활과, 사람들 사이에 파괴된 유대 관계를 회복하는 국내 '우애' 정치를 펼치고, 나아가 아시아 여러 나라 사람들과의 유대 관계 회복에 매진하는 것이 하토야마 정권의 목표였습니다.

또한 민주당 내에 전후 보상을 담당하는 창구가 설치되지 않았습니다. 의원 입법을 원칙적으로 금지하고 각법閣法(내각이 제출하는 법안.-옮긴이)으로 하자는 민주당 오자와 간사장의 방침에, 종래 '전시성적강제피해자문제의 해결촉진에 관한 법안'을 추진해 왔던 민주당 의원들도 당혹스러움을 감추지 못했습니다. 우리는 이러한 정권 교체에 따른 시행착오를 목도하면서 우리 시민 측에서 입법 운동을 전개해 나가야 할 필요성을 절감했습니다.

'일본군 위안부 문제 해결 전국행동 2010' 결성

2010년 2월 7일, 일본군 '위안부' 문제 해결을 위해 활동하는 전국의 시민 단체 대표들과 개인 40여 명이 도쿄에 모여, 민주당 중심의 새 정권에서 일본군 '위안부' 문제 해결을 목표로 '일본군 위안부 문제 해결 전국행동 2010'(이하 '전국행동 2010')을 결성했습니다.

이어서 4월 12일에 열린 사무국 회의에서, 전국을 중의원 비례구에 준한 블록으로 나누어 책임자와 단체를 두고, 각 현에서 지역 국회의원에게 요청하고, 정부에 보내는 의견서가 지방의회에서 채택되도록 활동할 수 있는 체제를 구축하기로 했습니다.

규슈 지역에서는, 6월 6일에 각 현의 관계자를 후쿠오카로 초대하여 규슈 지역 모든 현에서 '전국행동 2010'의 활동을 펼쳐 나갈 수 있는 체제를 구축했습니다.

우리 지원모임의 회원들에게도 다음과 같이 요청했습니다.

"20년 가까운 긴 세월 동안 지원해 주신 회원 여러분, 지금 우리의 활동은 막바지에 다다랐습니다. 부디 이번에 결성된 '전국행동 2010' 의 활동이 일본군 '위안부' 문제 해결에 거대한 물결이 되도록 여러분의 동참을 강력히 호소합니다. 또한 피해자들을 일본에 초대하여 함께 정부에 압력을 가하는 등의 활동에 소요되는 재정 마련에도 찬조금으로 협력해 주시길 부탁드립니다."

5·13 원내 집회

'전국행동 2010'의 첫 활동으로 5월 13일에 "피해자는 기다릴 수 없다, 보상 시기를 놓치지 마라!"는 주제로 원내院內 집회를 열었습니다. 집회장이 가득 찰 정도로 수많은 시민들이 참석했습니다.

한국에서는 '일본군 '위안부' 문제 해결을 위한 국회의원 모임'[25]의 공동대표인 박선영 의원을 초청하여 일본군 '위안부' 문제 해결을 위한 한국 의회의 행보와 생각을 들을 기회를 마련했습니다. 이 자리에는 1940년 13세의 나이에 구 만주 하얼빈으로 연행됐던 일본군 '위안부' 피해자 길원옥 할머니도 참석했습니다. 길 할머니는 관부재판의 원고 이순덕 할머니와 '평화의 우리집'에 함께 살면서 이순덕 할머니에게 "언니, 언니" 하면서 마음을 써 주셨던 분입니다. 매주 일본 대사관 앞에서 열리는 수요집회에 추위에도 한 주도 빠짐없이 참석하였으며, 온갖 질병으로 성치 않은 몸을 이끌고 세계 여러 나라를 돌아다니며 일본군 '위안부' 문제를 해결해 줄 것을 호소하였습니다.

---

25. 피해자와 시민 활동가들의 뜨거운 기대에 부응하여 결성한 초당파 국회의원 모임.

이날 집회에는 시민 활동가들이 집회장을 가득 메웠을 뿐만 아니라 국회의원도 다수 참석하였습니다. 바야흐로 한국과 일본의 국회의원과 시민이 서로 협력하여 일본군 '위안부' 문제 해결을 위해 힘찬 첫걸음을 내디딘 것입니다.

냉엄한 정세

그러나 우리의 높은 기대를 업고 등장한 하토야마 정권은 채 1년이 지나지 않은 시점에서(2010년 6월) 사임 위기에 내몰렸습니다. 하토야마 정권은 출범하면서 "관료 지배에서 정치 지배로의 전환"이라는 슬로건을 내걸고, 전후 미일 안보 동맹 체제 아래 대미 종속 노선을 금과옥조로 삼았던 자민당 정권의 외교 정책에서 탈피하겠다고 약속했습니다. 미국과는 대등한 동맹으로 전환하고 동아시아 공동체를 건설하겠다는 이상적인 정책을 기조로, 오키나와의 후텐마^{普天間} 미군 기지를 국외로 이설, 적어도 현 외로 이설할 것이며, 전후 보상을 통해 아시아 여러 나라 국민과 화해하겠다는 목표를 내세웠습니다. 이러한 국내외 정치의 대전환을 실현하기 위해서는 오랜 세월 권력의 중추에서 놀라운 수완을 발휘해 온 오자와 이치로 의원의 정치력이 꼭 필요한 상황이었습니다.

그러나 전후 65년간 지속된 미일 안보 동맹 체제 속에서 기득권으로 이익을 누려 온 관료들의 저항은 거셌습니다. 검찰 관료가 오자와 의원의 정치 생명을 끊어 놓겠다고 나선 것입니다. 2009년 당시, 다음

총선에서 민주당의 승리가 예상됐으므로 국민들은 당연히 차기 총리는 민주당 대표인 오자와 의원이라고 생각했습니다. 그러나 검찰은 니시마쓰 건설西松建設의 정치 헌금 사건과 오자와 의원의 정치 자금 관리 단체인 '리쿠잔카이陸山會'의 토지 구입과 관련된 기재 문제를 언론에 흘려 대대적인 스캔들로 날조하는 방식으로, 오자와 의원으로 하여금 대표직을 사임하도록 몰아갔습니다. 결과적으로 검찰은 오자와 의원을 기소하지는 못했지만, 그후 선거로 출범한 하토야마 내각에의 오자와의 각료 진입은 차단해 버린 것입니다.

정권 운영 경험이 없는 하토야마 정권은, '오키나와현 미군 기지를 적어도 현 외로 이설' 정책을 추진하기도 전에 미국 정부의 의도를 촌탁한 외무성 관료와 방위성 간부의 반대에 부딪히자, 현 외 이전을 단념함으로써 오키나와 현민에게 큰 실망을 안겨 주었습니다

검찰은 또 하토야마 의원이 총리가 되자, 어머니에게 받은 정치 헌금을 갑자기 문제 삼으면서 오자와 의원 때처럼 언론을 이용하여 스캔들로 만들어 버립니다.[26] 그 일로 국민의 지지율이 폭락하면서 결국 하토야마 총리는 사임하게 됩니다.

이리하여, 정치가 선거로 선출되지 않은 관료에 지배당하는 행태를 종식시키고자 했던 민주당은 오히려 관료의 반격에 무참히 무너지고 말았습니다.

한편, "재일한국인·재일조선인이 지니고 있는 '재일 특권'을 일본에

---

26. 검찰은 이 건에 대해서도 기소하지 못했다.

서 없애는 것"을 목적으로 설립된 '재특회在特会' 같은 행동하는 우익이 대두하면서 풀뿌리 우익인 일본회의가 보다 우익적 정책으로 방향을 튼 자민당과 손을 잡게 됩니다. 그리고 민주당 정권이 추진했던 영주永住 외국인에 대한 지방 참정권 부여와 부부 별성別姓 사용을 인정하는 민법 개정에 반대하는 의견서를 지방의회에서 잇따라 가결시킴으로써 입법화를 저지해 버렸습니다.

정국의 격변

관료들의 하토야마 정권 죽이기를 목도한 후에 탄생한 간 나오토 정권은 정치인 주도의 정치를 관철시키지 못하는 모습을 보였습니다. 이 정권은 민주당의 공약에 반하여 재무성이 주도한 소비세율 8퍼센트(3퍼센트 인상) 정책을 수용합니다. 그러자 국민은 2010년 7월 11일에 치러진 참의원 선거에서 민주당에 대패를 안김으로써 강력하게 불만을 드러냈습니다.

참의원에서 여당이 과반수를 차지하지 못하자 일본군 '위안부' 문제에 대한 입법적 해결도 불가능해졌습니다. 더욱이 센카쿠 열도尖閣諸島 (중국 명 댜오위다오.-옮긴이)에서 발생한 중국 어선과 해상 보안청 경비선의 충돌 사건에 대한 오락가락 대응으로 일본과 중국이 대립 양상을 보이자, 가뜩이나 흔들리던 지지율이 더욱 요동칩니다. 거기에 치명타를 가하듯 2011년 3월 11일, 동일본대지진이 발생합니다. 이 미증유의 재난 여파로 같은 해 8월 26일, 간 나오토 정권은 퇴진을 표명하게 됩니다.

외교적으로는 미국, 중국과의 관계가 흔들리면서 민주당 정권의 외교적 경험과 역량 부족이 드러남으로써 동아시아 공동체를 건설하겠다는 이상은 급속도로 현실성을 상실해 갔습니다. 게다가 민주당이 내건, 생활을 지키겠다는 정책조차 실현이 희박해지면서 일본군 '위안부' 문제 등의 전후 보상 관련 법안이 검토될 가능성은 자꾸만 멀어져 갔습니다.

한국 헌법재판소 결정으로 1,000회 수요집회 분위기 고양

2011년은 '수요집회'가 1,000회를 맞는 해였습니다. 1992년, 미야자와 총리 방한에 맞춰 한국의 일본군 '위안부' 피해자와 활동가들이 일본 대사관 앞에서 열었던 항의 집회를 그 이후로도 매주 수요일마다 이어 온 것입니다. 병으로 몸져눕거나 돌아가신 피해자 할머니들의 뒤를 이어 다시 새로운 이들이 참석하는 방식으로 그동안 수요집회를 지켜 왔습니다. 지난 20년 동안 999번의 수요집회를 거듭했음에도 여전히 일본군 '위안부' 문제는 해결되지 않았습니다. 한국과 일본의 많은 시민들은 이러한 현실을 세상에 알리고, 또 이 문제가 해결될 수 있도록 여론을 환기시키기 위해 12월 14일의 1,000번째 수요집회에 참석하기로 하고, 여름부터 다양한 준비를 해 나갔습니다.

이러한 가운데, 꽉 막혀 있던 일본군 '위안부' 문제에 해결의 실마리가 된 커다란 통풍구와도 같은 사건이 한국의 사법계에서 일어났습니다. 2011년 8월 30일, 한국의 헌법재판소는 일본군 '위안부' 피해자의 배상 청구권 해결을 위해서 일본 정부와 외교적인 협상을 하지 않는 한국 정부에 헌법 위반이라는 결정을 내렸습니다. 한국 정부는 일본군 '위안부' 문제 해결을 제1급 외교 문제로 다루지 않을 수 없는 상황이 된 것입니다.

헌재의 결정 내용은 다음과 같이 헌법 위반을 알리는 것이었습니다.

"일본 정부는 1965년에 체결된 한일청구권협정 제2조에서 모든 청구권은 이미 해결됐다고 하지만, 한국 정부는 일본군 '위안부' 피해자, 원폭 피해자, 사할린에 남겨진 조선인 피해자들의 배상 청구권은 청구권협정에서 해결되지 않았다고 표명하고 있다. 청구권협정 제3조는 양국 정부 간에 해석상의 분쟁이 발생한 경우에는 우선 '외교상 경로를 통해서 해결한다', 그래도 해결하지 못한 분쟁은 중재 수속에 따라 해결한다고 규정하고 있다. 중재 수속은 양국의 위원과 제3국의 위원으로 중재위원회를 구성하고, 그 결정에 따르는 것을 의무로 규정하고 있다. 이상의 규정에도 불구하고, 양국 간 해석의 차이를 바로잡기 위해서 한일청구권협정에 따라서 일본 정부와 외교적인 협상을 하지 않는 한국 정부는 피해자들의 인권을 침해하고 있다."

이 결정을 한국 언론이 대대적으로 보도하면서 한국 정부는 9월 15일, 비로소 18년 만에 미적미적 일본 정부에 일본군 '위안부' 문제 해결을 위한 외교 협의를 제의했습니다.

우리는 2011년 9월, '일본군 위안부 문제 해결 전국행동 2010' 회의에서 '한국 수요집회 1,000회 액션'을 계획하고 전국에 동의와 참여를 호소했습니다. 이에 동의한 단체가 270곳이 넘었고, 12월 14일 수요집회 때는 1,300명이 함께 외무성 포위 집회를 했습니다. 그 밖에도 홋카이도에서 오키나와까지 전국 15개 지역에서 콘서트와 거리 집회, 거리 홍보, 영화 상영 등 다채로운 액션을 취했습니다. 후쿠오카시(80명)와 기타규슈시(50명)에서도 거리 홍보가 있었고, 전국 각지에서 주최 측의 예상을 웃도는 시민이 참여하였습니다. 우리는 이 액션을 통해서, 여전히 일본 사회에서 일본군 '위안부' 문제가 풍화되지 않았으며 해결을 바라는 사람들이 지속적으로 존재한다는 인상을 받았습니다.

한국에서의 수요집회는 공전의 대성황이었습니다. 30여 개 시에서 연대 집회가 열렸으며, 수천 명이 운집한 서울의 일본 대사관 앞 집회는 전에 없이 분위기가 뜨거웠으며, 특히 '평화의 소녀상' 설치로 더욱 주목받았습니다. 언론도 뜨거운 관심을 보이면서 한국의 여론은 한일 양국 정부에 해결을 촉구하는 분위기로 고조되었습니다.

12월 17일, 이명박 대통령이 노다 요시히코 총리와의 정상회담을 위해 1박 2일 일정으로 일본을 방문합니다. 이 정상회담에서 이명박 대통령은 일본군 '위안부' 문제 해결의 큰 과제를 안고 온 만큼, 일본군 '위안부' 문제를 우선적으로 해결할 것을 요구합니다. 회담은 거의 일본군 '위안부' 문제에 할애되었으며 이명박 대통령은 노다 총리에게 정치적으로 결단할 것을 강하게 압박했습니다. 이에 노다 총리는 한일청구권협정에서 법적으로는 이미 해결됐다고 주장하면서도 "인도적 견지에서 지혜를 짜 보겠다"고 대응하게 됩니다.

일본의 여론

일본의 주요 언론은 한일 정상회담을 보도하며 일제히 이명박 대통령의 강경한 자세에 놀라움과 반발하는 모습을 동시에 보였습니다. 일본 정부에 대해서는 "한일청구권협정에서 이미 해결됐다"는 입장을 고수하면서도 '여성을 위한 아시아평화국민기금'으로 할 수 있는 최대의 대응을 보여 줬다고 지지하는 논조가 두드러졌습니다. 일본군 '위안부' 문제가 한일 양국의 외교 과제로 올랐던 1990년대 이후, 일반 전국지 4개사 중 《아사히신문》과 《마이니치신문》은 전후 보상 문제에 호의적이었던 반면 《요미우리신문》과 《산케이신문》은 부정적인 논조를 견지했습니다.

그런데 1990년대 중반까지 국민기금에는 비판적, 피해자에게는 이해하는 논조를 유지해 왔던 《마이니치신문》이 논조를 싹 바꾸었습니다. 〈원칙을 굽히지 않고 대응을〉이라는 제목의 사설에서, 정상회담의 태반을 일본군 '위안부' 문제에 할애한 이명박 대통령에 대해 "한일 관계의 대국大局에서 볼 때 균형을 잃었다. 대사관 앞에 이러한 상像을 세우는 것은 지금까지 일본군 '위안부' 문제에 이해를 표해 왔던 일본의 여론도 받아들일 수 없을 것이다"라면서 일본 정부의 평화의 소녀상 철거 요청을 지지합니다. 더욱이 한일청구권협정에서 "완전한 한편 최종적으로 해결됐다", 게다가 국민기금으로 총리의 "'사죄'와 '반성'의 편지와 '속죄금'을 건네 왔다", "그러한 경위를 돌아보지 않고 전 위안부에 대한 배상 문제를 다시금 한일 간 정치 문제화하는 것은 적당하지 않다"라고 하면서 "인도적 견지에서 대응할 때도 외교 원칙을 굽히지 않는 범위에서"라는 주문을 덧붙이는 것으로 사설을 마무리합니다. 오키나와의《류큐신보琉球新報》와《홋카이도신문》등 중앙에서 멀리 떨어져 있는 일부 지방지를 제외한 모든 언론에서 20년간 이어진 피해자들의 고뇌와 바람은 망각한 채 일본 정부의 입장을 옹호하는 논조가 두드러졌습니다.

일본군 '위안부' 문제 해결을 위한 제언

한국 정부는 2012년에 들어서도 수시로 일본 정부에 해결을 위한 정치적 결단을 촉구하는 성명을 발표해 왔습니다. 일본 정부도 동아시아에서 가장 중요한 한국과의 신뢰 관계가 크게 흔들리지 않도록, 외교적 배려 차원에서 일본군 '위안부' 문제 '해결'을 검토할 수밖에 없는 상황이었습니다.

5월 13일과 14일, 이틀간 베이징에서 열린 한중일 정상회의에서, 개별적으로 열리는 이명박 대통령과 노다 총리의 두 번째 정상회담에서 일본군 '위안부' 문제 해결에 진전이 있을 것으로 기대했습니다.

5월 12일자《홋카이도신문》에 따르면, 사이토 쓰요시齋藤勁 내각관방 부장관이 4월 20일에 한국의 청와대를 방문하여 일본군 '위안부' 문제 해결을 위해 다음의 세 가지를 제안했지만 받아들이지 않았다고 보도합니다.

① 노다 총리가 이명박 대통령에게 사죄

② 주한 일본 대사가 일본군 '위안부' 피해자에게 사죄

③ 일본 정부의 보상

그 결과, 한중일 정상회의에서 일본군 '위안부' 문제는 유감스럽게도 의제에 오르지 못하게 됩니다.

우리는 그 며칠 전에 '전국행동 2010'을 통해 일본 정부에 다음과 같이 제언했습니다.

① 한국에서 국민기금은 일본 정부의 책임을 애매하게 하는 동정금 同情金으로 간주되어 거부당했다.

② 일본군이 관여한 '위안부' 제도로 많은 여성에게 피해를 입힌 것에 국가의 책임을 명확히 하여, 피해자들의 마음에 닿는 사죄를 하고, 국고에서 속죄금을 건네야 한다.

법 제정과 관계없이 내각이 외교적으로 결단하고 공식 사죄할 것이며, 그 증거로 국고의 돈이 피해자에게 전달되는 행정 조치를 취하도록, 사이토 쓰요시 내각관방부장관을 만나 요구하였습니다.

그러나 자민당, 공명당과 3당 합의로 소비세 인상 법률을 우선적으로 제정하려던 민주당의 노다 정권은 자민당과 대립되는 일본군 '위안부' 문제 해결을 회피할 수밖에 없었을 것입니다. 노다 정권은 마침내 소비세 인상을 관철시키고 곧바로 의회를 해산, 총선거를 단행합니다.

그리고 민주당은 중의원 총선거에서 대패하여 재기 불능 상태에 빠져 버립니다.

더구나, 하필이면 일본군 '위안부' 문제의 국가 책임을 부정하는 아베 신조 씨가 다시 정권의 수장으로 부활하게 됩니다.

민주당 정권 말기, 우리는 일본군 '위안부' 문제 해결을 위해 내각관방에 대한 로비 활동에 한 가닥 희망을 걸고 끝까지 최선을 다했으나 정권 교체로 그 기대마저 좌절되고 말았습니다. 이후에 등장한 아베 정권에서는, 미국 정부의 외압 때문에 한일 양국 정부의 외교적 과제로서 풀어 나가길 바랄 수밖에 없게 되었습니다.

한일 양국 정부의 일본군 '위안부' 문제 해결 합의

박근혜 대통령은 취임(2013년 2월) 후 줄곧 일본군 '위안부' 문제를 비롯한 역사 문제에서 일본에 대해 엄중한 자세를 취했습니다. 그 때문에 한일 정상회담도 개최되지 못하는 상황이 계속되었으나 미국 오바마 대통령의 강력한 중재로 마침내 한일 외교 협상이 이루어졌습니다. 그리하여 2015년 12월 28일, 한일 외교 장관은 일본군 '위안부' 문제 해결의 합의를 발표하는 공동 기자회견을 열게 됩니다.

합의 내용은 양국 국장급에서 집중적으로 협의했음을 밝히며 다음과 같이 발표했습니다.

다음은 일본의 기시다 후미오岸田文雄 외무대신이 발표한 입장문입니다.

① 일본군 '위안부' 문제는 당시 군이 관여해 다수 여성의 명예와 존엄에 깊은 상처를 입힌 문제로서, 이러한 관점에서 일본 정부는 책임을 통감한다. 아베 내각총리대신은 일본국 내각총리대신으로서 다시 한번 일본군 '위안부'로 많은 고통을 당하고 상처 입은 분들에게 진심 어린 사죄와 반성의 마음을 표명한다.

② 일본 정부는 지금까지도 본 문제에 진지하게 임해 왔으며, 이에 기초해 이번에 일본 정부의 예산에 따라 모든 전前 '위안부'분들의 명예와 존엄의 회복 및 마음의 상처를 치유하기 위한 사업을 진행하기로 한다. 한국 정부는 전 '위안부'분들의 지원을 목적으로 한 재단을 설립하고, 이에 일본 정부의 예산으로 자금(10억엔)을 일괄해 출연하고 한일 양국 정부가 협력해 모든 전 '위안부'분들의 명예와 존엄을 회복, 마음의 상처를 치유하기 위해 사업을 진행한다.

③ 일본 정부는 이상 말씀드린 조치를 한국 정부와 함께 착실히 이행한다는 것을 전제로 이번 발표를 통해 이 문제가 최종적이고 불가역적으로 해결됐음을 확인한다. 일한 양국 정부는 향후 유엔 등 국제사회에서 본 문제에 대한 상호 비난을 자제한다.

다음은 한국의 윤병세 외교부 장관이 발표한 입장문입니다.

① 한국 정부는 일본 정부의 표명과 이번 발표에 이르는 조치를 평가하고, 일본 정부가 앞서 표명한 조치를 전제로 이번 발표를 통해 일본 정부와 이 문제가 최종적이고 불가역적으로 해결됐음을 확인한다.

② 한국 정부는 일본 정부가 한국 소녀상에 대해 공관의 안녕을 우려하는 점을 인지하고, 관련 단체와 협의하여 적절히 해결되도록 노력한다.

③ 한국 정부는 이번에 일본 정부가 표명한 조치가 착실히 이행된다는 것을 전제로, 향후 유엔 등 국제사회에서 본 문제에 대한 상호 비난을 자제한다.

이 '합의문'은 정식 문서도 아니며, 더구나 양국 외교 장관은 '합의문' 발표 후 기자의 질문도 받지 않았으므로 완전한 평가를 얻은 것도 아니었습니다. 그 후에 열린 한일 정상 간 전화 회담에서, 아베 총리가 "진심 어린 사죄와 반성의 마음을 표명한다"고 재차 사죄의 발언을 하자, 박근혜 대통령은 "총리가 직접 표명한 것은, 피해자의 명예를 회복시키고, 마음의 상처를 치유하는 것으로 이어진다"고 화답했습니다. 그러나 아베 총리의 말은 피해자와 피해국 국민에게 직접 이야기한 것이 아니고, 기시다 외무대신을 통해 간접적으로 전달된 것에 불과하기 때문에 피해자의 마음을 울리지는 못했습니다.

'합의문' 발표 직후부터 "피해 당사자인 우리와 상의 없이 진행됐다"고 분노하는 피해자들의 모습이 TV 방송으로 나갔습니다. 게다가 당시 한국 야당이던 더불어민주당이 "굴욕 외교, 합의 백지 철회, 재협상"을 촉구하며 혹독하게 비판한다는 소식까지 더해져 우린 당혹감에 마른침을 삼키며 사태를 지켜보았습니다.

이 '합의' 이후, 이 문제에 관심을 갖고 해결되기를 바랐던 우리 지원모임 회원들에게서 "어떻게 생각해야 하느냐"고 묻는 전화가 빗발쳤습니다. TV를 통해 피해자들이 분노하는 모습을 보았고, 또한 한국의 지원 단체를 중심으로 '합의'를 백지화하고 재협상해야 한다는 주장이 들끓었기 때문에, 모두들 그리 쉽게 해결되지 않을 것 같아서 착잡했던 것입니다. 유엔의 여성차별철폐위원회도 2016년 3월 7일 일본에 대한 권고에서 "피해자 중심 접근이 결여됐다"며, '합의' 이행 시 "피해자의 견해를 충분히 고려하도록" 요구했습니다.

이번 합의에서 한일 양국 정부 모두 피해자에 대한 충분한 배려가 없었다는 점은 이미 많은 이들이 지적했습니다. 그렇다면 합의를 백지화하고 재협상할 것을 촉구할 것인가, 아니면 피해자들이 '합의'를 받아들일 수 있게 더욱 노력할 것을 일본 정부에 촉구할 것인가, 그 선택을 두고 일본의 각 개인과 운동 단체가 고민에 빠졌습니다.

후쿠오카에서 일본군 '위안부' 문제 해결에 힘써 온 한 동료는 후자의 길을 택하고, 아베 정부에 이렇게 요청하였습니다.

"일본 대사가 피해자를 직접 찾아가서, 아베 총리의 사죄의 말을 편지로 전하고, 사죄의 증거로서 정부의 돈을 전달할 것. 아울러 해결이 늦어진 것을 진심으로 사죄할 것."

그 동료가 후자의 길을 선택한 이유는 두 가지였습니다. 하나는 피해자들이 무엇에 분노하고, 무엇을 요구하는지를 생각했기 때문이었습니다. 또 하나는 백지화와 재협상은 해결의 목표가 아닌, 끝나지 않는 투쟁의 길이며, 결과적으로 한국과 일본 국민 사이에 대립의 골만 깊어질 것이기 때문이었습니다.

피해자는 무엇에 분노하고, 무엇을 요구하는가?

이제는 관부재판의 일본군 '위안부' 원고 세 분과는 대화를 할 수가 없습니다. 두 분은 이미 세상을 떠났고, 당시(2016년) 살아 계셨던 이순덕 할머니도 계속 의식이 혼미한 상태로 입원 중이셨기 때문입니다. 그래서 지난날 원고들의 언동을 떠올려 보면서 마음속에서 몇 번이고 이번 합의에 대해 자문을 해 봤습니다. 특히 생각나는 것은 '여성을 위한 아시아평화국민기금'에 대한 원고들의 반응이었습니다.

앞서 기술했듯이, 전 일본군 '위안부' 원고인 이순덕 할머니는 일본 정부의 민간 기금 구상을 보도한 《아사히신문》의 기사를 접하고 "나는 거지가 아니야. 여기저기서 모은 동정의 돈은 필요 없어. 일본 정부가 내 앞에 와서 사죄하고, 정부 돈을 준다면 기꺼이 받지"라면서 노발대발했습니다. 그리고 이튿날 부랴부랴 민간 기금 구상에 반대하는 기자회견을 했습니다. 수많은 보도진 앞에서 이야기를 마치고 이순덕 할머니는 긴장이 풀렸던지 나에게 나직이 말했습니다.

"허나, 죽고 나서는 아무짝에도 소용없어. 살아 있을 때 병원도 가고, 새 옷도 사고 싶지. 신세 진 당신들이 광주에 오면 식사도 대접하고 싶어."

나는 이순덕 할머니의 말을 잊을 수가 없었습니다.

이번 '합의'는 국민기금에 대해 한국에서 격렬히 반발하고, 많은 피해자들이 받아들이지 않는 것에 대한 반성에 입각하여, '도의적 책임'이 아닌 '책임'으로서 돈을 정부 예산에서 지출할 것을 표명한 점은 분명 일보 진전한 것입니다. 그럼에도 아베 총리가 직접 피해자와 대한민국 국민에게 사죄의 말을 하지 않음으로써 피해자들의 마음을 움직이는 데 실패했을 뿐만 아니라 오히려 분노를 산 것입니다. 피해자의 존엄성을 회복하고 마음의 상처를 치유하는 데는 가해국을 대표하는 사람이 직접 만나서 진심 어린 사죄의 말을 전하고, 태도로 표명하는 것이 가장 중요하다고 생각합니다.

일본 정부는 향후 '합의'를 이행할 때 10억 엔을 내는 데 그치지 말고, "한일 양국 정부가 '협력하여' 모든 전 일본군 '위안부'분들의 명예와 존엄을 회복하고, 마음의 상처를 치유하기 위한 사업을 진행하기로 한다"라는 표명에 따라, "일본 대사가 피해자들을 찾아가 총리의 사죄를 전한다"는 민주당 정권 때 내놓은 외무성 안을 성의 있게 실행에 옮기는 것이 무엇보다 중요한 '사업'일 것입니다.

우리는 일본 정부가 그렇게 다가간다면 피해자들도 받아들일 것이라고 생각했습니다. 그래서 일본 정부에 "총리의 사죄가 담긴 편지를 가지고 일본 대사가 직접 피해자를 만나 뵙고 진심 어린 사죄의 뜻을 전할 것이며, 해결하기까지 오랜 세월이 걸린 것에 대해 사죄하고, 그 증거로 속죄금으로서의 보상액을 드릴 것"을 호소했습니다. 국회에서는 후쿠오카 출신 의원이 아베 총리에게 똑같은 내용으로 제언했습니다. 하지만 돌아온 답변은 "그런 일은 털끝만큼도 생각하고 있지 않다"였습니다. 아베 총리의 그 발언으로 '합의'에 입각한 해결의 길은 닫힌 것으로 생각할 수밖에 없었습니다.

그 후, 한국에서는 2017년에 '위안부 합의'에 대해 "굴욕 외교, 백지화, 재협상"을 촉구했던 문재인 민주당 대표가 2017년에 대통령이 되자 "합의는 피해자 중심의 해결 방식이 아니었다"는 이유로, 결국 2019년 7월 5일에 '화해·치유 재단'[27]의 해산이 《아사히신문》 등에 보도되었습니다.

이번 '합의'를 많은 일본 국민이 지지했던 것은, 그간의 한일 양국 정부의 대립을 우려하여 우호적인 관계가 구축되기를 기대했기 때문입니다. 앞으로 몇 년 후면 화해하지 못한 채 피해 당사자들이 세상을 떠나실 것이고, 한일 간 대립의 골이 영원히 깊어질 가능성이 있습니다. 세계적으로 리버럴한 분위기가 급속도록 쇠하여지고, 대신 감정을 노골적으로 드러내는 내셔널리즘이 대두되기 시작했습니다. 최근 몇 년 동안 한일 관계는 계속 대립 상태이며, 양국의 국민감정이 악순환 되는 핵심에는 일본군 '위안부' 문제가 자리 잡고 있습니다. 피해자와 피해국 시민들과의 화해를 목표로 노력해 온 전후 보상 운동이, 한일 양국의 사회가 대립하고 반발하는 현실 앞에서 깊은 당혹감을 느끼게 됩니다.

한국 대법원에서 여자근로정신대 소송 승소

제2차세계대전 중에 일본에서 강제 노동을 했던 한국인 강제징용 노동자 4명이 고용주였던 신일철주금신닛테쓰미칸, 新日鐵住金(2019년 '일본제

---

27. '한일 위안부 합의'에 기초한 피해자 중심의 상처를 위로하기 위해 만든 재단으로, 2016년 7월에 출범하여 2018년 11월에 해산되었다. - 옮긴이.

철'로 개명.- 옮긴이)을 상대로 손해배상청구 소송을 제기했습니다. 2018년 10월 30일, 한국 대법원은 원고의 주장을 인정하여 1인당 1억 원의 배상금을 지급하라고 명령했습니다. 이어서 11월 29일, 강제징용 피해자 유족과 여자근로정신대원이 미쓰비시중공업을 상대로 제기한 2건의 손해배상청구 소송 재상고심에서 한국 대법원은 다음과 같이 판결하며 배상 명령을 확정했습니다.

"피해자들의 손해배상청구권은 '일본 정부의 한반도에 대한 불법적 식민 지배 및 침략 전쟁의 수행과 직결된 일본 기업의 반인도적 불법 행위를 전제로 하는 강제동원 피해자의 일본 기업에 대한 위자료 청구권'이어서 한일협정의 적용 대상에 포함되지 않는다. 따라서 한일협정으로 피해자들의 개인적 손해배상청구권이 소멸하지 않았다."

원고 중 한 명인, 근로정신대로 미쓰비시중공업 나고야 공장에서 일했던 김성주(김정주 할머니의 언니) 할머니는 판결 후 기자회견에서 다음과 같이 말했습니다.

"오늘까지 눈물로 세월을 보냈습니다. 일본에 갔다 왔다는 이유로 위안부라고 손가락질을 당해서 억울했던 적도 있습니다…… 일본 사람들은 사죄하고, 우리에게 보상하기 바랍니다."

마찬가지로 원고였던 양금덕 할머니는 관부재판을 시작하고 마침내 25년 만에 얻어낸 승소 판결이었습니다. 서울 고등법원의 후지코시 재판에 승소하고 기자회견을 했던 김정주 할머니는 후지코시 제2차 소송을 시작한 지 16년 만에 얻은 승소입니다.

그 밖에 관부재판 원고였던 할머니들은 승소 판결을 듣지 못한 채

재판의 행방을 걱정하면서 돌아가셨습니다. 살아계셔서 이 승소 판결을 들었다면 얼마나 기뻐하셨을까요. 그러나 한편으로는 일본 정부의 간섭으로 여태껏 배상금이 지급되지 않은 것에 분노하면서 몹시 초조해했을 것입니다.

일본 정부의 대응

10월 30일의 신일철주금에 대한 한국 대법원 판결 직후, 고노 다로 河野太郎 외무대신은 주일 한국 대사를 불러 "한일 우호 관계의 법적 기반을 뒤집는 것"이라고 항의했습니다. 아베 총리는 11월 1일 국회에서, "1965년 한일청구권협정에서 이미 해결한 문제다. 국제법에 비춰 보면 있을 수 없는 판단이다"라고 유감의 뜻을 표명했습니다. 일본의 거대 언론들도 일제히 "끝난 이야기를 다시 문제 삼는 한국의 부당한 판결"이라는 논조를 전개했고, 모든 신문과 TV에서 한국 비난 특집을 편성하면서 일본 사회에는 한국을 비판하는 분위기가 급속도로 확산됐습니다. 원고들이 겪은 뼈아픈 피해와 고통, 오랜 세월에 걸쳐서 마침내 얻어 낸 승소 판결에 대한 피해자들의 마음을 헤아리는 보도는 찾아볼 수 없었습니다.

일본군 '위안부' 문제의 국가 책임을 부정하는 것에 이상하리만치 집착을 보여 온 아베 총리는 전후 보상 재판이 시작된 1990년대 초반의 일본 정부 답변에 주목했던 것입니다. 일본 정부가 "개인 청구권은 양국 간 조약에 따라서도 소멸되지 않았다"고 거듭 견해를 표명했던 바가 있습니다. 또한, 2007년에 있었던 중국인 강제동원 피해자 소송에서 최고재판소는 "1972년의 중일공동성명은…… 모든 청구권을 포기한다는 뜻을 내포한 것으로 해석되며, 재판상 청구할 권능을 잃었다"고 판결하고, 한편으로는 "실체적 권리로서의 청구권은 소멸하지 않는다"며 피해자 측의 피해에 따라 화해를 권고한다고 부언附言했습니다. 일본 기업과 피해자 측의 화해가 이뤄졌을 때 일본 정부는 조용히 지켜보기만 했다는 것도 역시 아베 총리는 잘 알고 있었을 것입니다. 그런데도 "국제법상 있을 수 없다"는 주장으로 한국의 대법원 판결을 부정하면서 조용히 지켜보는 한국 정부를 공격하는, 이해할 수 없는 대응을 하고 있는 것입니다.

게다가 호소하는 피해자들의 생각은 일절 전하지 않고, 아베 정권과 견해를 같이하며 한국 비판에 열을 올리는 신문과 TV 등의 언론 행태는 1990년대에 비해 격세지감이 들게 했습니다.

2019년 7월, 일본 정부는 불화수소를 비롯한 특정 3가지 품목의 수출 허가 수속을 엄격하게 하는 한편, 8월 2일에는 수출 심사에서 우대해 주는 '백색 국가'에서 한국을 제외시키는 정령政令(한국의 시행령에 해당.-옮긴이) 개정을 각의에서 결정합니다. 이에 대해, 8월 22일 한국 정부는 한일 양국 간에 서로 군사 기밀을 공유하는 한일군사정보보호협정GSOMIA을 계속하지 않고 파기한다고 발표했습니다. 한국과 일본 관계는 1965년 한일 국교 회복 이래 최악의 상태였고, 2018년 700만 명에 이르던 일본 방문 한국인은 2019년에는 200만 명대까지 떨어졌습니다. 후쿠오카 시내에 있는 오호리大濠 공원만 해도, 이전에는 낮에 산책하는 사람의 절반 정도는 한국인 관광객이었지만 2019년에는 한국인을 거의 볼 수 없었습니다.

TV와 신문, 잡지들이 한국 비판 보도로 넘쳐 나는 가운데, 우리는 거리집회에서 대법원 판결의 진상과 피해자의 생각을 전하고, 한일 양국 정부의 대립에 휘말리지 말고 시민들끼리 우호 관계를 구축해 나가자고 호소하였습니다. 그러나 TV방송들이 일제히 한국 특집을 편성하여 위안부 문제는 "한일청구권협정에서 이미 해결됐다"고 전제하며 문재인 정권을 비판하는 상황에서, 우리의 활동은 그저 '언 발에 오줌 누기'에 지나지 않았습니다. 일반 시민은 "한국은 언제까지 배상과 보상을 하라고 요구하는가. 끝이 없다"고 진저리를 치면서도 한편으로는 TV에 넘쳐 나는 한국 드라마를 즐기는 실정입니다.

11월 22일, 한일군사정보보호협정은 종료 6시간을 앞두고 한국이 파기 결정을 뒤집으면서 유지되게 되었습니다. 아마도 미국의 강력한 요청이 있었을 것으로 추측됩니다. 그리고 한일 양국은 수출 관리 정책에 관해서도 대화를 시작했습니다. 가까스로 한일 관계가 파국으로 치닫는 것은 피했지만, 강제징용 노동자와 여자근로정신대에 대한 배상 문제는 여전히 앞이 보이지 않는 상태입니다.

4부

관부재판의
피해자 할머니들과
함께한 28년

전후 보상 문제 해결을 통해서
피해자들의 존엄이 회복되기를

'전후 책임을 묻는다 · 관부재판을 지원하는 모임'
하나후사 에미코

관부재판을
지원하는 모임이란?

글을 시작하며

1992년 봄, 한국에서 오는 원고들을 지원해 달라는 의뢰를 받았을 때, 막중한 책임을 떠맡는 일임을 직감했습니다.

조직이 없는 시민들이 새롭게 운동을 시작하는 것이 막막하고 결코 쉽지 않았지만, 피해자들의 생각에 다가가려 노력하고 그들과 함께 투쟁하다 보면 무엇인가가 보일 것이라고 생각했습니다. 재판이 시작되고 원고들이 3개월에 한 번씩 일본에 오면서 우리의 망설임은 점점 사라져 갔습니다. 워낙 해야 할 일이 많아서 '앞으로' 나아갈 수밖에 없었고, 무엇보다도 원고 할머니들을 좋아하게 된 것입니다.

하지만 시간이 지나면서 원고들이 기력을 잃어 가고 한 분 두 분 세상을 떠나시자 걱정이 되었습니다. 민주당 정권이 붕괴되고 아베 정권이 탄생한 2012년 말부터는 고민이 더욱 깊어졌습니다. 일본 사회가 여유를 잃어 가면서 '리버럴리즘'이 퇴조하고 피해 당사자들이 점점 사라져 가는 상황에서 전후 보상 문제와 일본군 '위안부' 문제를 어떻게 해결할 수 있을까?

2015년 '한일 위안부 합의' 파탄, 일본 정부의 한국에 대한 수출 규제 등 한일 양국 정부의 관계가 2차세계대전 이후 최악으로 치닫고 있습니다. 피해자들의 바람이 아직도 이루어지지 않은 현 상황에 우리는 절치부심 중입니다. 일본 사회에 피해자들에 대한 공감을 뿌리내리지 못한 우리의 운동에 대해서도 책임을 통감합니다.

〈허스토리〉가 관부재판이란 실화를 바탕으로 만들어진 영화임에도, 정작 피해자들의 생각에 귀 기울이며 그들의 바람을 함께 이루고자 했던 일본 시민들의 운동에 대해서는 다루지 않았다는 것을 알게 됐습니다.

이에 제작자에게 항의문을 보내는 것만으로 끝내지 않고, 우리가 해온 운동을 후세에, 특히 한국 사회에 알려 달라는 조언에 힘을 얻어 지난 28년을 되돌아보며 이 책을 쓰게 되었습니다.

지원모임의 회원들

관부재판이 시작된 1992년 당시, 후쿠오카에는 외국인 전쟁 피해자에 대한 전후 보상 운동은 없었으므로 새롭게 운동 단체를 조직해야 했습니다.

행사에는 많은 분들이 참여해 주셨지만 사무국을 맡아 줄 회원은 좀처럼 나타나지 않았습니다. 처음에는 기독교인과 부락해방동맹[28] 재일한국인·재일조선인, 노동운동 등 반전·차별반대 운동을 해 온 분들의 도움을 받았습니다. 1992년부터 1994년까지 2년 동안 정례회를 거쳐 지원모임(전후 책임을 묻는다·관부재판을 지원하는 모임)의 틀을 만들어 나갔습니다.

하지만 시민운동가나 조직에 속해 있던 분들은 각자의 일만으로도 벅차서 참여하는 정도이지 일상적으로 사무국 일을 맡아 줄 여건이 안 되었습니다. 또 전근이나 이사 등으로 타 지역으로 떠나는 분도 있었습니다. 회계 업무를 맡아 준 S 씨는 1994년 봄에 부모님 간병을 위해 교직을 사임하고 고향 미야기현으로 갔지만, 이후로도 계속 원고 할머니들의 건강에 마음을 써 주고 있습니다. 운동 경험이 있는 O 목사도 더 크게 능력을 펼칠 수 있는 도쿄로 전근했습니다.

그래서 생각은 있으나 행동하지 못하고 있는 사람들에게 참여를 독려하였습니다. 시민, 학생을 비롯해 다양한 사람에게 무리하지 않는 범위에서 시간과 능력을 나눠주길 바라며 원고들을 만나게 했습니다. 가능한 한 출입 장벽을 낮추고, 잠깐의 참여라도 좋으니 함께해 주길 바랐습니다.

---

28. 한국의 백정처럼 봉건적인 신분제도에 따른 차별을 없애며 민주적인 사회를 지향하는 운동 단체.

예컨대 1990년대 중반에는 컴퓨터 사용이 일반적이지 않았기 때문에 지원모임의 회보인 《관부재판 뉴스》는 직접 손으로 쓴 원고를 받아 작업했습니다. 그걸 다시 워드프로세서로 치고, 교정하고, 오려 붙이는 일을 정례회와는 별도로 3개월에 한 번씩 5~6명이 모여 이틀에 걸쳐 해냈습니다. 이 작업만 도와주는 30대 부부가 있었고, 또 뉴스의 편집장으로 수고해 준 이노우에 유미井上由美 씨도 당시 20대 후반의 회사원으로, 잦은 야근 때문에 정례회에는 거의 참석하지 못했지만 회보 제작에 특화되어 있었습니다. 《관부재판 뉴스》는 회원들에게 보내는 보고용 편지 겸 우리의 활동을 널리 알리는 홍보지였으므로 제작을 담당해 준 이노우에 씨의 공헌은 매우 큽니다(이노우에 씨의 '관부재판과 나'는 뒤에 게재).

회보 작업을 할 때면 프로야구나 시사 문제를 비롯한 다양한 화제로 분위기가 즐거웠으며, 그들의 개인적인 생활 리듬을 깨지 않는 범위에서 참여하고 지원하도록 했습니다.

또한 전국에 800여 통의 《관부재판 뉴스》를 발송하는 작업도 만만치 않았습니다. 이 일만 도와주는 주부들이 10여 명 있어서 모두 와글와글 수다를 떨면서 발송 작업을 했고, 휴식 시간도 가졌습니다. 이때의 식사는 오롯이 제 남편 도시오가 준비했습니다.

이 회보의 틀을 완성한 사람은 N씨. 《관부재판 뉴스》4호까지 편집장으로 관여했던 그녀는, 출판사에 다니면서 육아를 병행했던 터라 더는 같이하지 못했습니다. 다양한 시민운동 경험이 있는 Y 군도 《관부재판 뉴스》의 기초를 다져 주었습니다.

지원모임의 성립 과정을 더듬어 보면, 처음 1~2년 동안은 기존에 활동하던 운동가의 도움을 받았습니다. 하지만 서서히 새로운 회원이 활동에 참여하면서 운동 자체가 시행착오의 연속이었다고 할 수 있습니다.

1995년부터 YMCA 한일 학생 교류 프로그램에 참가하는 학생들이 참여하면서 우리 모임은 활성화되었습니다. 6명 안팎의 학생들이 할머니들과의 교류회에도 참여했으며, 그중 MJ 군(당시 20세)은 항상 정례회에 참석했고, 후에 지원모임의 청년부(우리가 내심 부르고 있었던) 젊은이들의 중심적인 존재가 되었습니다.

'청년부'에서는 항소심 과정에서 지원모임의 홈페이지를 작성해 주고, 또 주디스 허먼의 책《트라우마—가정 폭력에서 정치적 테러까지》의 스터디를 이끌어 주기도 했습니다. 이 스터디를 하면서 우리는 그들 자신도 집단 따돌림 등의 외상 후 스트레스 장애를 가지고 있다는 것을 알게 되었습니다. 로쿠타 슌이치六田俊一 군도 열심히 활동했는데, 시모노세키 판결 때 '일부 인용'이라고 쓴 팻말을 들고 있다가 그 모습이 국내외로 퍼져 나갔던 주인공입니다. 각자 자신만의 삶의 고민을 안고 있으면서도 함께 참여하는 젊은이들의 모습은 지원모임을 풍요롭게 해 주었습니다.

그들의 선배인 OM 군은 지원모임에서 발행하는 팸플릿을 계속 편집했으며, 지금도 지원모임의 홈페이지를 관리하고 있습니다.

푸근한 인상인 MJ 군은 할머니들에게 손자처럼 귀염을 받으며 파트너인 N 씨와 함께 지원모임에서 활동했습니다. MJ 군은 2003년 최고재판소 기각 후, 한국의 온천에 가서 원고 할머니들과 아쉬운 마음을 달랠 때까지 사무국 일원으로서 함께했습니다. 후쿠오카를 떠난 후에도 계속 마음으로 지원을 아끼지 않았으며, 그 이후로도 한국에 할머니들을 만나러 갈 때도 몇 번 함께했습니다(MJ 군의 '지원모임에 참여했던 소감'은 뒤에 게재).

그리고 1996년에 OM 군의 소개로 지원모임에 참여한 A 군을 잊을 수 없습니다. A 군은 일본군 '위안부' 피해자를 부정하는 만화가 고바야시 요시노리 팬이 대부분인 인터넷 공간에서 과감히 논쟁에 참여했습니다. 지원모임이 〈신 고마니즘 선언〉에 항의해 고바야시 씨와 TV 토론에서 대결하게 되었을 때는 그 지력을 발휘하기도 했습니다. 하늘은 필요할 때 그에 맞는 재능을 가진 인재를 내려 주시는 것에 감탄하지 않을 수 없었습니다. A 군은 그 후 한국에서 일본어 교사로 일하게 되어 후쿠오카를 떠났지만, 우리가 한국을 찾을 때마다 통역자로 함께했습니다.

우리 지원모임은 매월 정례회에서 다양한 사안에 대해 의견을 모으고, 방침을 결정했습니다. 예컨대, 재판 때마다 후쿠오카에서 시모노세키까지 왕복 차량 운전, 재판 방청, 보고 집회 준비와 참여, 교류회 준비와 설거지, 회보 제작, 원고 쓰기, 워드프로세서 치기, 가두 서명운동, 플래카드 제작, 의원들과의 면담, 집회와 공부 모임 준비, 참여 요청, 홍보 설명을 겸한 강연, 자료 제작 등의 활동을 하는데, 전담자가 없었으므로 많은 회원들이 각자 직업이 있음에도 관심을 갖고 힘닿는 데까지 참여했습니다.

또한 공동대표였던 마쓰오카 스미코 씨를 기억해야 할 것입니다. 그야말로 지원모임은 마쓰오카 씨 없이는 존재할 수 없었다고 감히 말할 수 있습니다. 네 자녀의 육아와 생활협동조합 활동으로 무척 바빴지만, 타고난 통솔력과 책임감으로 우리 지원모임을 성장시켰습니다. 마쓰오카 씨는 2003년 최고재판소에서 상고가 기각되자 염원하던 어르신 복지사업으로 운동의 방향을 틀어 'NPO 법인 우리의 고령 사회를 만드는 모임'을 설립하고 많은 고령자와 그 가족들을 지원하는 활동을 해 왔으나 안타깝게도 2019년 6월에 세상을 떠났습니다. 향년 74세였습니다.

역시 공동대표였던 이리에 야스히로 목사, 모임의 시작 단계부터 회원이었던 야마시타 에이지 씨, 히요시 구니유키日吉国幸 씨, 야쿠시지 유키코薬師寺由紀子 씨도 있습니다. 이리에 목사는 우리 손이 닿지 않는 곳을 묵묵히 돌봤습니다. 국철 노동자였던 야마시타 씨는 허드렛일을 초연히 하시는 분으로 지금도 여전히 신뢰하는 든든한 동료입니다. 히요시 씨는 공무원 생활을 하다가 정년퇴직하고, 노숙인·외국인 이주자 지원 활동으로 바쁜 가운데서도 할머니들과 우리를 잘 챙겨 주시고 구두 변론 때마다 차량 지원은 물론 손수 운전까지 해 주었습니다. 참여할 수 있는 범위에서 성실히 책임감을 가지고 도와주었던 히요시 씨와 아내분의 진심 어린 지원에 크나큰 용기를 얻었습니다. 주부이자 기독교인인 야쿠시지 씨는 먼 곳에 계신 어머니의 간병으로 일상적인 활동은 어려웠지만 원고단의 송영送迎 등을 지원했습니다.

M 목사는 O 목사와 교대하듯 후쿠오카로 전근을 왔는데, 인간적

인 매력과 예리한 정치 감각에 지원모임의 회원들이 무척 든든해했습니다. 1999년에 또다시 전근으로 아쉬움을 남긴 채 후쿠오카를 떠났습니다. 아베 다에코安部妙子 씨는 필요할 때마다 함께하며 활력을 주었습니다. 간호사였던 아베 씨는 할머니들과의 만남이 계기가 되어 현재 카운슬러로 활동하고 있습니다. 그리고 야마가타 준코山縣順子 씨를 비롯한 시모노세키와 기타규슈의 분들도 재판 방청 등의 지원을 해 주었습니다. 또, 오가타 다카호緖方貴穂 군은 항소심 판결 후에 원고 할머니들의 송영 등을 헌신적으로 지원해 주었습니다.

하나후사 도시오 씨도 있습니다. 원고 할머니들의 바람을 함께 이루고, 일본의 전후 책임을 완수하기 위해 조금이라도 더 앞서서 활동을 추진하려는 노력을 아끼지 않았습니다. 이런 집념 덕분에 관부재판을 지원하는 모임은 특별한 시민운동을 전개해 올 수 있었습니다. 지원의 고리를 넓히기 위해 조직의 핵심이 되는 할머니들이 많은 사람들을 만날 수 있도록 노력했습니다. 아내인 제가 말하는 것이 민망하지만, 평범한 그의 비범한 집념이 지원모임의 특징을 만들어 냈다고 생각합니다.

그리고 히로시마 항소심을 현지에서 지원해 준 도이 게이코土井桂子 씨, 쓰즈키 스미에都築寿美枝 씨, 무토 미쓰구武藤貢 씨, 쓰카모토 가쓰히코塚元勝彦 씨를 비롯한 히로시마, 후쿠야마, 미요시의 여러분. 이들의 풍부한 운동 경험과 열정 덕분에 규모가 큰 국제적인 서명 활동을 두 차례나 전개할 수 있었습니다. 이분들 덕분에 재판 지원 운동은 더 단단해지고 넓어질 수 있었습니다.

일상적으로 참여하지는 못해도 그때그때 상황에 맞게 전국 각지에서 달려와 함께해 주신 회원님들. 일일이 다 소개할 수 없을 만큼 많은 분들의 도움을 받아 왔습니다. 그분들 중 몇은 원고 할머니들과 함께 영영 우리 곁을 떠나고 말았습니다.

로쿠타 슌이치 군, 이리에 야스히로 목사, 후쿠도메 노리아키 씨, 히요시 구니유키 씨, 마쓰오카 스미코 씨. 그간의 노고를 어찌 말로 다 할 수 있을까요. 진심으로 감사합니다.

관부재판이 끝나고 입법 운동에 중점을 둔 이후에도 많은 이들을 만나 공동 활동을 해 왔습니다. 전국 각지에서 활동하는 분들과 한국의 젊은이들을 만났으며, 후쿠오카에서 새로운 여성 동료들과 공동 투쟁도 벌였습니다.

돌이켜 보면, 대개 큰 책임이 따르는 일은 마쓰오카 씨와 연대하여 남편 하나후사 도시오 씨가 도맡아 했고, 나는 뒤에서 편안한 마음으로 꼭 필요하지만 특별한 능력 없이도 할 수 있는 일을 도왔습니다.

우리 부부는 효율을 중시하는 '일'과 관련된 부분에서는 서로 성격이 달라서 충돌할 때도 있지만, 작은 힘들이 모여 의미 있는 '운동'을 해 나가는 데는 '협력'해야 했으므로 훨씬 '도타운' 관계가 되었습니다. 이러한 부부 관계로 발전하게 해 준 관부재판과 할머니들에게 감사합니다.

열등감으로 스스로를 과소평가하며 살아왔던 나는 관부재판을 계기로 막혀 있던 내면의 에너지를 분출할 수 있었습니다. 그동안 사회운동의 주변부에서 서성였던 나는 스스로 서야 할 자리를 찾고, 또한 많은 참가자들에게 설 자리를 만들어 주면서, 동시에 할머니들과의 관계도 돈독히 다져 갔습니다. 할머니들은 나를 좋은 감정으로 대해 주셨습니다. 나는 할머니들의 잠자리를 챙겨 드리고, 교류회 준비와 뒷정리를 하고, 지원자에게 연락하고, 《관부재판 뉴스》 제작 준비를 했지만, 그저 잠자코 옆에서 지켜볼 때도 많았습니다. 나서지 않고 있어도 평안했기 때문에 할머니들은 그런 나를 보고 '안정감'을 느꼈을지도 모르겠습니다. 나는 할머니들을 처음 만날 때부터 끔찍한 피해를 당하고 고통스럽게 살아오면서도 순수하고 아름다운 인간성을 잃지 않은 인생 선배이기에 깊은 존경과 사랑하는 마음을 가졌습니다. 재밌고 귀엽고, 나름대로 강한 면모를 지닌 할머니들과 함께하는 시간은 즐거웠습니다.

박so 할머니는 시인이셨고, 박sun 할머니는 가수 겸 문필가, 양금덕 할머니는 호쾌한 일꾼, 유찬이 할머니는 현명하고 총명한 '어른', 그리고 박두리 할머니는 익살스러운 분이었고, 이순덕 할머니는 정말 사랑스러운 분이었습니다.

나는 스스로를 믿을 수 있는 '자신감'과 자유를 얻었다고 생각합니다. 그것은 할머니들이 주신 것이지요. "당신은 그 모습 그대로 좋아!"

어쨌든 지원모임은 뜻은 높이 지향하되 무리하지 않았기 때문에 회원들 역시 자신이 잘하는 분야에서 조금씩이라도 운동을 함께하고 있다는 자부심 같은 것이 있었습니다. 나 자신도 무리하지 않은 선에서 동참하고 바쁘게 보냈기에 그 시간들은 알차고 즐거웠습니다.

활동 변천 과정

지원모임은 사무실이 없었습니다. 대신 우리 집을 연락처로 해 뒀기 때문에 모임 발족 당시에는 온갖 전화가 걸려 왔습니다. 말없이 끊어 버린 전화가 2건 정도 있었을 뿐, 협박 전화는 없었습니다. 집 주소와 전화번호를 오픈했지만 위험한 일은 없었고 우리 부부가 하는 일에도 영향이 없었습니다.

전화는 특히 전쟁이 끝나고 고국으로 귀환할 당시의 고충을 호소하는 내용이 많았습니다(자신의 피해가 아닌 타인에게 들은 이야기로). 한번은 "한국인만 지원하고 왜 일본인은 지원하지 않는가!"라는 어느 일본인의 하소연을 한 시간 가까이 들었던 적이 있습니다. 그 사람은 우리 모임에 뭔가 해 주기를 바란다기보다 자신의 이야기를 들어 주기를 바랐던 것 같습니다. 지금 생각해 보면, 전화뿐 아니라 직접 만나 진지하게 이야기를 들어 주었어야 했는데 그러지 못해 안타깝습니다. 일본인의 전쟁 체험을 들을 귀한 기회였지만 당시에는 도무지 여유가 없었던 것이지요.

2003년에 전화를 걸어 왔던 전직 선원과 옛 병사의 이야기는《관부재판 뉴스》44호부터 48호까지에 실려 있습니다. 나와 히라오 히로코 平尾弘子 씨(항소심 판결 뉴스를 보고 2001년부터 참여)가 먼저 그분들 댁에 찾아가 이야기를 들었고, 이 이야기를 히라오 씨가 관련 자료를 조사하여 보고서 형식으로 상세히 작성했습니다. 주부였던 히라오 씨가 우리 지원모임에 들어오기 전에는 연구자적인 인재가 없었던 탓에 재판 진행에 필요한 자료 조사로는 협력하지 못하고 단지 '운동'에만 쫓기던 상황이었습니다. 이제 와 생각하니 새삼 변호사들에게 죄송한 마음입니다.

회원들은 수시로 떠나고 새로 들어왔습니다. 특히 2003년 이후에는 운동의 형태가 입법 운동과 도야마에서 진행됐던 제2차 후지코시 소송 지원이었으므로, 들어오고 나가는 회원들이 꽤 많았습니다.

한국의 대학에서 일본어 강사를 했던 후쿠도메 노리아키 씨가 후쿠오카로 이사 오면서 우리 지원모임에 합류한 것은 큰 사건이었습니다. 후쿠도메 씨는 그동안 한국에서 '일제강점하강제동원피해진상규명등에관한특별법'이 성립되는 과정에 대한 뉴스를 일본어로 번역하여 일본에 발신해 왔습니다. 또한 이 법안을 추진해 온 단체나 개인과 관계가 깊었고, 한국의 운동 단체와 교류를 이어 오고 있었습니다.

상기 특별법에 의거해 설치된 '일제강점하강제동원피해진상규명위원회'의 활동이 2005년부터 본격화되면서, 이 위원회에 협력하고 지원하는 일본 측의 네트워크로서 후쿠도메 씨가 중심이 되어 전국적인 조직인 '강제동원 진상 규명 네트워크'를 같은 해 발족시키고 중책인 사무국장을 맡은 것입니다. 후쿠오카에서도 그를 중심으로 네트워크를 형성하여 지쿠호에 강제동원된 조선인 노동자의 유골 문제를 해결해 나갔습니다. 이 활동 덕분에 규슈에서 오랜 세월 조사 활동을 해 온 연구자들과 함께 공동 작업을 하는 귀중한 경험을 할 수 있었습니다.

그러나 2010년 5월, 후쿠도메 씨가 갑작스레 세상을 떠났습니다. 우리는 몹시 비탄에 빠졌고, 국내외 많은 이들이 그의 죽음을 애도했습니다.

또한 2004년부터 대학에서 증언 집회 및 관련 영상 상영회를 매년 개최하였는데, 처음에는 학생들과 함께 실행위원회를 결성하고 한국의 피해자와 활동가를 초청했습니다. 기억과 기록으로 남기는 작업이 중요한 시대가 된 요즘, 느슨하지만 그때그때의 네트워크로 다양한 운동을 전개해 왔습니다.

그리고 입법 운동('전시성적강제피해자문제의 해결촉진에 관한 법안'제정 운동)의 일환으로 국회의원에게 입법을 요청하고, 협력해 줄 후보자를 당선시키기 위해 선거운동도 했습니다. 그러나 2010년 간 나오토 내각 아래서 치러진 참의원 선거에서 민주당이 패배함으로써 입법은 포기할 수밖에 없었고, 일본군 '위안부' 문제는 정치적 해결을 요구하는 방향으로 나갈 수밖에 없게 됩니다.

2003년부터 10년 동안 활동한 '빨리 만들자! 위안부 문제 해결법·네트 후쿠오카'의 회원 12명의 소개는 생략하겠지만, 모두 지원모임 회원들로 구성되었습니다. 하나같이 개성 있고 믿음직한 분들입니다.

제2차 후지코시 소송의 최고재판소 기각을 계기로 지원모임은 2013년, 대단원의 막을 내렸습니다. 그리고 '빨리 만들자! 위안부 문제 해결법·네트 후쿠오카'도 '위안부에 대처하는 후쿠오카 네트워크'로 명칭을 변경하고 원고들의 피해를 기억에 남기는 활동을 계속하고 있습니다.

28년 동안 꾸준히 함께 활동 해 오신 분은 많지 않지만 앞서 언급한 것처럼 기간이 길든 짧든 상관없이 많은 분들이 우리의 운동에 동참해 주셨습니다. 지금은 서로 다른 자리에 있을지라도 관부재판과 원고 할머니들이 그들의 삶에 어떤 식으로든 큰 영향을 끼쳤으리라 믿습니다. 저 역시 많은 일본인들을 만나 주신 할머니들께 진심으로 감사드립니다.

관부재판의
원고 할머니들

관부재판의 원고는 총 열 분으로, 일본군 '위안부' 원고 세 분(하순녀 할머니, 박두리 할머니, 이순덕 할머니), 근로정신대 원고 일곱 분(박so 할머니, 유찬이 할머니, 박su 할머니, 양금덕 할머니, 정su 할머니, 강yo 할머니, 이yo 할머니)입니다. 2003년에 최고재판소에서 기각 결정이 나온 직후 제2차 후지코시 소송이 시작되었고, 이때 세 분(김정주 할머니, 나fa 할머니, 성sun 할머니)이 합류했습니다.

그동안 하순녀 할머니는 2000년 5월에 80세로, 정su 할머니는 2001년 8월에 70세로, 박두리 할머니는 2006년 2월에 81세로, 성s 할머니는 2009년 4월에 78세로, 강yo 할머니는 2009년 8월에 78세로, 박so 할머니는 2012년 1월에 80세로 세상을 떠나셨습니다.

그리고 2017년 이순덕 할머니가 99세를 일기로 돌아가시고, 2018년에는 박su 할머니가 87세로, 유찬이 할머니도 같은 해 91세로 먼 길을 떠나셨습니다.

관부재판의 원고 중 생존해 계신 분은 광주의 양금덕 할머니(나고야 미쓰비시중공업 도도쿠공장에 동원)와 부산의 이yo 할머니(누마즈의 도쿄아사이토 공장에 동원)뿐입니다.

양금덕 할머니는 한국의 대법원에서 승소 판결이 나자, 2019년 6월에 광주 '근로정신대 할머니와 함께하는 시민모임'분들과 함께 일본에 오셔서 미쓰비시중공업 본사 앞에서 항의 시위를 했습니다. 8월 15일에는 서울에서 열린 시민 집회에서 인사 말씀도 하셨습니다. 광주의 '근로정신대 할머니와 함께하는 시민모임'의 대활약과 나고야 활동가들의 꾸준한 노력에 절로 머리가 숙여집니다. 양측 지원 활동가들의 신뢰와 우정은 양금덕 할머니를 비롯한 피해자 할머니들에 대한 존경과 사랑으로 맺어져 있습니다. 이들 한일 양국 차세대들의 교류를 멀리서 지켜보는 우리 마음은 흐뭇하기 그지없습니다.

제2차 후지코시 소송의 원고로 적극적으로 활약하고 계시는 김정주 할머니는, 2019년 8월 14일 서울에서 열린 '강제동원 문제 해결을 위한 국제회의'에서 증언하셨습니다.

김 할머니는 정의감이 강하고 성격이 곧은 분으로, 파킨슨병으로 한때는 외출이 힘드신 적도 있었습니다. 열성적인 투쟁심으로 자신이 겪은 피해를 한국과 일본에 의연하게 호소해 오셨습니다. 이러한 투쟁을 인정받아 서울시의 지원을 받기 시작했는데, 이로써 할머니의 오랜 세월의 '한'이 서서히 풀려 갈 거라고 생각합니다. 김 할머니가 다른 동지들이 못 이룬 '꿈'을 살아 계신 동안 이루고 '한'에서 자유로워지신다면, 곁에서 할머니들을 응원했던 일본인인 저의 꿈도 이루어지는 것입니다.

돌아가신 할머니들과의 추억은 끝이 없습니다

'나눔의 집'에서 생활하셨던 박두리 할머니(일본군 '위안부' 원고, 피해지 대만). 독설가이기도 했지만 외로움을 많이 타고 예리한 관찰력을 겸비한 마음이 따뜻하고 정이 많은 분이었습니다. 발상이 독특하셔서 할머니의 발언은 언제나 한 템포 늦게야 이해할 수 있어서 모두의 폭소를 자아내기 일쑤였습니다. 만날 때는 언제나 얼굴에 주름을 가득 지으며 와하하하 웃으셨습니다. 술을 마시고 흥이 나면 신명 나게 외설스러운 노래를 부르기도 했습니다. 제 남편 도시오를 만나면 "어서 말해 봐!"라며 한국어 테스트를 하시곤 했는데, 남편이 대답을 제대로 못하면 이겼다는 듯이 우쭐한 표정을 지으셨습니다. 생명력이 강한 분이셨는데 노인병원의 잦은 실수로 더 빨리 돌아가신 거 같아서 무척 안타깝습니다. 병원에서 누워 지내는 상태에서도 존재감을 드러내셨던, 아주 개성 넘치는 분이었습니다.

부산에 사셨던 하순녀 할머니(일본군 '위안부' 원고, 피해지 상하이). 오랫동안 입주 가정부 생활을 했는데, 더는 일할 수 없게 되자 조카(여동생 아들) 집의 약 한 평반짜리 방에서 지내셨습니다. 집 앞 울퉁불퉁한 비탈길에서 넘어져 걷지 못하게 된 이후로 일본에 오시지 못했습니다. 한국 정부에서 지원금이 나오자 동생과 함께 부산 중심가가 한눈에 내려다보이는 언덕에 집을 빌려서 평온하게 보내셨습니다. 다른 원고들 및 지원 활동가들과 재판에 함께한 시간이 짧아서 아쉬웠습니다. 1992년 제소하던 날 밤, 지원 활동가들과 교류할 때 초면임에도 불구하고 하순녀 할머니가 모두에게 싱글벙글 웃으며 먼저 악수하던 모습이 눈에 선합니다.

서울에 있는 '평화의 우리집'(정의연이 운영하던 피해자 쉼터)에 거주하셨던 이순덕 할머니(일본군 '위안부' 원고, 피해지 상하이). 눈이 잘 보이지 않았던 이순덕 할머니는 후쿠오카에 오실 때는 함께 동행한 광주유족회 이금주 회장에게 온전히 의지하셨습니다. 가톨릭교인인 두 분은 새벽마다 4시에 일어나서 한 시간 동안 기도를 드리십니다. 그리

이순덕 할머니와 하나후사 에미코 씨(서울 '평화의 우리집', 2007년 5월 30일).

고 재판소에 가는 날은 5시부터 식사 시간 직전까지 당일에 있을 의견 진술이며 신문의 예행연습을 하시곤 했습니다.

2009년, 우리가 한국을 찾아 '평화의 우리집'을 방문했을 때 이순덕 할머니가 유언처럼 하셨던 말씀이 아직도 귀에 쟁쟁합니다.

"우리 집에 온 적이 있던 사람이 죽어서 장례식에 갔어. 관에 넣고 전기를 넣으니까 확 타서 작은 뼈만 남더라고. 도시는 땅이 없으니까 죽으면 태우는 거지. 나도 죽으면 태워질 테지. 내가 죽으면 당신들에게 가서 알릴 테니까 '이순덕 할머니 불쌍해!'라고 생각해 줘. 사람의 눈엔 빛이 있어서 죽으면 그게 몸에서 빠져나가 하늘로 올라가. 당신들을 보러 갈 테니 만나 줘. 슬퍼해 줘."

2010년에 찾아뵈었을 때, "관부재판의 시모노세키 판결문은 이순덕 할머니가 쓰게 하신 거예요. 순덕 할머니의 증언이 재판관들의 마음을 움직였거든요"라고 말씀드리자, 뿌듯하셨던지 "그리 말해 주니 고맙네"라고 대답하셨습니다. 정말로 사랑스러운 할머니였습니다.

박so 할머니(후지코시 원고, 서울 거주). 박 할머니는 일본에 스무 번 오셨고, 원고 중에서 가장 많이 오셨습니다. 워낙 총명하신 분이었는데, 평소엔 주위를 신경 쓰느라 조심스러워하셨지만, 재판에 임할 때는 누구보다 적극적이어서 중요한 순간에는 확실하게 발언하셨습니다. 1998년 시모노세키 판결 후, 항소심 문제로 부산에서 근로정신대 원고들과 지원모임이 회의를 할 때, 재판을 해도 의미가 없을 거라고 항소를 망설이는 원고들에게 "싸워 이기자!"라고 격려하기도 했습니다.

시모노세키에서 분노하며 울부짖는 박so 할머니의 모습이 한국 TV

로 방영되자 주위 사람들은 "위안부였어?"라며 오해를 하고, 가족들은 재판을 그만두라고 간청합니다. 그 때문에 박so 할머니는 노여움으로 가벼운 뇌출혈을 일으켰음에도 아랑곳하지 않고 재판을 계속하는 데 주저함이 없었습니다. 2005년부터 서서히 치매 증상이 심해져 돌아가시기 한 해 전부터는 우리도 못 알아보셨지만 눈빛만은 여전히 강하게 빛났습니다. 그것을 보면서 할머니 안에 드센 소녀 같은 모습이 존엄하게 살아 있구나 싶었습니다. 국민학교 시절 담임인 스기야마 도미 선생님에게 여동생처럼 어리광 부리던 할머니의 모습도 눈에 선합니다.

세련되고 재주가 많았던 박sun 할머니(후지코시 원고, 부산 거주). 외로울 때마다 일본 노래를 부르며 자신을 위로했다면서 '그림자를 그리워 하며' 등의 가사를 일본어로 써 보기도 하셨습니다. 일본어 노래 모음집을 아주 좋아했습니다. 이런 말씀도 하셨습니다.

"어렸을 때 일본에서는 배고파서 길가에 난 미나리를 뜯어 먹고 배탈이 나곤 했는데, 지금은 일본이 그립네."

할머니를 평생 괴롭힌 불면증은 함께 사는 이들까지 힘들게 하는 지경이었으므로, 진주에서 홀로 살면서 노환과 고독과 싸워야 했습니다. 2015년에 부산의 따님이 모셔 가자 우리는 그제야 한시름 놓을 수 있었습니다. 하지만 이듬해 집 안에서 넘어지는 바람에 고관절 골절상을 입어 자리에 눕게 되었고, 결국 욕창과 치매까지 앓게 되면서 2018년 1월에 돌아가셨습니다.

어디에 있든 언제나 의연하게 자기 삶의 페이스를 관철했던 유찬이 할머니(후지코시 원고, 부산 거주). 입원해 있던 부산의 요양병원에서 의자 겸용 보행 보조 기구를 이용하여 자주 원내를 '산책'하시곤 했습니다. 유 할머니는 더는 식사 준비나 집안일을 할 수 없게 되면서 앞으로 가족에게 피해만 줄 거 같아서 요양병원을 택한 것이었습니다. 아들 내외도 일하고, 손자손녀들도 독립하였으므로 며느리를 자유롭게 해 주려고 모아 둔 적지 않은 돈을 아들에게 다 주고, 이 노인병원에 들어간 것입니다. 깜짝 놀란 아드님은 당연히 반대했지만, 병원을 찾아가 둘러보니 괜찮은 곳이었고, 어머니의 결심이 확고해서 동의했다고 합니다.

한국의 노인병원은 정부가 반액을 보조해 주므로, 유찬이 할머니의 경우는 월 40만 원이면 입원 생활을 할 수 있기 때문에 마음이 놓였습니다. 게다가 세 끼 식사가 다 해결된다니 얼마나 다행인지 모르겠습니다. 할머니는 음식이 좀 입에 맞지 않는 게 흠이라며 웃으셨습니다(할머니는 요리 솜씨가 아주 좋았고, 직접 담근 김치는 그 맛이 일품이었습니다). 병원은 집에서도, 아들 내외의 사무실에서도, 딸들 집에서도 가까웠습니다. 몸을 움직일 수 있을 때 미리 정보를 수집하여 준비한 할머니의 자립심에 나는 감탄하고 말았습니다. 그런 부분에서 똑똑한 할머니가 새삼 존경스러웠고, 인생의 마지막을 보내는 그 당당한 모습에 가슴 뭉클한 감동이 일었습니다. 할머니는 제 인생의 크나큰 선배였습니다.

원고 할머니들에게 큰 영향을 미치진 못했지만 우리가 그동안 해왔던 활동에 후회는 없습니다. 유일한 후회라면 한글을 배우지 못한 것입니다. 근로정신대분들도 한국의 지원 활동가들도 일본어에 능통하셨기에 그분들에게 의지하다 결국 배우지 못하게 되었습니다. 박두리 할머니에게는 소통하지 못하는 슬픔을 안겨 드리고 말았습니다.

우리 인생의 보물인 관부재판 원고 할머니들과의 만남을 주선해 주신 부산 정대협의 김문숙 회장에게 진심으로 감사하고 있습니다.

하순녀 할머니를 애도하며

《관부재판 뉴스》32호, 2000년 7월 9일 발행)

2000년 5월 5일, 전 일본군 '위안부' 원고 하순녀 할머니가 심장마비로 80세를 일기로 돌아가셨습니다. 관부재판 열 분의 원고 중 가장 먼저 세상을 떠나셨습니다. 고령이었기에 죽음을 생각하지 않은 것은 아니었으나 막상 현실이 되니 가슴이 저미고, 머릿속은 후회로 가득합니다. 물론 임종을 지켜보지 못한 후회가 아닙니다. 할머니는 피해 사실을 드러내고, 일본을 상대로 재판으로 싸웠지만 끝내 그 뜻을 관철시키지 못해서입니다. 1992년 제소 때, 그리고 1993년 9월 제1차 구두변론에서 의견 진술을 하셨을 때, 이렇게 두 번 일본을 방문했습니다. 하지만 '본인 신문'을 앞두고 너무나 끔찍한 피해 사실 재현의 괴로움을 견디지 못하고 결국 미팅 도중에 '본인 신문'을 거부하셨습니다. 이후로 다시는 일본에 오지 않으셨습니다.

예쁘고 멋진 할머니였으며, 해방 후 계속 독신으로 살면서 입주 가정부 일을 하셨고, 나이 들어 일할 수 없게 된 뒤로는 조카 집의 한 평 반짜리 방에서 신세를 지고 살았습니다. 한국에서 정대협이 중심이 되어 모금한 국민모금으로 지원금을 받았을 때는 신발을 여덟 켤레나 사서 조카의 격분을 사기도 했습니다. 한국 정부에서 일시금이 나온 후에는 여동생과 함께 부산의 한 언덕 중턱에 집을 빌려 평온하게 지내셨습니다. 그러나 상하이 위안소에서 도망치다 붙잡혀 심하게 구타 당해 머리를 다친 후유증으로 평생 두통에 시달리며 술과 담배로 그 통증을 달래셨습니다. 1994년에 집 앞에서 넘어져 다리를 다친 후로는 외출도 제대로 못 했고, 최근 2~3년 동안은 걷지도 못했습니다.

평온한 '죽음'이었다는 것, 고통 없이 돌아가셨다는 것이 그나마 위안이었습니다. 그러나 할머니가 계속되는 재판에 기력을 잃고 자신의 피해 사실과 정면으로 마주하지 못한 채 떠나신 것이 못내 가슴 아픕니다. 다른 두 분의 일본군 '위안부' 원고 할머니들이 고통 속에서도 자신의 피해와 마주하면서 멋지게 변하신 것을 우리는 두 눈으로 보아 왔기 때문입니다.

5월 18일, 일본에 온 이순덕 할머니는 하순녀 할머니의 부고를 듣고는 영정을 쓰다듬으며 몇 번이나 중얼거렸습니다.

"아이고 불쌍해. 나 같은 꼴을 당하고, 자식도 없이 혼자서…… 아이고 불쌍해……."

이순덕 할머니는 1년 전 여름에 죽었다가 살아난 경험이 있었습니다. 그 이후로 감정을 둘러싸고 있던 막이 한 꺼풀 벗겨진 듯이 성격이 개방적으로 바뀌었습니다. 할머니 말에 따르면, 꿈속에서 하얀 옷을 입은 수염이 긴 할아버지가 문 앞에서 "너는 여기 오면 안 된다. 그 개를 따라가거라"라면서 하얀 개를 가리키더랍니다. 할머니는 할아버지가 시키는 대로 그 개를 따라갔고, 한참을 가서 개가 호수로 들어가기에 따라 들어갔더니 개는 죽고 할머니는 잠이 깼다고 합니다. 정신이 들어 보니 침대 주위에서 많은 남녀가 울고 있고, 자신은 수의 차림이었습니다. '죽었던' 시간은 4시간 정도로, 이순덕 할머니는 이번 재판의 의견 진술 때 "하느님이 나를 다시 살려 재판할 시간을 줬다"고 말했습니다. 이제 이순덕 할머니는 81세, 박두리 할머니는 75세가 됐습니다. 재판을 삶의 낙으로 삼고 살아가는 그분들에게 싸울 수 있는 시간이 그리 많지 않다는 걸 깨닫는 계기가 됐습니다. 한 번 한 번의 재판을 소중하게, 후회 없도록 해야겠다고 다짐했습니다.

하순녀 할머니는 우리의 마음속에 살아 계셔서 방청석에 앉아 원고석을 바라보며 싱글벙글 웃고 계실 것입니다. 하순녀 할머니는 여전히 원고들과 우리 곁에 살고 계십니다.

석별 박두리 할머니 별세

할머니, 고마워요! 편히 쉬세요!

《관부재판 뉴스》 제50호, 2006년 3월 12일 발행)

2월 19일 오후 6시 20분, 안양 메트로병원에서 박두리 할머니가 81년간의 생을 마감하였습니다. 직접적인 원인은 담낭암이었지만, 지난 2년간 화상과 잦은 부상으로 병원에 누워 있는 상태였습니다.

19일 밤에 '나눔의 집'으로부터 전화로 부고를 받고, 마지막으로 할머니의 얼굴을 한번 보고 헤어지겠다는 마음으로 한국행을 결정했습니다. 다음 날인 20일 오전 9시 이후로 비행기가 만석이었으므로 일단 부산행 배편을 예약하고, 자전거를 타고 빗속을 뚫고 하카타항 중앙 부두로 달려갔습니다.

배를 타고 가는 세 시간 내내 박 할머니와의 즐거웠던 추억만 속속 떠올랐고, 슬픔은 마음속 저 깊은 곳에서 조용히 흘렀습니다. 오후 1시가 넘어 도착한 부산은 놀라울 정도로 화창했습니다.

메트로병원에 도착했을 때는 저녁 7시가 넘은 시각이었습니다. 그때 거기서 처음으로 박두리 할머니의 따님과 그 가족을 만났습니다.

박 할머니가 그토록 사랑했고, 박 할머니를 그토록 괴롭혔던 딸의 초췌한 얼굴을 보고 그 가녀린 손을 꽉 잡으면서 나는 생각했습니다. 이분도 일본군 '위안부' 제도의 피해자일 수도 있겠구나. 나중에 윤미향 씨에게 따님이 박두리 할머니의 임종을 지켰다는 말을 듣고는 안도했습니다.

박 할머니는 1940년, 17세에 대만으로 끌려가 전쟁이 끝날 때까지 강제로 일본군 '위안부' 생활을 하게 되었고, 해방 후에도 부산의 시장에서 야채를 팔아 어렵게 생계를 꾸렸습니다. 1992년 정신대문제대책부산협의회에 신고하고(남동생이 신고), 관부재판의 원고가 되어 일본 정부에 사죄와 배상을 요구했습니다. 몸이 쇠약해져 일을 계속하지 못하자 1993년에 '나눔의 집'에 입주했습니다.

1992년 12월 25일, 야마구치 지방재판소 시모노세키 지부에 제소한 그 날, 박 할머니는 카메라를 피해 눈을 내리뜬 채 얼음처럼 굳어 있었습니다. 그러나 그다음 날 저녁 교류회에서 갑자기 목소리를 높여

"일본 사람은 다 나쁜 사람인 줄 알았더니, 왜 이렇게 잘해 주는 건가. 당최 이유를 모르겠네……"라면서 울음을 터뜨리는 바람에 우리는 당황했습니다. 다음 해 의견 진술을 위해 일본에 오셨을 때는 눈이 휘둥그레질 정도로 꼿꼿하고 당당하신 모습이어서, 이렇게 큰 분이셨나 하고 놀랐던 기억이 납니다.

1995년 본인 신문 때 재판장이 "당신의 직업은?"이라고 묻자, "일본 대사관 앞에서 집회도 하고 그럽니다"라고 대답하여 방청객을 열광시켰습니다. 1998년 4월에 있었던 시모노세키 판결 당시에는, 법률적으로는 이겼지만 즉각적인 배상을 원하는 할머니들에게는 패배일 뿐이었습니다. 분노를 표출할 재판장이 퇴정해 버리자 할머니들은 애꿎은 변호사를 손으로 마구 두드리기도 했습니다. 2001년 히로시마 고등재판소에서, 1심 판결이 뒤집혀 패소 판결을 받았을 때는 "싫어! 싫어!" 소리치며 복도의 긴 의자에 털썩 주저앉아 버렸습니다.

2003년 3월 25일, 최종적으로 최고재판소에서 상고 기각 결정을 내림으로써 그간의 투쟁이 막을 내렸지만, 재판은 박 할머니의 삶에 보람이며 긍지였습니다.

박두리 할머니를 비롯한 원고 할머니들이 쟁취한 시모노세키 판결은 결국은 뒤집혀 패소 판결을 받았지만 그 정신은 여전히 살아 있습니다.

시모노세키 판결은 "종군 위안부 제도는 원고들의 주장대로 철저히 여성 차별, 민족 차별 사상의 발로였으며, 여성 인격의 존엄을 근저에서 침해하고 민족의 긍지를 짓밟는 것이었다. 결코 과거의 문제가 아닌 현재에도 극복해야 할 근원적 인권 문제이다", "제국 일본과 동일성을 갖는 국가인(일본) 피고는 강제로 종군 위안부가 된 여성에게 더 이상의 피해가 초래되지 않도록 배려하고 보증해야 할 법적 작위 의무가 있음에도 다년간 위안부들을 방치하고, 그 고통을 배가시켜 새로운 침해를 가했다"라고, 피해 구제를 위해 즉시 입법화할 것을 명한 것이나 다름없었습니다. 이 판결을 받아들인 뜻있는 국회의원에 의해 '전시성적강제피해자문제의 해결촉진에 관한 법안'으로 2000년 참의원에 제출되어 상정과 폐안을 거듭해 왔으며 이번 국회에도 제출될 예정입니다. 어려운 상황이지만, 부디 조기 제정되길 바라마지 않습니다.

박두리 할머니는 할 수 있는 것을 하고 돌아가셨습니다. 나머지는

박두리 할머니와 하나후사 도시오 씨(나눔의집, 2001년 2월 13일).

우리의 몫입니다.

추억은 새록새록 되살아나고, 박두리 할머니는 우리 안에 계속 살아 계십니다.

박두리 할머니를 만날 수 있어서 감사했습니다. 편히 쉬세요!

박so 할머니를 애도하며

《관부재판 뉴스》60호, 2012년 7월 29일 발행)

2012년 1월 20일, 박so 할머니가 영면하셨습니다. 박 할머니는 관부재판의 1차 원고로, 재판에 가장 적극적으로 임했고, 재판에서는 원고의 리더 같은 역할을 하셨습니다.

어린 시절에 끌려간 후지코시에서의 중노동으로 귀국 후 폐결핵을 앓게 됐고, 그 때문에 혼기가 늦어져 불행한 결혼을 하셨다고 합니다.

박so 할머니는 자신의 인생을 망가뜨린 후지코시의 강제동원에 대한 분노와 억울함이 커서 부산 정대협에 가장 먼저 신고했다고 들었습니다. 미래를 빼앗긴 박 할머니의 억울함을 나는 우리 집 부엌에서, 거실에서, 침실에서 숱하게 들어 왔습니다.

1998년 시모노세키 판결에서 일본군 '위안부' 원고는 승소했지만 정신대 원고가 패소하자(박so 할머니는 절대 패소할 거라고 생각하지 않았습니다) 분노와 슬픔을 토로한 모습이 한국의 TV에 방영되었습니다. 이에 교회 사람들과 친척들에게 "위안부였구나?"라며 손가락질을 당하는 2차 피해를 입었고, 박 할머니는 분노로 가벼운 뇌출혈을 일으켰습니다. 나중에 치매가 발병한 것도 아마 그 후유증 때문이 아닐까 싶습니다.

다른 정신대 원고들은 재판을 계속할지 여부를 고민했으나 박 할머니는 항소에 대한 강한 의지를 보이며 다른 할머니들을 이끌어 나갔습니다.

2001년, 히로시마 항소심 판결을 앞두고 박so 할머니는 이렇게 토로했습니다.

"한국 사람들이 우리의 문제를 모르는 것에 화가 난다. 일본군 '위안부'로 오해받는 것이 싫은 게 아니라, 정신대는 이런 일을 했다고 진심으로 이해받지 못하는 게 분하다. 재판 결과는 8할은 단념하고 있지만, 2할의 희망을 갖고 있다. 판결을 앞두고 '반드시 이긴다!'라고 말하고 싶다."

올해(2012년) 5월 24일에 나온 한국 대법원 판결을 생전의 박 할머니께 들려주고 싶었습니다. 박 할머니가 그 소식을 들었다면 얼마나 기뻐하셨을까요. 몇 개월 차로 소식을 전해 드리지 못한 것이 못내 아쉽습니다.

치매 증상이 점점 심해지면서 우리를 알아보지 못하고 소녀처럼 웃기만 하던 할머니의 얼굴과, 강한 의지를 보이며 늠름했던 할머니의 얼굴이 번갈아 떠오릅니다. 두 얼굴 모두 너무도 그립습니다.

1993년, 국민학교 시절 담임이었던 스기야마 도미 선생님과 감격적인 재회를 한 후로 계속 마음을 써 주시는 선생님에게 많은 위로를 받으시는 것 같았습니다.

작년 6월에 만나 뵈었을 때의 온화했던 얼굴이 생생이 떠오릅니다. 할머니는 그늘진 곳을 걸어야 했던 한 많은 자신의 인생과 화해하셨을 거라고, 저는 생각합니다.

아드님이 일본의 지원모임 회원들에게 감사한 마음을 전했습니다. 마지막 가시는 길이 평온했던 것 같습니다.

"박so 할머니를 만나서 좋았어요. 할머니를 정말 좋아해요."

이 말을 이번 생에는 전하지 못했으니, 저세상에서 다시 만난다면 제일 먼저 하고 싶습니다.

박so 할머니의 명복을 빕니다.

박su 할머니를 추모하며

('관부재판을 지원하는 모임' 홈페이지에서 2018년 1월 21일 기록)

2018년 1월 9일 오후 10시 44분, 박su 할머니가 돌아가셨습니다. 향년 87세였습니다. 장례식은 장남이 사는 경상남도 의령에서 거행되었으며, 촉박한 장례 일정으로 유감스럽게도 일본에서는 참석하지 못했습니다.

재작년(2016년) 봄, 부산의 따님과 함께 살던 할머니는 집 안에서 넘어져 고관절 골절상을 입고 내내 누워 지내셨습니다. 작년 5월, 욕창이 심해지고 폐렴 증상이 나타나자 할머니는 중환자실로 옮겨졌고, 의사는 남은 시간이 길지 않을 것이라고 했습니다. 잠시 회복되는가 싶었으나 할머니는 결국 돌아오지 못할 길을 떠나고 말았습니다.

후지코시에서 보낸 여자근로정신대 시절, 연일 계속되는 공습경보로 생긴 공포와 긴장과 수면 장애는 귀국 후에도 계속 불면증이라는 형태로 박 할머니를 괴롭혔습니다. 할머니는 불면증으로 몸이 쇠약해지면 입원하여 링거를 맞고 체력을 회복하고, 또 쇠약해지면 입원하는 과정을 되풀이하면서 위암 수술도 받으셨습니다.

할머니는 공습경보의 후유증으로 큰 소리에는 신경과민 증상을 보이기도 했습니다. 예컨대, 미국에서 일어난 9·11테러사건의 뉴스를 본 순간, 과거 도야마에서의 공포가 플래시백 되어 심장이 떨려서 TV를 볼 수 없었다고 했습니다.

황민화 교육의 우등생으로 14세 때 '애국하기 위해' 자원한 근로정신대에서 상상도 못한 중노동을 강요당했습니다. '배신감'과 '애국해야 한다'는 양가감정 속에서 전시 상황의 공포와 배고픔에 심신이 병들어 버린 박su 할머니. 해방 후 평생 약을 달고 병마와 싸우며 치열하게 72년 남짓한 세월을 살아왔습니다.

박su 할머니는 일본 노래를 좋아하고, 세련되고, 요리 솜씨 좋은 멋진 할머니였습니다. 재판소에서 돌아오는 차 안이나 숙박지에서 정신대 시절 유행했던 엔카와 군가를 끝까지 정확히 불렀습니다. 나는 그 기억력에 감탄하곤 했습니다.

박su 할머니가 재판 과정에서 같은 피해를 당한 동료들과 지원하는 일본 시민들과 함께 싸우고, 웃고, 노래하고, 언성을 높이고, 눈물 흘리고, 기뻐했던 날들은 할머니에게는 '청춘'이 아니었나 싶습니다. 할머니의 한 많은 삶이 조금이나마 치유되어 저세상으로 가시는 여행길이

편안했으면 좋겠습니다. 진심으로 박su 할머니의 명복을 빕니다.

유찬이 할머니 감사합니다!

('관부재판을 지원하는 모임'의 홈페이지에서, 2018년 6월 13일 기록)

슬픈 소식입니다. 올해(2018년) 2월 20일 오전 11시, 관부재판 원고이자 후지코시 재판의 원고이기도 한 유찬이 할머니가 부산의 노인병원에서 별세하셨습니다. 향년 91세였습니다.

저희는 매년 방한하여 원고 할머니들을 찾아뵙고 꾸준히 교류를 계속해 왔습니다. 그러나 올해는 서울에서 후지코시 원고단, 한국의 시민단체, 일본 측 지원 활동가들의 교류가 기획되었으므로(5월 31일) 그에 맞춰 방한 일정을 계획하고 오랜만에 원고 여러분들을 만나 뵐 것을 기대하고 있었습니다. 부산으로 만나 뵈러 가겠다고 전화를 드렸지만 연결이 되지 않았습니다. 결국 아드님에게 전화를 해서 유찬이 할머니가 돌아가신 것을 알게 되었습니다.

5월 29일, 세 명이 후쿠오카를 출발하여 부산 김해공항에 도착했습니다. 유찬이 할머니의 아드님을 만나서 그간의 상황을 들을 수 있었습니다.

할머니는 작년 여름 무렵부터 잇몸이 녹아내려 틀니를 끼우지 못했고, 씹을 수 없게 되자 먹는 것이 고통스러운 상태가 되었습니다. 매일 죽만 드시니 물리기도 하셨겠지요. 결국 음료수만으로 끼니를 대신하다 보니 눈에 띄게 야위었고, 병원 측에서 코에 튜브를 연결하여 영양을 섭취하도록 설득했으나 할머니는 거부하셨습니다. 체력이 떨어지면서 자연히 기력도 쇠해졌는데, 그럼에도 끝까지 최신 뉴스를 챙겨 보며 사회 문제에 큰 관심을 보였고, 자신이 죽더라도 언젠가는 해결(강제동원, 강제 노동 문제)되리라는 확신을 갖고 있었습니다. 다섯 자녀를 둔 어머니로 제대로 교육을 시키지 못했다며, 후지코시에서 보상금을 받으면 많든 적든 자녀들에게 나눠 주고 싶다는 것이 소원이셨습니다.

아드님은 유찬이 할머니의 마지막 말씀도 전해 주었습니다.

"일본분들에게는 숙소, 식사, 재판으로 지원을 받았어. 재일교포들도 응원해 주었지. 하루도 긴데 25년 동안 온갖 지원을 해 주신 쓰카모토 씨, 잇페이 씨를 비롯한 많은 사람을 잊을 수가 없어. 은혜를 갚지 못해 미안해."

우리는 아드님과 3시간 넘게 이야기를 나누며, 할머니가 가족들에게 자신의 재판에 대해 자세히 이야기하셨다는 것을 알 수 있었습니다. 아드님이 많은 뒷이야기를 알고 있어서 종종 폭소를 터뜨리기도 했지만 감개무량했습니다.

유찬이 할머니는 어디에 계시든 자신의 생활 리듬을 무너뜨리지 않았습니다. 일찍 자고 일찍 일어나셨고, 식사 전에는 반드시 산책을 하셨고, 밥을 꼬박꼬박 챙겨 드셨으며 간식이나 단것은 드시지 않았습니다. 또한 자신의 의견을 분명히 표현하고 일체의 뒷말 없이 언제나 의연하셨습니다. 그리고 떠나시는 길도 깔끔한 모습이셔서 가슴이 뭉클했습니다. 유골은 할머니의 유언에 따라 바다에 뿌렸다고 합니다.

작년에 헤어질 때 봤던 할머니의 표정이 생각납니다. 보통은 헤어질 때 "내년에 또 봐!"라고 인사를 나누지만 그때는 말없이 우리의 얼굴을 오랫동안 지그시 바라보시며 믿을 수 없을 정도로 강하게 우리의 손을 잡아 주셨습니다.

그게 작별 인사였구나, 할머니는 우리와 마지막 인사를 이미 하셨구나, 생각하니 가슴이 저립니다.

유찬이 할머니, 고마워요!

할머니를 만나서 기뻤습니다. 즐거웠습니다!

편히 쉬세요.

지원모임
회원들의 회상

관부재판을 지원하는 모임에 참여했던 소감_MJ

(이 감상문은 2018년 9월에 작성된 글입니다.)

나는 왜 10년 가까이 관부재판을 지원하는 모임에서 활동했을까?

당시 지원모임에 참여하게 된 이유는 일본과 한국의 역사를 알기 위해서였습니다. 또한 한일 교류의 연장선이자, 모임의 활동이 페미니즘과 관련이 있다고 생각했기 때문입니다. 그러나 참여한 후로는 그런 이유와 상관없이 진지하게 임했습니다.

지금 돌이켜 보면, 그런 표면적인 이유 외에도 개인적으로 공감대가 있었기 때문이었습니다. 바로 원고 할머니들에게서 고독과 불안, 분노의 감정을 발견한 것입니다.

어린이나 사춘기 청소년들은 왜 힘들어하는 걸까요? 다양한 이유가 있겠지만, '자신의 미래에 희망을 꿈꿀 수 없는 상황'도 그들의 괴로움에 한몫한다고 생각합니다.

일본의 어느 만화가는 가난한 항구 도시에서 자란 자신의 환경에 대해 다음과 같이 말합니다.

"어렸을 때, 내 주변에는 행복하거나 즐거워 보이는 어른이 없었다. 부부 싸움과 가정 폭력은 일상이었고, 그것은 또 약물중독과 알코올 중독으로 이어졌다. 그러한 환경에서 자라는 나도 그렇게 될 거라고 상상하면, 미래에 대한 불안으로 짜부라질 것 같았다. 언제나 그런 불안과 절망이 머릿속에 꽉 차서 나는 웃지 않는 아이가 돼 버렸다."

나 또한 이런 경험이 있었습니다. 개인적인 이야기지만, 나는 올해 44세입니다. 어릴 때 따돌림이나 성적에 대한 압박이 심했고, 그러한 환경에 전혀 적응하지 못해서 "이 아이는 표정이 굳어 있다"라는 말을 자주 들었습니다. 당시의 내가 왜 그렇게 무표정하고 집중력이 부족(때로는 전혀 없는)했는지는 나도 잘 모르겠습니다. 하지만 어느 정도 어른이 된 지금은 '그럴 수 밖에 없었겠구나……'라고 생각합니다.

어린이집 시절부터 소학교 졸업할 때까지 나는 충치 등으로 치아 상태가 형편없었고, 툭하면 코피가 났고, 중이염과 결막염을 달고 살았으며, 늘 이마와 관자놀이가 아파서 잠 못 이루는 날이 많았습니다. 그런데 또래 친구나 어른들은 다른 사람에게 화풀이를 하거나 폭력을 휘두르며 자신을 지키는 사람도 많았습니다. 하지만 나는 성격상 그럴 엄두도 내지 못한 채 속에 차곡차곡 쌓아 가면서 힘든 시간을 보냈습니다.

오랫동안 그런 환경에서 살아왔기 때문에, 내 마음속 어딘가에 꿈쩍도 않는 돌 같은 것이 단단하게 만들어졌습니다. 생명 있는 존재로 살아가기 위해서는 내면에 돌을 만들 수밖에 없었을 것입니다.

이런 이유로 지원모임에 참여한 후 나도 모르게 피해자 할머니들이 살아 낸 전쟁 후의 삶에 공감했던 거 같습니다. 폭력을 당한 몸으로, 또 강제 노동의 후유증을 안고, 한국 사회에서 살아 내느라 심신이 얼마나 고달팠을까요. 물론 원고분들은 저마다 가족이나 일이 있겠지만, 그럼에도 혼자 감당해야 할 끔찍한 고통 앞에서 얼마나 힘들었을까요.

저마다 행복을 느끼지 못했거나, 혹은 그 연장선에서 도무지 앞날에 희망조차 품을 수 없었던 시간을 얼마나 지내 온 걸까요.

지금도 크게 다르지 않지만, 원고분들은 당시 사회 분위기에서 남에게 드러내기 어려운 경험과 분노와 고독, 절망을 혼자 마음속에 켜켜이 쌓아 두고, 꾸역꾸역 삶을 살아왔으리라고 상상해 봅니다.

전쟁이 끝나고, 그 힘든 시기를 강가에서 홀로 군가를 부르며 보낸 세월. 전쟁 중 겪은 경험으로 가족 관계가 원만하지 않지만, 그럼에도 묵묵히 집안일을 해 왔던 세월. 어찌해 볼 도리가 없어서 될 대로 되라는 심정으로 술과 담배로 보내야 했던 세월. 듣추고 싶지 않은 경험을 필요 때문에 사람들 앞에서 거듭 이야기해야 하는, 못 견디게 고통스러웠던 세월.

원고분들이 겪으셨던 일들이 재판 과정에서 속속 밝혀졌고, 후유증으로 생긴 PTSD에 관한 조사와 논고도 이루어졌습니다.

시모노세키와 히로시마로 이동하는 중에, 공판 중에, 교류회 중에 언뜻언뜻 본 원고분들의 무표정에서, 나는 장렬하고 처참할 정도의 고독한 단면을 보는 기분이었습니다.

원고들이 지내 온 전쟁 시기와 전쟁이 끝난 후의 시기는 당연히 내가 자란 환경과 전혀 다르고 그분들의 고독과 절망도, 장렬함과 압박감도 전혀 다를 것입니다. 그럼에도 원고들과 보낸 시간은 저에게 진심으로 귀한 경험이었습니다.

크기는 달라도 어디선가 똑같은 돌을 마음에 품고 계시는 분들도 많지 않을까 싶습니다.

나는 아직도 고독과 절망을 끌어안고 있기 때문에 진심으로 웃거나 슬퍼할 수가 없습니다.

어떤 사람들은 나를 보고 "MJ는 냉정하다"고 말하는데, 나는 단지 마음 한구석이 석화石化되어 무표정할 뿐입니다. 나 역시 원고들과 교류하면서 활기차게 변하는(원고에 따라서는 그때만의 모습일지 모르지만) 그분들의 모습을 볼 때마다 순간적으로 말소리도, 향기도, 요리의 맛도 느끼지 못할 정도로 감동받았습니다. 넘치는 먹먹함에 뭔가 드릴 말씀이 없을까 종종 할 말을 찾기도 했습니다.

물론 지원모임 활동에 참여했다고 해서 석화된 마음이 변했다거나 미래에 대한 불안이 깨끗이 사라진 것은 아닙니다. 여전히 내가 안고 가야 할 부분입니다. 다만, 조금이나마 원고분들을 만나고, 내 스스로 모임 활동에 진지하게 임하며 삶의 온기를 경험했습니다.

그 무엇과도 바꿀 수 없는 시간이었기에, 원고분들과 지원모임 여러

분께 매우 감사하며 살고 있습니다.

진심으로 고맙습니다.

관부재판과 나_이노우에 유미

나는 10대 때부터 이웃 나라 한국에 관심을 가지고 있었습니다. 당시 한국은 박정희 대통령의 군사정권 아래에서 반정부 활동에 대한 탄압이 이뤄졌고, 1979년 박 대통령이 암살되면서 1980년에 5·18광주민주화운동이 일어납니다. 이 시기에 나는 고등학생이었습니다.

광주 시민을 선동했다는 죄목으로 김대중 전 대통령이 체포되어 사형 판결을 받은 것은 열일곱 살 저에게 충격이었습니다. '저 사람을 죽이면 안 돼!'라고 생각했지만 시골의 여고생이 할 수 있는 일은 아무것도 없었습니다. 부디 사형당하지 않게 해 달라고 기도밖에 할 것이 없었습니다. 그래서 사형에서 무기징역으로 감형되었을 때 무척이나 안도했던 기억이 납니다.

한국에 대해 관심을 갖게 되면서 재일한국인·재일조선인에 대한 차별을 알게 됐고, 의분을 느끼며 '이런 차별은 없애야 한다'고 생각했습니다. 젊어서 순수했던 것이지만, 그런 생각이 훗날 관부재판 지원 운동으로 이어지지 않았나 싶습니다.

대학에서는 서양사를 전공했습니다. 졸업 논문은 바이마르공화국 성립 전후의 노동운동을 주제로 썼습니다. 내가 대학에 다닐 때 한국에서는 민주화 운동이 활발했는데, 한국의 '정치의 계절'은 바야흐로 나의 청춘 시절과 겹친다고 할 수 있겠습니다. 한국에서 386세대라고 불리는 이들은 나와 같은 세대에 해당합니다.

어느 날 나는 "독일의 전후 보상"이라는 주제로 열리는 강연회를 보러 갔습니다. 대학에서 독일사를 공부했으므로 독일 뉴스에도 꾸준히 관심을 가지고 있었지요. 당시는 베를린장벽이 붕괴되고, 동서독이 통일되는 격동의 역사를 생생하게 지켜보던 때였습니다.

아시아에 대한 일본의 전후 보상을 생각하면, 독일의 나치 시대 만행에 대한 반성과 유대인들에 대한 보상은 훨씬 더 진지하고 극진해 보였습니다.

그때 내가 강연자에게 질문을 했는데, 마침 하나후사 씨 부부가 그 강연장에 와 계셨습니다. 강연 후, 하나후사 도시오 씨가 내게 관부재판의 학습회에 와 보지 않겠느냐고 권유했고, 그렇게 '관부재판을 지원하는 모임'과의 인연이 시작되었습니다.

그 이전에도 한일 간의 문제나 전쟁 중에 일본이 자행한 '강제 연행'과 관련된 서적들을 많이 읽었지만, 실제로 원고 할머니들의 고뇌를 접하면서 그동안 아시아의 수많은 피해자를 외면해 온 일본의 죄를 새삼 통감하게 됐습니다.

나는 문화센터에서 초급 한국어를 배우고 있었지만 좀처럼 한국어가 늘지 않아서 원고 할머니들과 의사소통하는 건 불가능했습니다. 그 점이 못내 아쉬웠습니다. 결국 일본어로 소통할 수밖에 없었는데, 모국어를 빼앗기고 강제로 익힌 말로 대화하시게 해서 몹시 죄송한 마음이었습니다.

그럴 때마다 번번이 한국어에 능통한 일본어 강사 A 군과 후쿠도메 노리아키 씨의 통역 도움을 받았습니다.

나는 당시 '워드프로세서 사용이 가능'하다는 이유로 자연스레 《관부재판 뉴스》의 편집장을 맡게 됐지만, 재판 상황이며 원고들의 배경을 지원모임 회원들에게 정확하게 전달하는 데 이 회보가 크나큰 역할을 했다고 생각합니다.

당시는 인터넷이 보급되지 않았던 시절이었기 때문에 회보는 하나후사 씨 부부 댁에서 아날로그 방식으로 일일이 수작업으로 만들었고, 페이지가 많을 때는 밤늦게까지 편집 작업에 매달려야 했습니다. 고된 작업이긴 했지만 하나후사 씨의 따뜻한 식사 대접을 받는 등 지금 생각하면 보람 있던 시간이었습니다.

가끔, 전후 보상 관련 연구자나 변호사를 초청하여 강연회와 학습회도 열었습니다. 물론 그때 녹음한 걸 듣고 정리하는 녹취록 작업도 거의 내 차지였습니다. 말로 한 것을 그대로 지면에 실을 수는 없으므로 간결하고 이해하기 쉽게, 그리고 강연회에 참석하지 못한 이들에게도 강사의 열의가 전해지도록 고심하면서 정리해야 했는데, 이 작업은 정말로 많은 공부가 되었습니다.

1998년 야마구치 지방재판소 시모노세키 지부에서 내린 1심 판결은 "일부 인용"이 된 획기적인 사건이었습니다. 유급 휴가를 내고 재판소로 달려갔던 나는 "위안부들의 피해는 여성 차별, 민족 차별이 배경에 깔려 있다"라는 내용을 보고 역사적 판결이라고 생각했습니다.

그러나 그 후의 상급심에서는 계속 패소하게 됩니다. 그 무렵부터 세상이 점점 변해 가는 것을 실감했습니다.

'종군 위안부'의 존재가 드러날 무렵, 언론은 피해자들에게 동정 어린 시선으로, 그《주간 포스트週刊ポスト》조차도 "위안부들의 통곡의 외침을 들어라!"와 같은 기사를 실었을 정도였습니다.

그런 분위기는 어느 순간부터 "종군 위안부는 날조된 역사", "돈이 필요해서 소송을 제기했다"는 식의 당치 않은 비난으로 바뀌었습니다.

이윽고, 인터넷이나 스마트폰이 보급되면서 인터넷 공간에서 폭언이 쏟아지고, 전후 보상 문제는 한일 간에 정치 문제화되어, 정쟁의 도구로 전락해 버렸습니다.

가장 중요한 것은 피해자들이 입은 피해를 밝혀 그 상처를 치유하고, 이런 일이 다시 일어나지 않도록 조치를 취하는 것인데, 그와는 거리가 먼 곳에서 피해자의 명예가 손상되고 2차 피해를 양산하는 것은 굉장히 슬픈 일입니다.

'신자유주의'가 사회로 확산되면서 일본 경제는 과거의 찬란한 빛을 잃고 샤프는 대만에, 도시바의 가전 부문은 중국에 팔렸습니다. 자신들보다 아래라고 생각했던 한국이나 중국에게 그 지위를 위협받는 이와 같은 상황도 '혐한' '혐중' 정서에 박차를 가했다고 생각합니다.

미미하지만 관부재판의 지원 활동에 함께했던 한 사람으로 생각하는 것은 인간의 숭고함입니다. 많은 이들이 원고 할머니들에게 다가가고 배려하고 마음을 다해 왔습니다. 특히 사무국의 하나후사 씨 부부의 헌신적인 모습에는 절로 고개가 숙여집니다.

그동안 우리가 지원 활동을 계속해 올 수 있었던 것은 '역사를 제대로 전하고, 한국과 일본이 좀 더 좋은 관계가 되기를 바라는 마음'이 모두에게 있었기 때문이라고 생각합니다.

많은 고통을 안고 살아오신 원고분들. 부디 그분들이 교류회에서 보여 준 웃는 얼굴에 조금이라도 좋은 추억이 새겨졌다면 더 바랄 것이 없겠습니다.

원고 할머니들이야말로 진정한 '역사의 증인'입니다. 떠올리고 싶지 않은 경험을 떠올리며 법정에서 증언해 주셨습니다.

내가 피우는 '마일드 세븐 슈퍼라이트'를 선물하면 좋아하던 박두리 할머니, 은사인 스기야마 도미 선생님을 몇십 년이 지나 만나도 아이처럼 따르던 박so 할머니, "만약 재판에 이겨 보상금이 나오면 하나후사 씨에게 한턱내지"라고 했던 이순덕 할머니…… 지금도 원고분들의 얼굴이 하나하나 떠오릅니다. 이순덕 할머니의 말씀에는 왈칵 눈물이 났습니다.

한일 관계가 최악이라고들 합니다. 그러나 오랫동안 관부재판 지원 활동을 해 온 사람들은, 정치인이 어떻게 하든 성의를 가지고 대하면 서로 이해할 수 있다는 것, 그 결과 우정이 더 깊어진다는 것을 알고 있습니다.

관부재판 지원 운동은 한일 양국이 대립하지 않고, 서로 유대를 강화하면서 역사의 초석이 될 것을 믿어 마지않습니다.

피해자 할머니들에게
다가간 지 28년,
지금 생각하는 것

- 하나후사 도시오

　　　　　　　관부재판과 제2차 후지코시 소송에
합류했던 원고 13명 중 대부분은 바람을 이루지 못한 채로 세상을 떠
나셨습니다.

　원고들이 진정으로 바랐던 것은, 자신들이 입은 피해와 상처에 대해
일본 정부와 기업이 진지하게 마주하고, 제대로 대응하고, 진심으로
사죄하는 것이었습니다. 그리고 배상으로 그 증거를 보여 달라는 것이
었습니다. 일본 정부는 일본군 '위안부' 피해자들에게 '여성을 위한 아
시아평화국민기금'과 '한일 위안부 합의'로 해결해 보려고 했지만 두
번 다 그들의 마음을 움직이지 못했습니다. 한편 여자근로정신대 피해
자들의 경우는, 가해 기업에 호소하러 갔다가 그들의 냉혹한 대응에
상처만 깊어졌습니다. 회사 측은 문을 굳게 걸어 잠근 채 책임자와 만

4부 관부재판의 피해자 할머니들과 함께한 28년

나게 해 달라는 요구를 철저히 거부하면서, "약속을 파기한 것을 사죄하라", "일한 임금를 돌려 달라"는 소박한 요구조차 외면했습니다. 함께 싸우던 우리는 스스로 무력함을 원망하며 송구한 마음으로 원고 한 분 한 분의 마지막을 배웅하지 않을 수 없었습니다.

그러나 생전의 원고들과 교류했던 시간이 사라진 건 아닙니다. 조금도 빛바래지지 않고 우리 곁에 또렷이 남아 있습니다. 원고 할머니들과 만나고 함께했던 추억들 하나하나가 우리 인생의 귀한 선물입니다.

할머니들이 재판을 위해 처음 일본에 왔을 때는 잔뜩 굳은 표정이었습니다. 그러나 일본 방문이 거듭될수록 얼굴이 점점 밝아졌습니다. 재판을 통해 자신이 겪었던 피해와 상처를 마주하면서 재판관과 일본 정부에 호소하고 항의했습니다. 많은 지지자들이 깊이 공감하고 사랑과 공경하는 마음으로 함께하자 원고들은 눈에 띄게 달라졌습니다. 움츠러들었던 몸과 마음이 풀리고, 지원하는 우리와도 친밀감으로 돈독해졌습니다.

원고 할머니들은 재판하기 위해 일본에 올 때마다 우리 집에 묵었습니다. 집에 도착하자마자 가방에서 손수 담가 온 김치나 반찬을 꺼내 냉장고에 넣는 모습은 마치 아들 집에 온 어머니 같았습니다. 공원을 산책하면서 뜯어 온 들나물로 여러 요리를 가르쳐 주었고, 후쿠오카에 태풍이라도 오면 득달같이 전화해서 안부를 걱정해 주었습니다. 재판이 거듭되면서, 이런 교제는 원고 할머니들이 모두 세상을 떠나실 때까지 삶 속에 계속 이어질 것 같았습니다.

2003년에 최고재판소에서 패소한 뒤로 우리는 매년 한국 여행을 하고 있습니다. 부산, 진주, 광주, 서울에 가서 원고 할머니들과 한국의 활동가들을 만납니다. 할머니들 집에서 묵거나 혹은 함께 여행하며 도란도란 이야기꽃을 피웁니다. 물론 일본군 '위안부' 문제에 대한 입법 운동 경과라든지 2차 후지코시 재판 결과에 대해 들려드리는 것도 잊지 않았습니다. 이렇게 한국을 방문하는 동안 원고 할머니들이 한 분한 분 세상을 떠나셨습니다. 겨울이 오면 '올겨울을 나실 수 있을까?' 하는 불안한 마음에 안부 전화를 드리곤 합니다. 만날 때면 반갑게 맞아 주고 헤어질 때는 섭섭한 얼굴로 배웅해 주시는 정 많은 분들이었기에, 그런 할머니들과 헤어질 때마다 왠지 그분들의 고통을 덜어 드리지 못하는 것 같아 괴로웠습니다.

재판에서 이기지 못했습니다. 게다가 진정 어린 사죄와 배상도 받아내지 못한 채 원고 할머니들을 한 분 한 분 떠나보내 너무나 죄송했습니다. 그럼에도 할머니들이 재판으로 부당함에 맞서 투쟁하고, 우리 지원모임 회원들과 교류하며 과거를 드러내고, 잃었던 자존감과 긍지를 되찾은 모습을 생각하면 기쁘기 그지없습니다.

마치는 글

•

한일 양국 내셔널리즘 대립의
악순환을 어떻게 극복할 것인가?

원고 할머니들을 만나 28년 동안, '전후 보상 문제 해결로 피해자들의 존엄이 회복되고 피해국·피해 국민과 화해하기를 바라는' 마음으로 재판 지원과 입법 운동에 매진해 왔습니다. 그러나 지금 양국 관계는 재판이 시작됐던 시기보다 훨씬 악화된 상황입니다. 이렇게 된 배경에는 한일 두 나라 모두 일본군 '위안부' 문제를 지나치게 민족주의적 시각으로 받아들이는 데 문제가 있습니다.

일본군 '위안부' 문제 해결을 위해 활동해 온 한국정신대문제대책협의회 초대 공동대표였던 윤정옥 전 이화여대 교수(당시)는, 이 문제에 관한 심포지엄이나 강연회 등 다양한 기회에 언급하거나 쓴 글을 한 권의 책으로 엮어 일본에서 출판했습니다(《평화를 희구하며平和を希求して》, 하쿠타쿠샤白澤社, 2003년). 또한 2000년에 일본에서 개최된 심포지엄에서 일제강점기에 겪은 일을 언급했습니다.

기독교인이던 아버지가 신사참배를 거부했다는 이유로 특고경찰의 표적이 되어 한 달에 한 번 정도 가택 수사를 당합니다. 한밤중 12시가 넘은 시각에 여동생과 둘이서 자고 있는 방에 특고가 구둣발로 들어와 일기장을 함부로 검사하고, 옷장 서랍에서 속옷까지 꺼내 마구 내던지면서 점검합니다.

"그때 나는 굴욕감보다 더한, 뼛속 깊이 스며드는 치욕을 느꼈습니다. 일본인 형사의 손이 얼마나 더럽게 느껴지던지. 나는 일본인 형사에게서 증오라는 감정을 배웠습니다."

또 일본 잡지 《론자論座》(1997년 12월호)에 기고한 글에는 다음과 같은 내용이 있습니다.

"1943년, 서울의 이화여자전문학교(현 이화여대)에 입학했다. 당시 조선은 '정신대로 군수 공장이나 군대 식당, 혹은 야전병원에서 일하면 많은 돈을 벌 수 있다'면서 소녀들을 연행해 가던 시대였다", "가을 무렵, 1학년 학생들이 본관 지하실에 소집됐다. 거기서 우리는 어느 서류에 지장을 찍으라는 말을 들었다. 지금 생각해 보면 그 서류는 국가총동원령과 관계된 것 같다. 필자는 아버지의 의견을 듣고 그다음 날로 학교를 자퇴했다".

2006년 심포지엄에서는 이런 이야기도 했습니다.

"일본이 패전하자, 나는 내 이런 경험들 때문에 정신대로 끌려간 소녀들 소식이 걱정됐는지도 모릅니다."

또 한 명의 정신대문제대책협의회 공동대표였던 이효재 씨의 아버지도 마찬가지로 기독교인이었고, 신사참배를 거부했다는 이유로 형무소에 수감되었습니다.

그 여성들도 일제강점기에 모진 고초를 당하고 상처를 받았습니다. 그리고 동시대의 가난한 집안 여성들이 일본군 '위안부'를 강요당한 사실을 몰랐던 것을 부끄러워했습니다. 이러한 경험으로 정대협 지도자들은 일본군 '위안부' 문제를, 일제강점기에 한민족이 받은 피해를 상징하는 문제로 평가해 온 것입니다. 1990년, 모토오카 쇼지 참의원 의원이 국회에서 이 문제를 거론했을 때, 일본 정부는 "업자가 끌고 간 것이지 국가는 관여하지 않았다"는 거짓말로 국가 책임을 어물쩍 넘어가려고 했습니다. 게다가 국가 책임을 인정한 후에도 국민으로부터 모금한 민간 기금으로 '보상(쓰구나이償い, '속죄'의 의미도 있다.-옮긴이)' 하려는 태도를 보였습니다. 일본 정부의 이런 행동들이 '여전히 반성하지 않는 일본'이라는 불신감을 키운 것입니다.

일본 정부는 '한일기본조약, 한일청구권협정으로 식민지 지배의 피해 청구권은 법적으로 이미 해결됐으나 인도적 차원의 보상'으로 '국민기금'을 추진해 왔습니다. 그러나 한국 사회는 한일기본조약을, 식민 지배를 '합법'으로 여기고 반성하지 않는 일본 정부를 상징하는 것으로 보고 있습니다.

일본군 '위안부' 문제로 한일 양국이 대립하는 배경에는 일본이 과거 식민 지배에 대해 반성하지 않는다는 점이 있습니다. 조선 식민 지배가 당시 제국주의 시대에는 '합법'이었다고 주장하면서 군사적인 침략과 강제 점령, 자원과 쌀 수탈, 일본의 탄광과 기업, 군대로의 강제동원을 합리화합니다. 황민화 교육, 창씨개명, 내선일체로 대표되는 조선 민족의 긍지와 정체성을 말살시키려던 잔혹한 지배에 대해 반성의 모습은 거의 찾아볼 수 없습니다. 역사수정주의자들은 반성은커녕 여전히 한국과 북한을 차별하고 업신여기는가 하면, 일본군 '위안부' 문제에 대해서는 군과 국가의 책임을 부정합니다. 이들에 대한 분노로 피해를 과장하고 강조하는 한국 측의 심정은 입장을 바꿔 생각하면 이해할 수 있습니다.

한편, 일본 측의 혐한 내셔널리즘의 배경에는 또 한 가지 측면이 있습니다. 우리 가게에 오는 정년퇴직한 남성 손님 중에는 중국과 한국에 대한 혐오 감정을 토로하는 사람들이 있습니다. 그들의 주장은 이렇습니다.

"일본은 중국과 한국이 경제적으로 어려울 때, 진지하게 자금과 기술 원조를 해 왔다. 그 결과 경제적 발전을 이뤄 일본과 어깨를 나란히 하게 됐는데, 이제 와서 손바닥 뒤집듯이 역사 문제를 끄집어내 끝없이 사죄하라, 배상하라고 요구해 온다. 일본을 깔보는 것이다."

그들은 그동안 자신들이 차별하고 업신여겼던 사람들이 이제는 상황이 달라져 오히려 자신들을 대등하게 혹은 업신여긴다며 분노하는 것입니다. 이들은 정년퇴직 후에 접한 인터넷과 서점 진열대의 혐한, 혐중 서적을 통해 공감을 표출하거나, 은퇴 후 고립감을 국가 내셔널리즘으로 메워 나가는 듯합니다. 그리고 경제적·군사적으로 대국이 된 중국에 대해서는 추월당했음을 인정하면서 혐중 감정은 약해지는 반면, 상대적으로 더 혐한 감정이 커지는 듯합니다.

앞서 기술했듯이, 재판이 시작된 1990년대 일본 사회는 버블 경제가 붕괴됐다고는 하나 전후 오래 계속됐던 고도 경제성장의 영향이 이어지고 있었으므로 전후 보상 운동에도 호의적인 분위기였습니다.

그러나 소련과 동유럽의 '사회주의' 붕괴 이후, '자본주의 사회의 승리'를 구가하는 미국이 주도하는 글로벌리즘과 신자유주의 정책이 세계를 지배해 나갔습니다. 노동 정책이 격변하면서 정규 고용 노동자가 줄어들고, 비정규 고용이 확대되면서 전후 일본 사회를 지탱해 왔던 '정규·종신 고용'의 기업 공동체는 축소되거나 붕괴됐습니다. 게다가 중공업과 가전산업 중심에서 IT산업으로의 기술혁신이 뒤처져 30년 동안 경제적 정체가 계속되고 있는 상황입니다. 국가는 불안정한 고용과 결혼조차 할 수 없을 정도로 저임금에 내몰린 젊은이들을 '자기 책임'으로 방치했고, 그 결과 가족과 사회의 보호를 받지 못하는 불우한 이들이 계속 증가하는 사회로 변화해 왔습니다. 세계 각국에서 리버럴리즘이 퇴조하고 미국의 트럼프 정권이나 일본의 아베 정권 등에서 보인 내셔널리즘과 배외주의가 대두, 확산되고 있습니다.

내가 전후 보상 운동에 매진해 온 28년은 이렇듯 일본 사회의 격변기이기도 했습니다. 일본인들은 타인을 배려하는 여유를 점점 잃어 가고 있습니다. 농촌과 도시를 막론하고 공동체의 축소와 붕괴, 고립화와 빈곤화, 자기 긍정감 저하로 우울감이 가득한 사회가 되고 말았습니다. 이러한 고립화가 낳은 적막감과 자기 긍정감의 상실을 메우기 위해 국가와의 일체감과 배외주의, 곧 편협한 내셔널리즘으로 똘똘 뭉친 애국주의가 팽배하고 있는 것입니다. 보통의 일본인들은 오랜 세월 계속되는 전후 보상 문제, 특히 거듭된 '해결' 실패로 되풀이되는 일본군 '위안부' 문제에 진저리를 치고 있습니다. 또한 '새로운 역사 교과서를 만드는 모임' 등의 주장에 공감하는 넷 우익이 활개 치고, 혐한 감정이 고조돼 가고 있습니다. 이런 사람들이 아베 정권의 핵심 지지층으로 장기 집권을 가능하게 했고, 지금도 여전히 재일한국인·재일조선인을 배격하는 혐오 발언을 확산시켜 나가는 중입니다.

2016년 4월에 구마모토 지진이 발생했을 때, 1923년의 간토關東 대 지진 당시 "조선인이 우물에 독을 풀었다"는 악의적인 선전을 방불케 하는 내용이 인터넷상에 난무했습니다. 후쿠오카현의 한 시의원은 심지어 "지진 같은 비상사태가 일어날 때, 재일외국인은 무슨 짓을 할지 모르는 위험한 존재다. 자경단을 만들어 대비해야 한다. 결과적으로 린치가 발생해도 어쩔 수 없다"라고 망언까지 했습니다.

우리는 재일한국인 회원과 함께 '공인의 혐오 발언을 용서하지 않는 모임'을 긴급하게 설립하고 사죄와 철회를 촉구하며 싸워 왔습니다. 유감스럽게도 이 같은 국회의원과 지방의원이 매년 증가하고 있고, 이런 상황에 크나큰 위기감을 느낍니다.

지금 우리는 배외주의와 자국 제일주의의 감정적인 언설이 난무하는 매우 위태로운 시대를 살아가고 있습니다. 그래서 더더욱 전쟁과 식민 지배의 피해와 가해를 이야기할 때, 감정에 사로잡히지 않고 필요 이상으로 상대를 자극하지 않아야 합니다. 더불어 어떻게 하면 증거에 입각한 냉정한 역사 인식을 형성할 것인가를 고민하고, 그 결과를 공유하여 다음 세대에 전해야 합니다. 이러한 자세로 향후 활동에 임할 것을 다짐하면서 피해자 개개인의 존엄이 회복되기를 진심으로 염원합니다.

자료

'전후 책임을 묻는다·관부재판을 지원하는 모임' 활동 관련 연표

(1991년~2019년 1월까지)

작성자 주

① ◆ 역사수정주의·배외주의에 관한 주요 사항을 나타낸다.
② ★ 위안부 문제(해결 운동)나 전후 보상에 관한 사항을 나타낸다.

작성_호리 시오리堀詩織

서기(년)	월·일	사 항
1991	5월경	정신대문제대책 부산협의회 김문숙 회장의 호소로 일본군 '위안부'와 여자근로정신대 피해자들이 신고해 옴.
	8월 14일	★ 김학순 할머니가 한국에서 처음으로 일본군 '위안부' 피해자임을 밝히며 실명으로 증언.
1992	3월 28일	• 후쿠오카 시내에서 일본군 '위안부' 피해자 문옥주 할머니의 증언 집회 개최. • '종군 위안부 문제를 생각하는 모임·후쿠오카'(생각하는 모임) 발족(대표: 하나후사 에미코)
	11월	'생각하는 모임' 회원 여러 명과 이박성 변호사 등 담당 변호사들이 재판 지원을 의뢰하고, 부산의 원고들을 방문해 재판 지원을 약속.
	12월 25일	• 원고 4명(하순녀, 박두리, 유찬이, 박so 할머니)이 일본 정부에 공식 사죄와 배상을 요구하며 야마구치 지방재판소 시모노세키 지부에 제소.
	12월 26일	• 후쿠오카 시내에서 원고들과 교류회.
1993	4월 17일	'전후 책임을 묻는다·관부재판을 지원하는 모임' 결성 집회.
	4월 26일	정부 측이 도쿄 지방재판소로 이송 신청. 이를 반대하는 서명운동 개시.
	6월 3일	정부 측 이송 신청 취하, 시모노세키에서의 재판 결정.
	8월 4일	★ '고노 담화' 발표.
	9월 6일	제1차 구두 변론.
	12월 13일	제2차 제소(이순덕, 박su, 강yo, 이yo, 정su 할머니 합류).

서기(년)	월 · 일	사 항
1994	5월 3일	★ 나가노 시게토 법무대신(당시)이 보도 기관과의 인터뷰에서 일본군 '위안부' 피해자를 '공창'이라고 발언.
	5월 16일	제4차 구두 변론(3차 원고로 양금덕 할머니 참석).
	6월 20일	'나가노 발언은 인권침해'라고, 배상 청구액을 증액하여 추가 고소장을 제출.
	8월 19일	무라야마 도미이치 내각의 "민간 모금으로 '위로금' 지급" 구상 결정과 보도. 재판 협의차 일본에 와 있던 이순덕 할머니와 공동으로 위로금 구상에 항의하는 기자회견을 개최.
	9월 4일	후쿠오카시에서 항의 시위.
	9월 5일	제6차 구두 변론(첫 본인 신문에서 이순덕 할머니가 증언함).
	11월 15일	정례회에서 '민간 기금'에 반대하는 의견광고를 게재하기로 결정.
	11월 28~30일	전국의 《마이니치신문》 조간에 의견광고 게재.
1995	8월 15일	★ '여성을 위한 아시아평화국민기금'('국민기금')으로 모금 시작.
	10월 23일	제11차 구두 변론(박두리 할머니의 본인 신문).
	12월	한일학생 YMCA 합숙에 하나후사 도시오가 참여하여, 지원모임 활동에 학생이 참여하게 됨.
1996	4월 19일	★ '쿠마라스와미 권고'가 유엔인권위원회에서 채택.
	5월 22일	제14차 구두 변론(박so 할머니, 유찬이 할머니, 박su 할머니 본인 신문).
	6월 27일	1996년도 중학교 사회과 교과서 7권 모두 '위안부'에 관한 기술이 게재.
	8월~	◆ 고바야시 요시노리 씨, 〈신 고마니즘 선언〉에서 '위안부' 문제에 대한 연재를 시작.
	8월	★ 국민기금 '배상' 사업 시작.
	10월 23일	제16차 구두 변론(이yo 할머니와 강yo 할머니 본인 신문).
	11월 19일	고바야시 요시노리 씨와 편집부 · 출판사에 전하는 항의문 발표.
	12월 2일	◆ '새로운 역사 교과서를 만드는 모임'(이하 '새역모') 설립 기자회견.

서기(년)	월 · 일	사 항
1997	1월 11일	TV방송 〈다하라 소이치로의 이의 있음!〉에 회원이 출연하여 고바야시 요시노리 씨와 토론.
	4월 14일	(*03년 2월 27일 최고재판소 기각, 나중에 데이진㈜人 기업이 위로금 지급) ★누마즈 도쿄아사이토 방적 공장 조선인 여자근로정신대 소송.
	4월 28일	제18차 구두 변론(박so 할머니의 국민학교 담임이었던 스기야마 도미 씨가 증언).
	9월 29일	제20차 구두 변론(결심).
1998	4월 27일	야마구치 지방재판소 시모노세키 지부가 일본군 '위안부' 원고 3명에게 '국가 입법 부작위에 따른 국가 배상'을 인정하는 판결을 내림('시모노세키 판결').
	5월 1일	전 여자근로정신대 원고들이 항소장 제출.
	5월 8일	피고 정부 측이 히로시마 고등재판소에 항소.
	6월	'위안부' 배상 입법 실현을 국회의원에 요구하는 '시모노세키 판결을 살리는 모임' 결성.
	8월 21일	★유엔인권위원회 차별 방지 · 소수자 보호 위원회에서 맥도걸 씨의 특별보고서를 만장일치로 채택.
	10월	'관부재판을 지원하는 히로시마 연락회' 결성.
	12월	'관부재판을 지원하는 후쿠야마 연락회' 결성.
1999	2월 23일	히로시마 항소심 제1차 구두 변론.
	3월 1일	미쓰비시 나고야 · 조선 여자근로정신대 소송(양금덕 할머니도 원고 합류. 2008.11. 최고재판소 기각)
	8월	◆중학교 역사 교과서 4개사가 '위안부' 기술 삭제.
	11월	'관부재판을 지원하는 히로시마 현북 연락회' 결성.
2000	1월	정신과 의사 구와야마 노리히코 씨가 원고들에게 PTSD(외상 후 스트레스 장애) 진단.
	4월	◆후소샤가 '새역모'가 집필한 2002년도 중학교 역사 교과서를 문부성에 검정 신청.

서기(년)	월 · 일	사 항
2000	5월 5일	원고 하순녀 할머니 별세.
	7월 11일	★ 제1차 후지코시 소송(도야마) 최고재판소에서 화해.
	11월 10일	제8차 구두 변론에서 정부 측 '한일기본조약으로 이미 해결'론 전개.
	12월 8～12일	★ 2000년 일본군 성노예 여성국제전범법정.
2001	1월	◆ 2000년 여성국제전범법정에 대해 특집 방송한 NHK 프로그램이 개편됨(NHK 프로그램 개편 사건).
	2월	'사죄와 배상 판결을 요구하는 한일 시민 공동서명'을 히로시마 고등재판소에 제출.
	3월 29일	히로시마 고등재판소 항소심 판결(원고들의 손해 배상 청구는 모두 기각).
	4월～	'새역모'가 집필한 중학교 역사 · 공민교과서 채택에 반대하는 청원 운동 시작.
	8월 18일	원고 정su 할머니 별세.
	10월 28일	미지급 임금 해결을 요구하며 제2차 후지코시 투쟁 개시, 관부재판 원고도 참여.
	10월	'새역모 교과서를 허락하지 않는 시민 네트워크 · 후쿠오카' 창설.
2002	4월 12일	관부재판 상고이유서 최고재판소에 제출.
	9월 30일	★ 국민기금 '위로금' 사업 종료.
	10월	후쿠오카시 학교 통신표에서 '애국심' 평가 항목 삭제를 요구하는 운동에 참여.
2003	3월 25일	관부재판 상고 기각 결정. 후지코시 소송을 지원하는 '호쿠리쿠 연락회'와 공동으로 제2차 후지코시 소송 지원.
	4월 1일	전 여자근로정신대 등이 후지코시 · 국가를 상대로 미지급 임금과 손해 배상을 요구하며 도야마 지방재판소에 제소('제2차 후지코시 소송'. 관부재판 원고 유찬이 할머니, 박su 할머니, 박so 할머니도 원고로 합류).
	11월	'빨리 만들자! 위안부 문제 해결법 · 네트 후쿠오카'(입법넷) 결성.

서기(년)	월·일	사 항
2004	6월 14일	필리핀 일본군 '위안부' 피해자를 후쿠오카로 초대하여 증언 집회 개최.
	12월 4일	학생과 시민 합동 실행위원회에서 증언 집회 및 영화 상영회(2009년까지 매년 진행).
2005	7월 18일	• 한국에서 진행되는 강제동원 진상 규명과 유골 조사·반환에 협력. • 도쿄에서 '강제동원 진상 규명 네트워크' 결성.
2006	2월 19일	원고 박두리 할머니 별세.
2007	1월경	◆ '재일 특권을 허용하지 않는 시민모임'(재특회) 활동 개시.
	3월 31일	★ 국민기금 해산.
	7월	★ 미국 하원, '위안부' 문제 조기 해결을 요구하는 결의 채택(이후 네덜란드 등의 의회에서도 동일한 결의가 채택).
	9월 19일	제2차 후지코시 소송·도야마 지방재판소 판결, 원고들의 청구 기각.
2008	5월 28일	제2차 후지코시 소송 항소심 개시(나고야 고등재판소 가나자와 지부).
2009	3월 25일	후쿠오카시 의회에서 〈일본군 '위안부' 문제에 국가의 성실한 대응을 촉구하는 의견서〉 가결.
	8월	원고 강yo 할머니 별세.
	9월 16일	민주당으로 정권 교체. 입법 운동에 '훈풍' 불다.
	12월 4일	후쿠오카 시내에서 인도네시아 일본군 '위안부' 피해자 증언 집회(입법넷은 협찬 단체로 참여).
2010	2월 7일	'일본군 위안부 문제 해결 전국행동 2010' 결성. 공동대표에 하나후사 도시오 씨.
	3월 8일	제2차 후지코시 소송 항소심 판결 "개인 청구권은 포기됐다"라고 원고의 청구를 기각.
	4월~	입법넷, 지역 출신 의원들에 대한 요청 행동 개시.
2011	8월 30일	★ 한국 헌법재판소 일본군 '위안부' 문제 해결에 대해 한국 정부에 위헌 판결.
	10월 24일	최고재판소, 제2차 후지코시 소송 상고 기각 결정.

서기(년)	월·일	사 항
2012	1월 20일	원고 박so 할머니 별세.
	12월 26일	자민당으로 정권 교체, 아베 2차 정권 출범. 이에 입법 운동을 위한 로비 활동을 단념하고, 입법넷에서 '위안부 문제에 대처하는 후쿠오카 네트워크'로 개칭.
2013	7월 8일	《관부재판 뉴스》 최종(61)호 발행.
	9월 29일	'관부재판을 지원하는 모임' 해산회. '위안부 문제에 대처하는 후쿠오카 네트워크' 활동 계속.
2014	4월	[《관부재판 뉴스》 전호 기록집] 200권 발행.
2015	12월 28일	★ 한일 양국 정부 간 위안부 문제 합의.
2017	4월 4일	원고 이순덕 할머니 별세.
2018	1월 9일	원고 박su 할머니 별세.
	2월 20일	원고 유찬이 할머니 별세.
	10월 30일	★ 한국 대법원, 강제징용 피해자 재판에서 일본 기업에 배상 명령.
	11월 29일	★ 한국 대법원, 여자근로정신대 재판에서 미쓰비시중공업에 배상 명령.
2019	1월 18일	★ 후지코시 근로정신대 재판 서울 고등법원에서 승소.

노무 동원 계획에 따른 이입 노무자 사업장별 조사표

[쇼와 19년(1944년) 1월 말 현재] 후쿠오카현

＊발견재취업: 사업소에서 도망갔다가 발견되어 데려와 다시 취업시켰다는 뜻.

사업별	사업장별	이입자 수	도주자 수
석탄 광산	아소 광업소	7,996	4,919
	미쓰비시 이즈카 광업소	3,127	1,641
	미쓰비시 나마즈타 광업소	3,313	1,393
	스미토모 다다쿠마 광업소	3,081	1,631
	도호 덴도 광업소	1,303	993
	메이지 메이지 광업소	2,181	1,192
	메이지 히라야마 광업소	2,487	1,365
	닛탄 신야마노 광업소	1,353	1,018
	미쓰이 야마노 광업소	5,070	2,233
	가호 광업소	2,754	1,293
	닛테쓰 후타세 광업소	2,555	1,076
	닛테쓰 온가 광업소	7,689	4,604
	가이지마 오쓰지 광업소	2,325	1,635
	다이쇼 나카쓰루 광업소	3,129	1,256
	가네마루 오쿠마 광업소	335	259
	에비쓰 광업소	599	486
	도호 구라테 광업소	1,247	763
	규사이신테 광업소	2,693	1,876
	가이지마 오노우라 광업소	7,930	3,963
	후루카와 메오 광업소	2,476	1,551
	미쓰비시 신뉴 광업소	2,938	1,408
	구조 니시카와 광업소	458	358
	니치만 신메오 광업소	1,268	854
	가네마루 다카야 광업소	186	118
	히사쓰네 야마우라 광업소	▯29	12
	스에요시 광업소	50	37
	미쓰비시 가미야마다 광업소	2,587	538

불량 송환자 수	기타 귀선자 수	현재원 수	비고		
			사망	발견재취업*	기주노무자
107	654	2,903	56	643	785
23	338	1,337	11	225	243
68	439	1,522	27	136	66
4	301	1,266	27	148	93
4	58	316	6	73	70
73	464	583	1□	136	41
67	441	795	13	195	□4
4	63	420	10	162	57
54	503	2,539	19	278	21
25	245	1,245	23	77	19
25	124	1,520	5	195	33
236	739	2,749	46	793	139
32	278	525	17	162	16
157	150	1,657	11	102	10
15	25	55	4	23	21
3	25	122	1	38	211
2	121	406	9	54	90
5	132	831	8	159	168
125	729	3,444	58	389	217
25	414	799	10	323	154
65	418	1,272	20	245	80
3	16	110	–	19	60
8	145	351	7	97	123
3	14	53	2	4	–
2	5	11	1	–	–
2	18	–	–	7	–
22	866	1,208	44	91	35

사업별	사업장별	이입자 수	도주자 수
석탄 광산	닛코 야마다 광업소	1,450	913
	닛탄 가미야마 광업소	1,039	444
	도호 지쿠시 광업소	941	380
	히사쓰네 광업소	622	310
	후루카와 시모야마다 광업소	2,292	1,383
	다고메 아키카 광업소	275	40
	메이지 아카이케 광업소	3,061	1,309
	메이지 도요쿠니 광업소	1,466	839
	미쓰비시 호조 광업소	3,217	1,223
	미쓰이 다가와 광업소	2,652	746
	모오카 광업소	263	160
	노가미 호슈 광업소	830	225
	가와사키 광업소	99	10
	메이지 다카다 광업소	1,486	905
	미쓰비시 가쓰다 광업소	1,923	105?
	아사히 다이세이몬 광업소	49	37
	니시토자키 광업소	661	230
	도호 가메야마 본갱	612	476
	도호 가메야마 삼갱	386	206
	해군연료창	1,656	572
	사와라 광업소	1,689	1,096
	미쓰이 미이케 광업소	2,376	743
	후루카와 다이호 광업소	4,124	1,798
	닛테쓰 호슈야마 광업소	934	422
	고쿠라 광업소	108	36
	큐사이 사사바루 광업소	290	30
	고요 광업소	42	22
	히구치 기조 광업소	48	1
	석탄산 합계	105,784	54,244
공장	공장 합계	3,477	1,681
토건	토건 합계	3,630	2,389
금속산	금속산 합계	170	157
		113,061	58,471

불량 송환자 수	기타 귀선자 수	현재원 수	비고		
			사망	발견재취업*	기주노무자
26	249	412	9	159	17
3	207	510	21	146	22
7	220	393	11	70	19
21	85	242	10	46	10
151	424	551	18	235	10
5	14	226	2	12	30
42	446	1,386	13	135	79
18	317	376	11	95	21
26	787	1,327	20	166	106
5	103	1,860	11	73	–
2	19	89	–	7	20
1	41	597	4	38	40
–	4	87	–	2	38
32	229	429	10	120	15
?1	219	762	12	182	20
–	5	10	–	23	16
4	15	479	7	74	39
5	13	166	–	39	6
–	65	166	1	56	13
4	254	833	2	9	20
10	204	458	9	88	98
30	173	1,520	15	105	85
119	537	1,906	47	283	99
11	31	505	9	45	159
–	2	79	–	9	79
3	7	255	–	5	49
–	–	21	–	1	113
–	–	47	–	–	–
1,755	12,226	43,880	688	7,009	4,127
38	158	1,812	8	220	1,556
28	827	549	14	172	2,937
8	17	13	1	26	12
1,824	13,228	46,254	711	7,427	8,632

이즈카시 매장·화장 허가증 분석

작성_하나후사 도시오

	0세	1세	2~15세	16~30세	31~50세	51~60세	61세 이상	연령 불명	합계 (어린이)	탄광 노동자	매장	사고사
1937년 (쇼와 12)	1명	2명	1명	7명	5명	2명	4명		22명 (5)	7명	3명	4명
1938년 (쇼와 13)	8명	2명	4명	2명	7명	3명	2명		28명 (14)	7명	9명	2명
1939년 (쇼와 14)	21명	9명	4명	4명	12명	2명	2명	1명	55명 (34)	10명	25명	9명 (7)
1940년 (쇼와 15)	13명	4명	3명	12명	8명	4명	1명	1명	46명 (20)	6명	12명	14명
1941년 (쇼와 16)	11명	4명	5명	11명	6명	4명	1명	0	46명 (20)	15명	10명	11명
1942년 (쇼와 17)	8명	9명	3명	15명	12명	2명	2명	0	51명 (23)	18명	10명	10명
1943년 (쇼와 18)	17명	9명	5명	18명	8명	3명	3명	0	63명 (30)	18명	15명	13명
1944년 (쇼와 19)	13명	3명	5명	24명	14명	1명	3명	0	63명 (21)	32명	10명	21명
1945년 (쇼와 20)	7명	4명	2명	6명	9명	1명	0	0	29명 (13)	15명	4명	6명
합계	99명	46명	32명	99명	81명	22명	18명	2명	399명 (180)	128명	98명	90명

★ 강제동원기 탄광 노동자
　1939년~1943년 : 67명
　1944년~1945년 : 47명

★ 어린이 사망자 : 180명(매장 98명)
★ 성인 사망자 : 219명, 탄광 노동자 128명(사고사 90명), 기타 91명

★ 사고사 가능성은 발병 후 10일 이내 사망한 경우

구라테군 고타케마치鞍手郡 大竹町 매장 · 화장 허가증 분석

	0세	1세	2~15세	16~30세	31~50세	51~60세	61세 이상	연령 불명	합계	매장
1931년 (쇼와 6)	4명				2명	1명		3명	10명(4)	5명
1932년 (쇼와 7)	2명	1명							3명(3)	3명
1933년 (쇼와 8)	2명			3명	1명		1명		7명(2)	1명
1934년 (쇼와 9)		4명	2명		4명				10명(6)	1명
1935년 (쇼와 10)			1명						1명(1)	1명
1936년 (쇼와 11)	4명	1명	2명		3명		2명	2명	14명(7)	6명
1937년 (쇼와 12)	3명	1명	1명						5명(5)	5명
1938년 (쇼와 13)										
1939년 (쇼와 14)	1명								1명(1)	
1940년 (쇼와 15)	7명	1명	1명				1명	2명	12명(9)	7명
1941년 (쇼와 16)	8명	2명	3명	2명	1명	4명			20명(13)	10명
1942년 (쇼와 17)	4명	3명		4명	1명			1명	13명(7)	5명
1943년 (쇼와 18)	6명	3명	4명	1명					14명(13)	5명
1944년 (쇼와 19)	8명	4명	4명	6명	5명				27명(16)	6명
1945년 (쇼와 20)	3명	5명	8명	2명	5명		3명	1명	30명(19)	6명
합계										

저자 소개

•

하나후사 도시오(花房俊雄)

1943년 일본 오카야마현에서 태어났다. 도호쿠대학東北大學 재학 때, 세틀먼트 (Settlement, 인보관운동) 활동을 하였다. 서른 살 때부터 후쿠오카시에서 레스토 랑을 운영하면서, 1988년에 교원 채용 시험의 '국적 조항 철폐 지원 운동'에 참 여하였다. 1993년부터 '전후 책임을 묻는다·관부재판을 지원하는 모임'의 사무 국장으로서 진상 규명을 위한 조사회법과 일본군 '위안부' 문제 해결법 성립을 목표로 활동하였다. 후쿠오카현의 '조선인 강제동원 노동자의 유골 조사' 등 실 시에 참여하였고, '일본군 위안부 문제 해결을 위한 전국행동' 공동대표를 맡았 다. 현재 음식점을 운영하고 있다.

하나후사 에미코(花房恵美子)

1948년 도야마현에서 태어났다. 도호쿠대학東北大學 재학 때, 세틀먼트 동아리 에서 만난 하나후사 도시오와 결혼하여 1988년부터 시민운동에 참여하였다. 1992년에 관부재판 원고 할머니들과 만났으며 '전후 책임을 묻는다·관부재판 을 지원하는 모임'의 사무국 살림을 맡아 하면서 재판을 지원해 왔다. 현재 '위 안부 문제에 대처하는 후쿠오카 네트워크'의 총무를 맡고 있다.

※ 관부재판을 지원했던 '전후 책임을 묻는다·관부재판을 지원하는 모임'은 2013년에 활동을 멈췄지만, 1993년 4월부터 발행한 〈관부재판 뉴스〉 제1호부터 제61호까지 수록한 《관부재판 뉴스 – 부산 종군 위안부·여자근로정신대 공식 사죄 등 청구 사건 1993~2013》을 발행하였 다. 〈관부재판 뉴스〉 PDF판은 '관부재판을 지원하는 모임 홈페이지(http://kanpusaiban.bit. ph)'에서 볼 수 있다.

옮긴이 **고향옥**

동덕여자대학교 일어일문과를 졸업하고, 같은 대학원에서 일본문학을 전공하였다. 일본 나고야대학교에서 일본어와 일본 문화를 공부했다. '한일 아동문학 연구회'에서 오랫동안 두 나라의 어린이·청소년 문학을 비교·연구해 왔다.
《민담의 심층》, 《아포리아, 내일의 바람》, 《있으려나 서점》, 《아빠가 되었습니다만》, 《나는 입으로 걷는다》, 《컬러풀》, 《일러스트 창가의 토토》, 《핀란드 교육 현장 보고서》, 《카페 레인보우》, 《진짜 가족》 들을 비롯해 많은 어린이책과 청소년 문학, 문학책을 우리말로 옮겼다. 《러브레터야, 부탁해》로 2016년 국제아동청소년도서협의회(IBBY) 아너리스트 번역 부문에 선정되었다.
2019년에는 합천원폭피해자복지회관 소식지 《한국인 원자폭탄 피해자를 아십니까?》를 일본어로 번역하였다.

1992년 관부재판과 할머니들

일본의 관부재판 소송 지원 모임과 한국의 피해자 할머니들이
함께한 28년의 기록과 아직 끝나지 않는 이야기

초판 1쇄 펴낸 날 2023년 9월 13일

지은이 하나후사 도시오, 하나후사 에미코
옮긴이 고향옥

펴낸이 권인수 **펴낸 곳** 책숲 **출판등록** 2011년 5월 30일(제2023-000111호)
주 소 (우)03940 서울시 마포구 모래내로7길 38 2층 202-5호(성산동, 137-3)
전 화 070-8879-5026 **팩스** 02-337-5026 **이메일** booknforest@naver.com
블로그 https://blog.naver.com/dotoribook
인스타그램 @acorn_forest_book

공급처 도토리숲(전화 070-8879-5026)

기획편집 권병재 **디자인** 새와나무 **교정** 김미영

ⓒ 하나후사 도시오, 하나후사 에미코 2023
한국어판출판권 ⓒ 도토리숲 2023

ISBN 979-11-86342-65-7 03910